이기는 게임을 하라

이기는 게임을 하라

초판 1쇄 인쇄 2023년 07월 18일
초판 1쇄 발행 2023년 07월 25일

글 아요데지 아오시카 **옮김** 신예용

펴낸이 이상순 **주간** 서인찬 **영업지원** 권은희 **제작이사** 이상광

펴낸곳 (주)도서출판 아름다운사람들
주소 (10881) 경기도 파주시 회동길 103
대표전화 (031) 8074-0082 **팩스** (031) 955-1083
이메일 books777@naver.com **홈페이지** www.book114.kr

ISBN 978-89-6513-788-7 03190

이 도서의 국립중앙도서관 출판예정도서목록(CIP)은
서지정보유통지원시스템(http://seoji.nl.go.kr)과 국가자료종합목록구축시스템(http://kolis-net.nl.go.kr)
에서이용하실 수 있습니다. (CIP제어번호 : CIP2020015868)

파본은 구입하신 서점에서 교환해 드립니다.

이기는 게임을 하라

잔인할 정도로 솔직한 자기계발의 다른 접근

아요데지 아오시카 지음 신예용 옮김

아름다운사람들

차례

서문

지금 여러분이 무슨 생각을 하는지 짐작이 간다. 아마 속으로 이렇게 생각할 것이다. "내가 왜 또 이런 책을 샀지?" 예전에도 비슷한 경험이 있을 것이다. 아마존에서 인생을 바꿔주겠다고 큰소리치는 자기 계발서에 대한 설명을 읽어보고 책을 산 다음 이걸 왜 샀을까 하고 후회했을 것이다. 이런 책을 읽어본 적이 있어서 자기 계발서라면 질색하는 사람도 있다. 하지만 그런 사람조차 은근히 자신의 삶이 달라졌으면 한다.

여러분은 마음 한구석에서 이 책은 기존의 자기 계발서들과 다르기를 바란다. 지금까지 살아온 대로의 인생은 이제 지긋지긋하다. 새로운 경력, 삶의 의미와 목적의식, 더 높은 자존감, 더 좋은 관계, 어쩌면 이 모든 것을 얻고 싶은지도 모른다. 자신이 무엇을 원하는지 잘 모르는 사람도 있을 것이다. 하지만 그 사람도 뭔가 바뀌어야 한다는 것은 알고 있다.

여러분은 무엇보다 그럴듯한 '충고의 쳇바퀴'에서 벗어나고 싶다. 흔해 빠진 자기 계발서는 그만 보고 싶다. 여러분은 실제로 효과가 있는 책을 읽고 싶다. 그래서 최고의 삶을 누리고, 꿈을 이루는 일에 도전하고 싶다. 이와 같은 내용이 이 책에서 다루고자 하는 바이다. 나는 자기 계발을 통해 삶을 바꾸었다. 여러분처럼 나도 책을 읽고 강의를 들으며 반복적으로 정보를 축적하는 과정을 겪었다.

그렇다면 여러분과 나의 유일한 차이점은 무엇일까? 나는 다른 길을 택했고, 그 길은 '잘 풀렸다.' 여러 가지 전략을 시도했으며, 그 전략을 효과적으로 활용했다. 자기 계발 전략을 연구하는 데 수년을 바친 뒤에 나는 수많은 자기 계발에서 말하는 논리의 상당 부분이 헛소리라는 것을 알게 되었다. "6개월만에 억대 연봉의 사업을 구축하라!" "이 사소한 방법 하나만 알면 복부 지방을 없앨 수 있다." "99.99달러를 99번만 지급하면 행복과 평화, 만족을 얻을 수 있다."

인생을 바꾸는 일은 절대 쉽지 않다. 지름길은 통하지 않는다. 돈을 쉽게 버는 방법만 알려주는 사람들의 조언을 듣는 것은 아무 소용없다. 잘난 척하는 사람들의 기만 살려주는 일이다.

그렇지만 분명 도움이 되는 유형의 자기 계발도 있다. 삶을 바꾸려고 노력하는 동안, 진실하고 현명한 스승 몇 분이 나를 이끌어 주었다. 그분들은 나를 속이지 않았다. 아무런 약속도 하지 않았고, 성공하는 데 필요한 것이 무엇인지 진실을 가르쳐 주었다. '일주일에 네 시간 일하면서' 돈을 버는 계획이나, 6주 만에 성공으로 가는 지름길 같은 것은 없었다. 나는 믿을 만한 경로를 통해 정보를 얻었고, 이 정보를 활용해 수년에 걸쳐 내 삶을 바꾸었다.

성공하는 방법에 대해 논하기 전에 성공이란 무엇인지 정의하는 것이 중요하다.

성공이란 무엇인가?

성공이란 도대체 무엇일까? 나는 아마도 성공에 대해 15억 3,298만 2367번째로 글을 쓴 사람일 것이다. 우리에게 유용한 성공의 정의를 제시하려 해봤자, 이 애매모호한 단어를 앞으로 어떤 의미로 사용할지 설명하는 정도가 최선일 것이다.

그렇다면 먼저 성공이 아닌 것이 무엇인지에 대해 이야기해 보자. 수많은 책이 우리에게는 일어나지 않을 일, 그리고 우리가 진정으로 느끼는 감정보다 다른 사람들이 생각하는 방식에 더 큰 비중을 두는 성공을 묘사하려 한다. 이 책에서는 목표로 삼지 않겠지만 일반적인 의미의 성공을 정리하자면 다음과 같다.

- 은행에 저축해 둔 수백만 달러의 돈. 여러분이 백만장자가 될 수도 있겠지만 이 책에서 그 방법을 배울 수 없을 것이다. 나는 백만장자가 아니기 때문이다. 내 말을 오해하지 말기 바란다. 돈은 삶의 중요한 한 부분이다. 하지만 부자가 되는 것 자체는 중요하지 않다.
- 주변 사람들과 보조를 맞추는 것. 여러분이 남들 눈에는 그럴듯해 보이지만 실제로는 공허한 자리에 오르도록 돕지는 않을 것이다. 단 자신이 즐기는 일에서 비롯된다면 돈과 마찬가지로 지위도 중요하다. 나는 글 쓰는 일을 좋아해서 작가라는 직업에 만족하지만, 모든 사람이 작가로서의 나를 좋아하게 하려고 노력하지 않는다. 무슨 뜻인지 이해가 되는가?
- 완벽함. 여러분을 매일 아침 다섯 시에 일어나 여섯 시간 동안 명상하고, 운동하고, 글을 쓰고, 확언하고, 노숙자를 돌보고, 날마다 불로소득을 벌어들이는 '성공 로봇'으로 변신시킬 생각은 없다.

성공의 의미는 개개인에 따라 다를 것이다. 하지만 이 책에서 내가 말하고자 하는 성공의 의미는 다음과 같다.

- 자유. 백만장자까지는 아니더라도 누구나 자신이 원하는 일을 하기 위한 시간과 에너지를 확보하고 싶을 것이다.

우리의 최종 목표는 커다란 집을 갖는 것이 아니라 더 많은 자유를 얻어서 하고 싶은 일을 할 수 있는 시간을 마련하는 것이다.

- 어떤 일을 잘하게 되는 것. 타고난 재능과 기술, 안목을 갖춘 일을 매우 잘하게 된다면 일에 몰입하는 즐거움을 느끼게 될 것이다. 취미 삼아 하는 일이더라도 자신이 갈고 닦고자 하는 기술에 능숙해지면 더욱 행복해질 수 있다.

- 자신감과 자존감 확보하기. 사실 우리에게는 다른 사람들의 확인과 인정이 필요하지 않다. 그보다는 남들이 어떻게 생각하든 거울 앞에 마주한 자신을 자랑스러워할 수 있게 만드는 자신감과 자존감을 얻고 싶어 한다. 이를 얻으려면 이런 감정이 어떤 것인지 느껴봐야 한다. 이와 유사한 경험조차 없으면서 갑자기 자신감과 자존감을 만들 수는 없다.

- 정신과 영혼, 육체의 건강. 인생의 목적을 추구하다 보면 정신과 영혼, 육체의 건강이 더 좋아진다. 반대로 인생의 진정한 목적을 따르지 않으면 건강이 나빠진다. 지금 우리 사회의 모습을 생각해 보라. 많은 사람이 지나친 스트레스와 과중한 업무에 시달리고 있으며, 매사에 무기력하다. 자신이 좋아하는 기술에 대한 자신감이 있고 자유롭고 독립적인 사람이 되면, 정신과 영혼, 육체의 건강은 전

반적으로 성장하게 마련이다.

- 스스로 생각하는 능력. 책을 읽으면서 알게 되겠지만, 나는 여태껏 우리를 속여 온 수많은 거짓말과 조심해야 할 허풍, 우리가 살고자 하는 삶에서 멀어지게 만드는 정신적 맹점에 관해 이야기할 것이다.

내가 정의하는 성공에서는 무언가를 배우는 일보다 배운 것을 잊어버리는 과정이 더 중요하다. 최종 목표는 여러분이 나처럼 생각하게 만드는 것이 아니라, 여러분 스스로 더 나은 선택을 내리도록 활용할 수 있는 프레임워크를 갖추게 하는 것이다. 이 정의에 빌 게이츠 같은 사람이 적합할까? 물론 그럴 수도 있다. 하지만 좋은 삶을 살기 위해 꼭 빌 게이츠와 같은 수준의 '성공'을 이루지 않아도 된다. 좋은 삶은 여러 가지 방식으로 이룰 수 있기 때문이다. 사업체나 당신이 좋아하는 프로젝트를 운영하는 것(수십만이나 수백만 달러를 벌지 않더라도), 일정이 자유롭고 자신에게 꼭 맞는 일자리를 찾는 것, 창조적인 삶을 실현하기 위해 일과 취미를 결합하는 것에서도 찾을 수 있다. 이 밖에도 목록은 수없이 많다.

앞으로 여러분이 자신에게 필요한 전략을 발견하여 이를 효과적으로 활용하고 계획을 세워 실천할 수 있도록 도우려 한다.

이 책에서 기대할 수 있는 것

나는 좋은 삶을 살아가는 방법을 이해하기 위해 엄청나게 많은 책을 읽으며 수많은 시간을 쏟아부었다. 그래서 무엇을 알아냈을까? 아직도 정확한 답이나 방법은 모른다.

나는 여러분에게 그 어떤 것도 장담할 수 없다. 하지만 이렇게 말하니 오히려 홀가분하지 않은가? 공허한 약속을 남발하는 책들에 지치지 않았는가? 냉혹한 현실을 마주하고 자신에게 실제로 주어진 선택지를 파악하여 어떻게 대처해 나갈지 배울 준비가 되었는가? 잠시만 의욕을 불러일으켰다가 사라지게 할 뿐인 자기 계발이 아니라, 화려한 수식어구 없이 있는 그대로 이야기하는 자기 계발에 대해 듣고 싶지 않은가?

이 책의 세계에 온 것을 환영한다. 나는 이 책에 지난 5년 동안 내게 다음과 같은 일을 할 수 있도록 도운 모든 기술과 도구, 통찰력에 대해 깨달은 것을 전부 쏟아부었다.

- '나의 강점 찾기'('강점을 찾으려 애쓰는 것'의 함정에 대해서는 추후 설명할 것이다)
- 내가 싫어했던 끔찍한 일 그만두기
- 억대 연봉의 글쓰기 경력 구축(스포일러 주의: 그렇게 되기까지 5년이 걸렸다)
- 절대 포기하지 않을 정도로 나 자신을 믿기.
- 무슨 일이 되었든 날마다 하고 싶은 일 하며 보내기

위의 목록은 우리가 목표를 달성한 후에 얻을 보상이자 특혜일 뿐이라는 점을 명심하라. 이렇게 좋은 점만 바라본다면 오래 갈 수 없다. 여러분도 이미 알고 있을 것이다. 그렇다면 어떻게 해야 할까?

어떤 영감과 동기 부여가 실제로 효과를 발휘하는지 알아야 한다. 우리가 가고자 하는 길에 장애물이 있을 수밖에 없다는 사실과 장애물을 피하는 방법도 알아야 한다. 무엇보다 사회 전반에서, 그리고 여러분이 자신에게 하는 헛소리와 거짓말을 알아차리는 법을 배워야 한다. 상황이 흘러가는 방식을 이해해야 한다. 세상에는 불공평한 일이 생기기도 하고, 스스로 통제할 수 없는 일이 인생에 영향을 미치기도 한다. 자신이 지금의 환경에 얼마나 많은 책임을 지고 있는지도 깨달아야 한다. 삶에 문제가 생기는 것이 모두 자기 잘못은 아니지만, 어떤 문제에 대해서는 책임을 져야 한다. 처음에는 내가 하는 이런 말들이 달갑지 않게 들릴 수도 있겠지만, 길게 보면 여러분을 더욱 자유롭게 해 줄 것이다.

새로운 삶을 시작할 준비가 되었는가? 새로운 삶 자체만이 아니라, 실제로 변하는 데 필요한 노력에 대한 준비도 되어 있는가?

지금부터 6개월 후에 어떤 위치에 있고 싶은가?

5년 후에는?

오랜 시간이 지나고 난 뒤에 삶이 어떤 모습이길 바라는가?

자신이 원하는 최종 목적지로 가기 위한 여정을 밟고 있는가?

앞으로 여러분에게 어떤 일이 생길 것이라고 딱 잘라 말할수는 없다. 하지만 결국 이 책을 읽고 나면 지금보다 훨씬 더좋아지게 될 것이라고는 약속할 수 있다. '좋아진다'라는 것은더 많은 돈을 벌거나, 더 나은 경험을 하고 바위처럼 굳건한사고방식을 갖추게 된다는 뜻일 수 있다. 여러분이 '성공'이라고 생각하는 또 다른 무언가를 얻게 된다는 뜻일 수도 있다. 의미 있는 일을 찾거나, 자신의 재능과 취향, 기술에 적합한일을 시작하게 될 수도 있다. 진정한 행복을 발견하거나, 삶을주도적으로 영위해 간다는 뜻일 수도 있다. 열정과 의미, 목적의식, 그 밖에 자신에게 필요한 모든 것을 얻게 될 수도 있다. 하지만 아주 진지하게 임해야 한다. 그래야만 평범한 자기 계발에서 진정한 자기 계발의 단계로 나아갈 수 있다.

평범한 자기 계발 vs 진정한 자기 계발

자기 계발에는 몇 가지 목적이 있다. 첫째, 여러분에게 활력과 의욕이 샘솟게 한다. 하지만 덕분에 단기간은 행동을 취할수 있을지 몰라도, 의욕의 샘물이 금세 말라버린다.

두 번째로 세상을 비현실적으로 바라보게 한다. 많은 자기계발서는 흑백 논리에 따라 이야기한다. 손쉬운 해결책을 원하는 사람들이 모호한 말을 듣고 싶어 하지 않을 것이기 때문이다. 자기 계발서를 읽는 독자들은 삶을 바꾸기 위한 '간단한 10가지 단계'나, '성공의 청사진', '한 가지 사소한 비법'을 원한다.

마지막으로 자기 계발은 주로 비결을 가르쳐 주는 당사자에게만 효과가 있는 방법을 다룬다. 이런 자기 계발서에는 이제 지쳤다.

나도 그동안 계속 자기 계발에 관련된 기사와 책을 써 왔다. 할 만큼 해봤다. 이제부터는 실제로 도움이 되는 자기 계발에 대해서만 이야기하겠다.

진정한 자기 계발: 실질적인 자기 계발로 가는 길

진정한 자기 계발로 가기 위해서는 삶에 존재할 수밖에 없는 불행에 대해 짚고 넘어가야 한다. 나는 여러분이 듣고 싶은 말만 하지는 않을 것이다. 그보다 반드시 알아야 하는, 불편하지만 통쾌한 진실을 이야기할 것이다. 듣기 좋은 말만 하는 대신 여러분의 수치스러운 문제가 어디 있는지 보여주고, 그것을 마주하도록 강요할 것이다.

진정한 도움은 다음 원칙을 기반으로 한다. 자기 계발의 과정은 우리를 '치유'할 수 없다. 우리는 절대 '100% 좋아진다'거나 완벽해질 수 없다. 그 근처에도 가지 못할 것이다. 어차피 그래야 할 필요도 없다. 어쩌면 나처럼 평생 자기 계발을 하려고 노력한 사람이 있을지 모른다. 하지만 노력에 비해 결과는 미미했을 것이다. 100% 좋아지려고 노력하기보다 3%에서 10% 좋아지려고 노력해야 한다. 대부분 사람이 0%에 머무를 때, 3%에서 10%가 큰 차이를 만들어낼 것이다.

진정한 자기 계발은 솔직하다. 나는 내 관점에서의 진실을 경고와 함께 전할 것이다. 내가 하는 말 중에서 마음에 들지 않는 부분도 있을 것이다. 여러분의 결점과 두려움, 문제를 지적할 것이기 때문이다. 나는 돈을 더 많이 벌기 위해 절반의 진실만을 이야기하고 싶지 않다. 그보다는 진정으로 도움이 되고 싶다.

"신을 웃게 하고 싶다면, 신 앞에 당신의 계획을 말하라." 우디 앨런이 한 말이다. 나는 다소 강경한 입장을 취하려 한다. 독자들의 기분을 좋게 하거나, 이루지도 못할 꿈에 도전하라고 강요하기 위해 이 책을 쓴 것이 아니기 때문이다. 나는 왜 이런 입장을 택했을까? 의욕을 불러일으키려 하는 것보다 고통과 불만에 집중하는 것이 동기 부여에 더 효과적일 때가 많기 때문이다. 삶의 현주소를 정확하게 파악하고 변화하기 위해 실제로 어떻게 해야 하는지 알게 된다면 여러분은 바뀔 수 있다. 지금 그 자리에 그대로 머물러 있는 것이 만족을 지연시키는 것보다 더욱 고통스럽다면 바뀔 수 있다.

삶에 더욱 현실적인 철학을 적용하는 법을 개발하면서 내 삶이 발전하게 되었다. 나는 항상 원대한 꿈과 포부가 있었지만 실용적인 관점을 택하기 전까지 삶에 실질적인 변화는 일어나지 않았다. 실용주의가 뒷받침되지 않은 포부는 허상일 뿐이다. 자기 자신을 믿어야 할 뿐 아니라, 자신이 가는 길에 놓인 장애물이 무엇인지 알아야 그것을 피할 수 있다.

진실. 우리는 진실을 다룰 수 있다.

이 책을 쓴 이유는 사람들은 마음 깊은 곳에서 진실을 들을 준비가 되어 있기 때문이다.

너무 극단적인 견해는 양쪽 다 옳지 않다. "자신을 믿어라!"라고 말하며 우쭐대는 권위자들은 틀렸다. 하늘이 무너지고 있다고 말하는 정치가와 비평가들 역시 틀렸다. 지나친 낙관주의와 극도의 염세주의는 모두 핵심을 놓치고 있다. 실제의 삶은 극단적인 논리로 설명할 수 없다.

진정한 자기 계발은 주어진 상황을 냉정하게 인정하고 그럼에도 불구하고 자신을 위한 한 걸음을 내딛는 것이다. 가끔은 자책하고 좌절감에 사로잡히며, 일에 부정적인 에너지를 투여하는 게 도움이 될 때도 있다. 한 걸음 물러서서 자신을 돌아보고 충전하고 다시 시작해야 할 때도 있다. 정말 잘하다가도 어려움에 부딪혀 그만두고 싶을 때도 있을 것이다. 끊임없이 자신을 의심해야 한다. 하지만 충분히 오랜 기간의 연습을 거친다면 자신감이 커지고, 현실주의도 적용할 수 있게 될 것이다.

결국, 우리는 '완벽하게 좋아질' 수 없다. 이 과정에는 최종 지점이 존재하지 않기 때문이다. 산의 정상이라는 곳이 없다. 그래서 절대 '도달할' 수 없다. 삶은 우리에게 모험을 약속하지만, 그 밖의 것은 하나도 예측할 수 없다. 오르막과 내리막이 있는 모험의 본성을 깨닫는다면 그것으로 충분하다. 모험을 즐길 준비가 된 것이다.

자, 그럼 본격적으로 시작해 보자.

제1부

내가 서 있는 현실
:
성공에 대한 가혹한 진실

대부분 사람이 원하는 삶을 살지 못하는 가장 큰 이유는 거의 항상 비슷하다. 그들은 세상이 어떻게 돌아가는지 알지 못한다. 성공이 어떤 식으로 이루어지는지도 모른다. 현실이 어떤지 알고 받아들이기보다, 상황이 이렇게 되어야 한다는 방식에 집중한다.

여러분도 마찬가지다. 삶이란 공정해야 한다고 생각한다. 하지만 실제로는 그렇지 않다. 누구나 완벽한 사회에 대한 생각이 있겠지만, 그런 사회는 존재하지 않는다. 자신에게 집중하는 대신, 다른 사람들의 성공에 대해 불평하고 삶의 사소하고 부질없는 문제에만 연연하는 어리석은 짓을 하고 있다. 여러분은 사실 이렇게 살고 싶지는 않을 것이다. 마음속 깊이 자신이 하는 모든 합리화가 정말 원하는 삶을 살아가지 못하게 막고 있다는 사실을 알 것이다. 그런데 왜 계속 그렇게 사는가? 현실에 대한 부정확한 그림을 그리는 것은 일종의 대응 기제이기 때문이다. 세상이 어떻게 돌아가고 그 속에서 자신의 역할이 무엇인지 제대로 알게 되면 해방과 성공으로 향하는 길이 열린다. 하지만 물론 진실을 깨닫기는 무척 고통스럽다.

자기 자신에 대한 책임을 다하는 것 역시 고통스럽다. 희생양이 없다면 자신의 무능함에 대한 책임을 고스란히 짊어지게 될 것이기 때문이다. 삶이란 원래 불공정하다는 것을 인정하는 것도 고통스럽다. 일을 제대로 해도 원하는 결과를 얻지 못할 수 있다는 사실을 직면하기 때문이다. 현실은 우리의 감정이나 선택, 세계관과는 아무런 상관이 없다. 원한다면 이를 무시할 수도 있겠지만 그렇게 하면 스스로 위험을 자초하는 셈이다.

　나도 모든 것에 대한 정답을 알지는 못한다. 나 역시 실수할 것이다.(나 역시 모르는 것이 많다) 나는 그저 우리가 거듭해서 보게 되는 반복적인 패턴을 기반한 세상에 대해 지혜를 공유하고, 견해를 제시하려는 것뿐이다. 세상을 이해하기 위한 기본적인 밑그림이 있는데도 대부분 사람은 그것을 무시한다. 나는 세상의 불의를 비롯한 모든 것에 대해 수많은 사람이 이상하고 비합리적이며 왜곡된 현실감각을 만들어냈다는 사실을 알고 있다. 이들은 자신을 보호하기 위해 그렇게 하는 것이다. 우리도 자신을 보호하기 위해 그렇게 하고 있다.

　라라랜드와 같은 곳에서 살고 싶다면 계속 그렇게 살아도 좋다. 하지만 정말로 성공하고 싶다면 세상을 똑바로 인지하고, 삶이라는 이름의 정글을 탐험해야 한다. 여러분도 할 수 있다. 할 것인지 말 것인지는 여러분의 선택에 달려 있다.

1

사회는 왜 우리가
성공하기를 바라지 않는가?

"문명인은 안정적인 생활을 확보하기 위해 행복해질 기회를 대가로 지불했다." - 지그문트 프로이트

거드름 꽤나 피우는 권위자 한두 사람이 "저 사람이 당신을 쓰러뜨리려 한다." 같은 말을 하는 것을 들어보았을 것이다. 어떤 면에서는 이들의 말이 맞을 수도 있다. 하지만 이런 말들에는 우리가 생각하는 것보다 훨씬 더 깊은 의미가 있다. 실제로 사회는 여러 가지 방식으로 사람들을 평균 수준에 맞추려 한다. 하지만 그렇다고 어떤 사악한 음모가 우리를 억누르고 있는 것은 아니다.

맥도날드는 사악하기 때문에 직원들에게 최저 임금보다 더 적은 돈을 주는 것이 아니다. 현재 시스템 속에서 가능한 일이기 때문에 그렇게 하는 것이다. 그뿐만 아니라 맥도날드에는 사람들에게 최대한 적은 돈을 지불할 만한 이유가 충분하다. 학자금 대출 거품은 전 세대의 혁신을 제어하려는 거대한 음모에서 비롯된 것이 아니다. 정부와 대학 모두 더 많은 돈을 벌 수 있도록 정부가 대출을 지원하는 것은 당연한 일이다.

권력이 강한 사람들에게는 권력이 약한 사람들의 전체 숫자를 낮추기 위한 동기가 얼마든지 있다. 이런 상황은 인류 역사 전체에 걸쳐 반복됐다. 권력은 부패하기 마련이지만 권력 집중화라는 개념을 누가 일부로 만들어낸 것은 아니다. 인간 본성에 따른 자연적인 결과일 뿐이다. 이런 상황이 발생하는 데에는 명백하고 실용적이며 경제적이기까지 한 이유가 존재한다. 체스판의 원리를 안다면 체스판에서 자유롭게 움직일 수 있을 것이다. 이 책은 기업이란 사악한 것이기 때문에 "비좁은 사무실 지옥을 탈출하라"라고 말하는 또 한 권의 자기 계발서가 아니다. 기업은 사악하지 않다. 기업 그 자체일 뿐이다.

나는 지금 세상이 어떻게 돌아가고 있는지 가장 솔직하고 직접적인 방식으로 설명하려는 것이다. '저 사람' 운운하면서 우리를 자극하거나 좌절감에 빠뜨리려는 것이 아니다. 여러분이 명확하게 현실을 인지하길 바란다. 이 명확성을 가로막는 가장 큰 장애물은 상황이 작동하는 그대로의 방식이 아니라 상황이 작동해야 하는 방식에 초점을 맞추는 것이다. 그 대신, 사회에는 우리가 발전하고, 어려움을 극복하며, 올바른 이해력을 갖추고 전진하는 것을 막을 만한 이유가 충분하다는 사실을 받아들여라.

나는 지금 도대체 무슨 소리를 하고 있는 것일까?

우리가 사회를 구성하는 방식

모두에게 가장 높은 이상을 추구하는 저마다의 존재가 되라고 독려하는 시스템에서 살아간다고 해 보자. 그런 사회는 아마도 지금의 방식처럼 작동할 수 없을 것이다. 여기서 지금의 방식이란 하향식 구조의 사회, 즉, 꼭대기에 강한 사람 몇 명이 있고 아래쪽에 수많은 사람이 있는 거대한 피라미드 구조식 사회를 말한다.

상향식 · 조합주의식 사회에서는 수많은 사람이 먹고살기 위해 자신이 원하지 않는 일을 해야 한다. 기업과 기관의 규모가 더 클수록 구조를 작동시키기 위해 조직의 낮은 층에 더 많은 사람이 있어야 한다. 우리는 더 탈중심화된 사회를 운용할 수도 있다. 이런 사회에서는 더 많은 사람이 자기만의 '작은 섬'에 있다. 가게 주인과 프리랜서, 작은 영역의 소유주들이 저마다 서로 교역하면서 살아간다. 이런 버전의 사회에서는 권력이 꼭대기에 모두 집중되는 대신, 적당한 양의 권력이 많은 사람에게 돌아갈 것이다. 사회 구성원의 일부는 이와 같은 방식으로 살아간다. 나도 마찬가지다. 하지만 현재의 시스템이 마련된 상황에서 모든 사람이 이런 식으로 살아가기란 불가능하다. 사회 전체는 꾸준히 상향식 기계 형태를 유지할 것이다. 하지만 몇몇 개인은 이 기계에서 빠져나갈 수 있다. 기계에서 톱니 조각 몇 개가 빠져나가도 괜찮다. 여러분도 기계에서 빠져나와 자신이 원하는 일을 하고 싶을 것이다. 바로 그것이 목표다.

사회는 창발적 특성을 갖추었다는 것을 명심하라. 사회가 지금과 같은 방식으로 작동하게 된 데에는 그럴 만한 이유가 있다는 뜻이다. 거대한 음모와 계획 같은 것은 없다. 시간이 흐르면서 기관이 형성되고, 기술이 개발되며, 산업이 형성된다. 이런 변화로 인해 특정 부류의 기업이 생기고, 특정 요건의 사람들이 필요해졌으며, 오늘날 우리가 살아가는 세계를 창조하기 위해 서로 다른 수많은 변수가 결합되었다. 이 모든 일은 자연스럽게 이루어지는 것이다.

산업 혁명은 이 모든 사건의 촉매였다. 산업 혁명이 일어나기 전에는 중산층과 상류층을 위한 형식적인 교육밖에 없었다. 이들은 돈을 지급할 수 있었고, 아이들이 일하는 대신 배울 수 있게 할 만큼의 수입이 있었다. 산업 혁명이 일어난 후 모든 학생이 의무 교육을 받을 수 있는 공립학교 체제가 형성

되었다. 그러자 학생들을 교육시킬 교사를 양성시켜야 했고, '사범학교'를 세워서 이 일을 맡게 했다. 일반 학교에서는 교사들에게 가르치는 방법뿐 아니라, 학생들에게 전달되어야 할 사회적 규범과 교리를 가르쳤다. 이 규범과 교리는 당시 사회에 필요한 목표를 달성하기 위해 정렬되었다. 사회를 확장하기 위해서는 말 잘 듣는 노동자들이 더 많이 필요했다.

교실이 공장과 유사한 형태로 매우 엄격하게 배열되어 있는 것은 우연이 아니다. 학생들은 매일 같은 자리에 앉아야 하고, 수업 시간은 전부 똑같다. 그리고 수업이 끝날 때까지 몇 시간 동안 가만히, 상당히 조용하게 있는 법을 배워야 한다.

우리가 사회에서 배운 공립 교육 시스템과 사회적 규범이 공장과 직접적인 관련이 있는 것은 아니다. 산업 혁명이 중요한 역할을 하긴 했지만, 서로 다른 수많은 변수가 다양한 방식으로 조합된 것이다. 산업 혁명 후, 대부분 사람이 공장에서 일하고 있던 시기에 사무직 노동자를 필요로 하는 기업들이 생겨났다. 이들 기업은 공장에서 파생된 순종과 적응의 개념을 공유했다. 그리하여 '회사 인간'이 태어났다. 열심히 일하고 사내 정치를 적절하게 활용하며 수십 년 동안 문서를 정확하게 배분하면 가족들을 돌보면서, 사다리를 타고 올라갈 수 있다. 회사와 사회의 표준이 금방 사라지지는 않을 것이다. 사라지지 않는다. 예전과 지금의 유일한 차이점이 있다면 확실했던 경로가 우리가 스스로 만든 길에 비해 분명 그 신뢰성과 성취감이 떨어지고 있다는 사실이다. 물론 이것은 모든 경우에 적용되지는 않는다.

그렇다면 왜 사람들은 남들이 가지 않은 길로 선뜻 나서지 않을까? 사실 사람들은 진퇴양난에 빠져, 이러지도 저러지도 못하고 있다. 우리에게는 '규칙을 따라야' 할 수많은 이유가 있으며, 기업과 사회에도 규칙을 강행할 수많은 이유가 있기 때문이다.

고용주들은 '우리를 괴롭힐' 생각이 없다.
그저 우리가 말을 잘 듣길 바랄 뿐이다.

아주 현실적으로 말하면 고용주들은 우리가 말을 잘 듣게 하려고 일부러 여러 가지 힘든 상황을 만들어내야 한다. 나심 니콜라스 탈레브는 그의 저서 《스킨 인 더 게임(Skin in the Game)》에 나오는 "합법적으로 다른 사람들을 소유하는 방법"이라는 글에서 이 점을 상세하게 설명한다.

"요컨대 모든 조직은 개인의 자유를 포기하고 조직을 위해 일해 줄 일정 숫자의 인원을 필요로 한다. 조직을 이끌어야 하는 측은 이런 사람들의 숫자를 어떻게 일정하게 유지할 수 있을까? 첫째, 개인의 자유를 기꺼이 포기하는 선택을 하도록 실질적인 심리 조건을 만들어 준다. 둘째, 그들을 속여 투자에 직접 개입하게 만든다."

탈레브는 다음과 같이 부연한다. "오랫동안 직원으로 일했다는 것은 그 사람에게 순종적 성향이 있다는 뜻이다." 날마다 아홉 시간씩 회사를 위해 개인 시간을 포기하고, 언제나 제시간에 일터에 도착하고, 자신을 위한 스케줄을 짜지 않고, 다른 사람들과 문제를 일으키지 않으면서 몇 년 동안 일했다는 것은 그 사람에게 순종적 성향이 있다는 명백한 증거다. 조직의 요구를 잘 따르도록 길든 사람이라는 뜻이다. 직원들은 일반적으로 리스크 회피 성향이 더 강하다. 단기계약자들은 계약 위반으로 고소당하는 것보다 해고당하는 일을 더 두려워한다." (단기계약자 밥의 계약 위반에 대한 사례는《스킨 인 더 게임(Skin in the Game)》의 161p 참조- 옮긴이)"

탈레브의 표현은 좀 신랄하긴 하지만 분명 정곡을 찌르고 있다. 하고 싶은 일이 있기는 한데 카드값 내고, 빚 갚고, 건강보험을 유지해야 해서 직장을 그만둘 수 없다고 변명하는 소리를 지금까지 얼마나 많이 들었던가. 시스템이 우리를 이 수많은 조건으로 구속하도록 설계된 것이 우연이라고 생각하는가? 안타깝지만 현실에는 비밀 결사대가 없다. 호머 심슨이 비밀 결사 단체인 스프링필드의 석공단 회의에 참석하는 장면은 떠올리지 마라. 오늘날 사회에는 점점 더 많은 제약이 생기고 있다. 그럴 필요가 있기 때문이다. 우리는 '자유 국가'에 살고 있고, '자유 의지'가 있지만 실제로는 자유롭지 않다.

더군다나 고용주들은 우리의 실제 가치보다 훨씬 더 적은 대가를 지불하지 않으면 사업체를 운영할 수 없다. 회사에는 직원과 관리자, 관리자의 관리자, 소유주와 주주, 장비와 설비 등이 있기 때문이다. 우리의 도움을 받아서 제공하는 서비스나 제품에 값을 매길 때, 고용주들은 모든 경비를 계산해야 하며, 우리보다 서열이 높은 사람들 모두에게 비용을 지불해야 한다. 직접 판매할 경우, 같은 서비스가 얼마나 비싸게 팔리는지 알면 아마 놀랄 것이다. 직원으로 일할 때 회사에서 주는 비용의 10배가 넘는 경우도 많다.

이런 상황은 부당한 것처럼 보인다. 그렇지 않은가? 하지만 이렇게 생각해 보자. 고용주들에게 다른 선택의 여지가 있을까? 2018년, 아마존은 연방 세금을 단 한 푼도 내지 않았다. 월마트와 같은 기업들은 새로운 직원에게 식료품 지원과 정부 지원을 받는 법에 대한 정보를 제공하기도 했다. 이런 관행은 부도덕해 보이지만 유인Incentive의 관점에서 보면 자연스러운 현상이기도 하다. 공기업에는 주주가 있다. 당신이 다른 사람에게 사업체의 소유권을 제공하면 윗사람이 생기는 것이다.

순자산 1,700억 원을 보유한 세계 최고의 부자 제프 베조스에게는 자유 의지가 없다. 그의 이사회와 주주들은 기업이 최대한의 수익을 내기 바란다. 최대한 많은 돈을 벌고 싶기 때문이다. 유인Incentive 문제를 더 깊이 파고 들어가 보면 부유한 주주들은 많은 비용을 투자했으며 자신만의 취향과 라이프스타일도 확고하다. 이 문제를 직원들에게 낮은 임금을 지불하는 대신 정부의 복지 지원을 받을 수 있게 하여 정부에 일부 비용을 전가하는 기업들의 방식과 연결해 보자. 솔직하게 말해 보라. 당신이 제프 베조스라면 다른 선택을 하겠는가? 그럴 수도 있다. 하지만 창업자들은 대체로 A형 성향(미국의 심장내과 전문의 프리드만과 로손이 정립한 개념으로, 공격성, 참을성 없음, 초조함 등의 행동 특징을 보임- 옮긴이)이 무척 두드러진다. 자기중심적이며, 윤리적인 선택을 하기보다 상황에 적합한 선택을 하는 데 거리낌이 없다. 그도 그럴 것이 창업자들은 성공이 보장되기는커녕 재정적인 어려움을 겪을 가능성이 큰 회사를 세우기 위해 거금을 투자하고 자신의 미래를 희생했다. 그러니 얼마가 되던 투자한 돈을 벌어야 한다.

당신이 수익성 높은 회사를 소유하고 있다면 단지 도덕적인 명분을 위해 세금의 허점을 파고들 기회를 놓쳐 주주들의 원망을 사고, 사적인 관계까지 위험에 처하게 하겠는가? 어쩌면 그럴 수도 있다. 하지만 자신이 어떤 방식으로 행동할 것이라고 막연히 상상하는 것과 실제로 그 상황에 처했을 때 나오는 행동은 다를 수도 있다.

쉬운 답이란 없다.

내가 지금까지 한 말은 CEO와 창립자들의 역성을 들고, 그들을 칭찬하기 위해서가 아니다. 일이 어떻게 흘러가는지 설명하고 싶었을 뿐이다. 이 책은 정치와는 아무 상관이 없다. 물론 법이 바뀔 수도 있고, 사람들이 들고일어나 유인 구조(Incentive structure, 특정 경제 행위를 유발하도록 유도하기 위한 일련의 인센티브 체계-옮긴이)를 무너뜨리려 할 수도 있다. 하지만 우리 같은 사람들, 삶을 항해하며 자기 자신과 아끼는 이들을 위해 상황을 개선하려 하는 사람들에게는 시스템에 저항할 시간조차 없을 것이다.

생존 경쟁에서 탈출하는 것은 절대 쉬운 일이 아니다. 모두가 반드시 해야 하는 일도 아니다. 이 일에는 수많은 어려움이 따른다. 직장에 다니면 불안한 시기가 오더라도 어느 정도의 안전을 보장받을 수 있다. 모든 것을 지금 이대로 유지할 만한 이유도 상당히 많다. 비를 막아줄 지붕, 가족들과 함께 먹을 음식, 건강 문제가 일상을 무너뜨리지 않도록 막아줄 보험은 지금 하고 있는 일이 싫더라도 그 일을 계속해야 하는 아주 그럴듯한 이유가 된다.

안전지대인 직장 밖으로 나왔을 때 일이 잘 풀리지 않을 수도 있다. 실패하거나 빈털터리가 될 수도 있고, 예전보다 훨씬 더 많은 문제가 생길 수도 있다. 앞으로 다른 장에서 위험성이 낮은 길에 관해서도 이야기할 것이다. 직장을 다니면서 사이드 잡을 시작하거나, 지원을 받아 부채에 시달리지 않는 벤처 사업을 시작하는 것 등이다. 당신에게는 여러 가지 선택지가 있다. 하지만 현실을 직시하지 않으면 올바른 선택을 할 수 없다.

나도 한때 시스템이 바뀌면 좋겠다고 생각한 적이 있다. 직장이 유일한 장애물이라면 얼마나 좋겠는가. 나 역시 유토피아를 꿈꾼 적이 있고, 실제로 유토피아가 실현될 가능성이 조금이라도 있다면 계속 기다리고 싶다. 하지만 내가 보기에는 그럴 가능성이 전혀 없다. 그리고 나는 내 삶을 살아야 한다. 나는 사회의 불균형이 바로잡힐 때까지 기다릴 시간이 없다. 당신은 어떤가? 나는 사회적 평등이 구현될 가능성이 전혀 보이지 않는 시스템 대신 좋든 나쁘든 나 자신을 믿고 나만의 길을 따르는 쪽을 선택했다. 성공하기 위해서는 한걸음 물러설 줄도 알아야 한다. 이 원리를 이해해야 앞으로 나아갈 수 있다. 그렇다. 나는 당신의 꿈에 계속 찬물을 끼얹을 생각이다. 하지만 그럴 만한 이유가 있다. 앞으로 나의 이런 방식에 점점 익숙해질 것이다. 그럼 계속해 보자.

(유감스럽게도) 친구와 가족은 아무런 도움이 되지 않는다.

나를 위해 한 가지 실험을 해 보아라. 다음 몇 주 동안 가족과 친구들에게 저축을 깨서 식당을 차릴 것이라고 말해 보라.(식당 말고 다른 사업도 상관없다) 그들이 당신에게 뭐라고, 어떻게 말하는지 신중하게 귀를 기울여라. 그들이 대놓고 당신을 말리지는 않을 것이다.(몇 명은 그럴 수도 있다) 대신 '걱정하는 척하며 반대'할 것이다.

"세상에, 난 밥은 잘 몰라. 하지만 새로운 레스토랑은 거의 다 망한다고 하던데."

"저축한 돈을 몽땅 투자한다고? 그렇게까지 해야 해?"

물론 예외는 있을 수 있다. 하지만 대체로 위와 같은 반응을 보일 것이다. 주변 사람들이 당신이 성공하는 것을 바라지 않아서가 아니다. 사실 그들은 당신이 성공하기를 바라지 않는데, 그렇게 되길 바라고 있다는 사실조차 모르고 있다. 이것은 서로 다른 수많은 요인을 바탕으로 하여 깊은 무의식 수준에서 작동하기 때문이다.

나보다 더 성공한 사람을 시기하는 유전적 특성 외에 사회에서 학습한 조건화(더 나은 표현을 찾지 못했다)에 대해서도 생각해 볼 필요가 있다. 그렇다고 다른 사람들이 줏대가 없다고 비난하거나, 누군가 우리를 해코지한다고 주장하려는 것은 아니다. 내가 말한 내용 중에 문제가 될 것은 하나도 없다. 그저 그럴 뿐이다.

사람들은 본능적으로 사회적 지위를 비교한다. 사회적 지위는 인간 진화의 중요한 요소다. 인간이라면 누구나 더 높은 지위를 얻고 싶어 하며, 이는 자연스러운 현상이다. 그러므로 우리가 발전하고 있다는 것을 주변 사람들이 알게 되면 그들의 도마뱀 뇌가 작동하여 종족 중 누군가가 위로 올라가고 있다는 은밀한 메시지를 보내게 된다. 딱히 별다른 의도도 없으면서 그저 기분이 좋아지려고 상대방을 깎아내리는 사람들도 있다. 그들을 탓하지 마라. 그냥 일종의 생리적인 특성으로 받아들여라. 실제로 그렇기도 하다. 이런 문제는 그냥 넘어가라. 이것이 우리의 정신을 똑바로 차리게 하는 좌우명이 될 것이다.

2부에서는 우리 앞에 놓인 장애물을 극복하는 방법에 대해 논의할 것이며, 그때 이 문제를 다루는 데 사용할 수 있는 심층적인 전략에 대해 이야기할 것이다. 여기서는 기본적인 내용만 짚고 넘어가겠다.

- 입을 다물고 있어라. 말없이 꿈을 위해 노력하는 것이 인생을 바꾸려 노력할 때 주변의 판단에 자기 자신을 노출시키는 것보다 훨씬 더 쉽다.
- 다른 사람들과 함께 있을 때는 평범해져라. 당신의 자기계발 여정에 대한 참다운 지혜를 선포하거나, 널리 알리려 하지 마라. 아무도 듣고 싶어 하지 않는다. 다른 사람들을 '개조'하려 노력하면 반발을 살 것이다. 평범한 대화를 나누고, 사람들이 불평하도록 내버려 두고, 모두와 똑같이 현상 유지를 하고 있는 것처럼 행동하라.
- 불만이 있을 때는 혼자 속으로 삭여라. 잘 이해가 되지 않는다면 이 부분을 다시 읽어라. 사람들이 어떤 행동을 하는 것은 그럴 만한 이유가 있기 때문이다. 너무 심각하게

받아들이지 마라. 로버트 그린의 다른 사람들을 대하는 규칙을 활용하여 "주변의 어리석은 사람들을 돌이나 가구처럼 삶의 자연스러운 한 부분으로 받아들여라." 내 조언은 우리 주변에서 작동하는 힘을 바꾸려 하기보다 있는 그대로 받아들이라는 주제로 요약할 수 있다. 이런 힘들은 서로 빈틈없이 얽혀 있다. 그냥 놔두어라.

미디어는 우리가 우울하고 슬퍼하고 화내기를 바란다.

그래야 돈을 벌 수 있기 때문이다.

세상에서 가장 현명한 사람 중 한 명 찰스 멍거는 처음 봤을 때부터 지금까지 줄곧 나를 사로잡고 있는 말을 했다.

"유인Incentive의 힘에 대해 생각해야 할 때는 다른 건 절대로 생각하지 마라."

찰스 멍거는 이렇게 말하기도 한다. "유인Incentive을 안다면 결과를 알게 되는 것이다."

그렇다면 미디어에서는 '유인Incentive의 비결'에 관련된 다른 요소를 어떻게 다루는지 살펴보도록 하자.

- 미디어 기업은 돈을 벌어야 한다.
- 그러기 위해 미디어 기업은 대중의 눈길을 사로잡아야 한다. 광고주의 관심을 끄는 것이 목적이다.
- 많은 사람은 높은 자극의 감정, 특히 부정적인 감정이 가

장 많은 자극을 촉진한다고 주장한다. (조나 버거의《컨테이 저스(Contagious)》참조- 옮긴이)

예전에는 미디어가 나를 가스라이팅하고 선동하려 할 때면 짜증이 나곤 했다. 그러다 이들에게 다른 뾰족한 수가 없다는 것을 깨달았다. 삶과 사회, 세계를 있는 그대로 반영하려면 미디어는 큰 비용을 지불해야 할 것이다. 탈레브는 이렇게 말했다. "신문을 읽으며 스트레스를 받고 싶지 않다면 그냥 지난주 신문을 읽어라." 미디어는 수북이 쌓여 있는 거대한 헛소리 더미에 불과하다. 악의는 없다. 왜곡된 유인 구조Incentive structure의 뚜렷한 결과일 뿐이다.

뉴스 웹사이트와 같은 미디어 기업에 대해서는 그저 간단히 언급했을 뿐이다. 그런가 하면 소셜 미디어 역시 또 하나의 거대한 심리 조작 매체에 지나지 않는다. 나 역시 미디어에 중독되어 있으며, 점점 더 똑똑해지며 우리의 소셜 미디어 사용을 조작하는 미디어에 맞서는 대단한 해결책 같은 것은 모른다. 참 어려운 문제다. 미디어 기업은 세상에서 가장 똑똑한 심리학자와 엔지니어, 프로그래머 같은 사람들을 그저 소수가 아니라 대거 기용한다. 이는 전적으로 소셜 미디어를 한층 더 중독성 있는 것으로 만들기 위해서다. 충분히 일리가 있는 행동이다. 효과적인 유인Incentive 전략이 반영된 행동이기도 하다.

내 말을 못 믿겠는가? 전직 페이스북 간부인 차마스 팔리하타피아의 말을 인용해 본다. "우리가 모르는 사이에 우리의 행위는 프로그래밍되고 있다. 무의식적이기는 하지만 이제 우리는 자신의 지적인 독립을 얼마나 많이 포기해야 할지 결정해야 한다." 미디어 기업들이 모든 사람을 중독시키고, 기술로 통제하려는 계획을 세운 것이 아님을 이제 알았을 것이다. 소셜 미디어 기업은 사람들을 연결하겠다는 순수한 의도로 출발했다. 하지만 옛말에도 있듯이, "지옥으로 가는 길은 선의로 포장되어 있다." 기업은 돈을 벌어야 하며, 부정적인 소셜 엔지니어링이 이윤을 거두는 최고의 수단임을 알려주는 야광 녹색의 유인Incentive 광고판을 보자마자 이미 예정된 것처럼 이에 따라 행동하기 시작했다.

착각하지 마라. 우리는 매일같이 가스라이팅과 조작을 당하고 있다. 뉴스 기업과 소셜 미디어에서 진부하면서도 자극적인 홍보 문구가 빠진다고 생각해 보라. 현실을 있는 그대로 묘사하고, 부정적인 내용 대신 긍정적인 내용에 초점을 맞춘다고 상상해 보라. 기업은 돈을 벌지 못할 것이며, 아무도 관심을 보이지 않을 것이다.

당연히 우리에게도 책임은 있다. 우리는 부정적인 것과 자극적인 것을 좋아한다. "하늘이 무너지고 있다."라는 말이 사실이기를 바란다. 그렇게 되면 우리의 문제가 우리 잘못이 아닌 것이 되기 때문이다. 유인Incentive은 이렇게 우리 모두가 비생산적인 판단을 내리게 만든다. 이 모든 사실을 알았다고 해서 속임수에 대해 면역이 생기는 것은 아니다. 하지만 미디어를 보고 듣고 접할 때 차츰 걸러내고 판단하기 시작할 것이다. 미디어는 여러 정보와 이야기 중에서 일부를 취사선택하여 전달한다. 그들이 우리에게 전달하는 것만큼이나 전하지 않는 것도 많다. 다시 말하지만 이는 거대한 음모가 아니다. 그저 유인Incentive에 따른 행위일 뿐이다.

하나의 유인Incentive 위에 쌓인 또 하나의 다른 유인Incentive 구조를 파악하기 시작하면 이런 상황에서 변하는 것이 왜 그렇게 힘든지 알게 될 것이다. 우리가 주체적이며, 자아실현을 하는 개인이 되려 노력할 때 우리 주변을 둘러싼 외부의 모든 힘은 정확히 그 반대 방향으로 흐를 것이다.

변하고 싶다면 그 변화가 어떻게 일어나는지 뿐만 아니라, 왜 변해야 하는지도 알아야 한다. 사회가 우리에게 하는 일의 대부분이 우리와 크게 별로 상관없다는 사실을 깨닫게 되면 자유로워지기 시작할 것이다. 기업은 우리 중 어느 하나를 해코지할 생각이 없다. 우리는 기계 속의 나사 하나일 뿐이다. 다행스럽게도 탈출하기로 결심해도, 그들은 우리 중 하나가 사라졌다는 사실조차 모를 것이다.

식품과 음료 기업은 우리가 살이 찌기를 원하고,

거대한 제약회사들은 우리가 아프기를 바란다.

건강한 유기농 식품을 더 저렴하게 만들 수 있고 판매했을 때 이윤도 많이 남는다면 많은 기업은 우리에게 유기농 식품을 팔려고 할 것이다. 몸에 해로운 쓰레기를 만들어내는 패스트푸드 기업과 탄산음료 제조사나 장사치들을 볼 때 제품을 만드는 과정에서 작동하는 유인Incentive도 함께 볼 줄 알아야 한다. 이런 식품은 제조 비용이 훨씬 더 저렴하다. 게다가 중독성이 무척 강하다. 식품 기업들은 이 사실을 알고 있다. 알고 있을 뿐 아니라, 고객들의 구체적인 취향과 욕구를 아주 세세한 수준에 이르기까지 적극적으로 조사하기도 한다.

하워드 모스코비츠에게는 심리학 박사 학위가 있다. 그는 여러 식품 기업들과 협력하여 그들이 더욱 맛있고 중독성 있는 음식을 만들 수 있도록 힘을 보탠다. 자신의 일이 얼마나 도덕적이라고 생각하느냐는 질문을 받자 그는 이렇게 대답했다. "나는 도덕적 문제 같은 것을 따지지 않는다. 내가 아는 최선의 과학을 적용할 뿐이다. 나는 살아남기 위해 안간힘을 쓸 뿐이며, 도덕적인 존재가 되고 싶다는 사치스러운 욕망 같은 것은 없다." 우리를 쓰러뜨리려 노력하는 것처럼 보이는 기업과 기관의 배후에서는 수많은 사람이 그들이 해야 하는 일을 하고 있을 뿐이다. 식품 기업들이 약물과 같은 식품군을 생산하는 절차의 세부 사항을 분석한 어느 뉴욕타임스 기사에는 다음과 같은 내용이 나온다.

"제품 최적화 절차에서 식품 엔지니어는 오직 제품의 가장 완벽한 버전(혹은 버전들)을 찾겠다는 의도로 일련의 변수를 교체한다. 평범한 소비자들에게 비용을 지불하고, 그들이 방 안에서 연구 대상이 되는 제품을 만지고, 느끼고, 마시고, 냄새 맡고, 입으로 헹구고 맛보게 한다. 소비자들의 의견이 컴퓨터로 쏟아지고, 컨조인트 분석이라는 통계 방법을 통해 데이터가 조사되고 분류된다. 이를 통해 어떤 특징이 소비자들에게 가장 매력적인지 결정된다."

이들은 이런 엉터리 정보를 과학이라는 이름으로 포장한다. 그 대단한 유인Incentive이라는 특성 때문이다. 건강관리 산업의 경우, 유인 구조Incentive structure가 순조롭게 진행되도록 만드는 것은 제약회사다. 목표는 항상 '더 많은 수익을 거두는 것'이다. 수익이 비즈니스를 작동시키는 유인Incentive이기 때문이다. 대체 의학을 제공하는 것으로 더 많은 수익을 거둘 수 있다면 그들은 대체 의학을 선택할 것이다. 예방 가능한 질병을 피하는 것을 돕는 일반적인 영양학적 정보를 제공하여 더 많은 수익을 거둘 수 있다면 그쪽을 택할 것이다. 하지만 그들은 지금 우리를 계속 병들게 하는 다른 기관들과 협력하여 일하고 있다.

모든 기업이 상의하여 공모하는 것은 아니다. 하지만 한번 생각해 보자. 심장 건강과 고혈압 약 회사가 심장 건강 문제가 완벽하게 예방 가능한지를 신경 써야 한다고 생각하는가? 오히려 그들은 상황이 반대로 흘러가기를 바랄 수도 있다. 어쨌든 사람들을 당장 건강하게 만드는 방법을 찾으려고 애쓰진 않을 것이다. 이런 기업이나 기관들이 일종의 거대한 '척 하면 척' 게임에 가담해 있다고 볼 수 있다. 정치가와 미디어 기업은 우리를 슬프거나 화나게, 아니면 우울하게 만든다. 슬프고 화가 나거나 우울하면 당신은 더 적게 움직이고 더 많이 먹는다. 더 적게 움직이고 더 많이 먹으면 병이 들게 마련이다. 그러면 누군가가 나타나 우리에게 적당한 약을 제공한다. 이 약을 먹고 나서 잠시 회복된 후에 우리는 다시 한 번 모든 사이클을 반복한다.

잊지 마라. 우리는 힘든 싸움을 하고 있다.

나는 이처럼 복잡한 문제들이 쉽게 풀린다고 착각하게 만드는 자기 계발서를 싫어한다. 사회에서 흔히 볼 수 있는 존이나 제인 같은 인물을 떠올려 보자. 이런 사람들은 침울해하거나, 지속적으로 낮은 수준의 불안을 경험하고, 건강 상태도 좋지 않으며, 싫어하는 일을 하고 있다. 그리고 카페인이든 옥시콘틴이든 어떤 종류의 물질에 중독되어 있다. 어디를 둘러보아도 자신의 삶에 대해 아무런 주체성도 없다고 믿게 만드는 것들뿐이다. 이런 사람들에게 단번에 수십 년간의 조건화를 내려놓고 자기실현을 시작하라고 요청하는 것은 너무 무리한 요구다.

어쩌면 당신도 이렇게 살아가고 있을지 모른다. 아니면 당신의 일부라도 그럴 수 있다. 하지만 무언가 잘못되었다는 것을 아는 것만으로 충분하다. 나도 '혼자 힘으로 딛고 일어서기'가 얼마나 힘든지는 안다. 사회에서 우리가 혼자 힘으로 일어서는 것을 원하지 않기 때문이다. 적어도 우리 모두가 동시에 그러기는 원치 않는다. 다시 한 번 강조하지만 나는 당신을 화나게 하거나 해고당하게 할 생각이 전혀 없다. 그저 현실을 이해하는 문제에 대해서 말하고 싶을 뿐이다. '성공'하거나 '꿈을 이루'고자 할 때, 우리는 직·간접적으로 우리를 저지하려 드는 사회에서 그렇게 해야 한다. 이는 사회의 계획적인 음모가 아니라, 상황이 흘러가면서 생긴 자연스러운 결과일 뿐이다.

이를 명심하면 성공할 가능성이 커질 것이다. 화를 내고 실망할 일이 줄어들 것이기 때문이다. 세상을 원망해 봤자 아무 소용없다. 게임은 이미 설정되어 있다. 이제 당신은 어떻게 할 것인가?

우리에게 주어진 유일한 성공 가능성은 개인적인 책임과 자존을 통해서 온다. 조작된 게임을 하기 위해 평균 이상 수준의 노력을 해야 한다는 것도 충분히 이해해야 한다. 하지만 좋은 점도 있다. 게임이 어느 정도 조작되어 있다는 사실을 이해하면 다른 방식으로 운행할 수 있으며, 이로 말미암아 '매트릭스에서 탈출'할 가능성이 무척 커진다. 나는 정보가 부족해서가 아니라 세상이 작동하는 방식을 제대로 파악하지 못해서 실패하는 사람들을 수도 없이 봤다.

성공하기 위해 지나치게 낙관적인 태도를 취할 필요는 없다. 당신이 해고당하거나, 토니 로빈슨 세미나에 참석해 흥분하는 데에는 굳이 내가 필요하지 않을 것이다. 의욕과 동기 부여도 좋지만, 현실주의와 지혜에 비하면 그 가치가 희석된다. 이것저것 따질 것 없다. 기운이 빠질 때는 이 대목을 다시 읽어라. 여러분에게 앞으로 이야기할 사고방식의 핵심을 다루고 있기 때문이다.

'가공의 적을 상대로 싸우는 것을 멈추고 나 자신을 위해 싸우기 시작하자마자 내 삶은 변했다.' 이런 태도를 수용하면 당신의 삶 역시 바뀔 수 있다.

2

아무도 우리를
구하러 오지 않는다

결국, 우리가 우리의 삶을 만들어가고, 우리 자신을 만든다. 이 과정은 죽을 때까지 끝나지 않는다. 우리가 내리는 선택은 궁극적으로 우리 자신의 책임이다.

- 엘리노어 루스벨트

내가 태어나던 해 미국 대통령은 로널드 레이건이었다. 그리고 두 살 때 베를린 장벽이 무너졌다. 나이가 들어가면서 끊임없이 세계 문제가 발생했고, 이에 따른 뉴스도 계속 흘러나왔다. 뉴스에서 강조하는 주제는 한결같았다. 하늘이 무너지고 있지만 걱정마라. 우리가 당신을 구하러 왔다. 레이건 다음에는 클린턴이 있었다. 얼마 후, 클린턴 스캔들이 터졌다. 다음은 부시와 이라크 전쟁이었다. 그다음에는 버락 오바마의 '희망' 캠페인이 펼쳐졌다. 다음 대통령이 누군지는 다들 알 것이다.

갑자기 왜 이런 이야기를 하는 걸까? 내 삶의 경험은 지정학이나 뉴스에 나오는 사건보다 주로 내가 자라온 환경이나, 나의 결정과 관계, 중요한 순간들의 영향을 받았다. 우리를 꼭두각시로 삼고 조종하기 위해 줄을 잡아당기는 미디어와 정치가, 광고업자, 그리고 모든 기관은 기본적으로 우리가 삶에 아무런 책임이 없다고 느끼기를 바란다. 최종 목표는 우리에게 자율성이 없으며, 우리의 운명이 자신이 아닌 다른 사람에게 지배당한다는 거짓된 믿음을 심는 것이다. 그리고 우리는 지금까지 꼭두각시놀음에 장단을 맞춰왔다.

우리가 요새 주고받는 대화 내용을 살펴보자. 사회 이동(개인이나 집단의 계층적 위치가 변화하는 과정을 의미함- 옮긴이)과 개인의 책임, 자기 교육, 우리 삶을 지배하는 에이전시에 관해서 이야기하고 있는가?

그렇지 않다. 극단으로 치닫는 사회적 정의, 우리를 구해줄 올바른 정치가를 선택하는 문제, 사회 기관들에 대한 분노, 자신을 제외한 누구에게든 비난을 전가하는 것에 대해 이야기하고 있다. 어느 지점에서 우리의 활동 분야는 많은 사람이 성공할 기회가 생기도록 충분히 균등해져야 한다. 여기서 핵심은 충분히 균등하지 않다는 것이다. 완벽하게 평등한 사회란 없으며, 앞으로도 절대 없을 것이다. 유토피아는 존재하지 않는다. 한쪽으로 기울어진 저울이 나란해질 때까지 기다리겠는가? 아니면 지금 당장 삶을 개선하기 위해 내가 할 수 있는 일을 하겠는가? 이것은 우리의 삶에 대한 이야기다. 정치적 시각에서 원하던 모든 일이 실현된다고 해서, 그 과정에 직접 개입하지도 않았는데 원하는 대로의 삶을 누릴 수 있게 될까? 아마 그렇지 않을 것이다.

세상은 불공평하며, 성공하는 것이 일반적인 규칙보다 예외에 가까운 일이라면 어떻게 하겠는가? 예외가 되겠는가, 아니면 규칙을 따르겠는가? 나는 예외가 되기를 원하는 사람들을 위해 이 책을 썼다. 그러기 위해서는 다음 문장을 이해해야 한다.(이해하는 정도가 아니라 외워서 자기 것으로 만들어야 한다)

아무도 우리를 구하러 오지 않는다.

불완전하고 혼란스러운 세상을 어떻게 헤쳐나갈 것인가?

어떤 선량한 단체가 나타나 수입을 두 배로 늘려주고, 관계를 바로잡으며, 완벽한 건강을 갖추게 하고, 영혼에 감사와 만족감을 불어 넣겠다고 주장한다고 해도 나는 별로 개의치 않는다. 어차피 그런 일은 일어나지 않을 것이다. 우리 모두에게는 저마다 고유한 상황 설정이 있다. DNA부터 주변 환경, 통제할 수 없는 힘과 우리 삶의 이야기 중 일부는 우리의 잘못으로 인한 것이 아니다. 그 점에는 의문의 여지가 없다.

성공적인 삶을 살아가는 데는 어려움에 대처하는 일이 포함된다. 성공을 거둔 정치적 혁명의 경우도 마찬가지다. 이런 혁명의 지도자가 부당한 싸움에 맞서 승리하는 대신, 일찌감치 두 손을 들고 "우린 망했어"라고 말했다면 어떻게 됐을까? 지금의 기회조차 없었을 것이다. 우리는 왜 위대한 거인들의 어깨에 올라타지 않고 불평하면서 시간을 낭비하는 걸까? 불평하는 것이 커다란 도전을 감행하는 것보다 훨씬 더 쉽기 때문이다. 삶의 문제가 자신의 잘못이라고 생각하지 않으면 어려움을 감수하지 않고 빠져나갈 핑계가 된다.

우리 가족들은 구호품을 요청하지 않고 자신을 믿은 사람들이었다. 엄마는 빈민가에서 성장했다. 전형적인 빈민가였다. 외할머니는 글을 읽을 줄 몰랐고, 직업도 없었다. 하지만 외할머니는 일을 하면서 저축하여 엄마를 학교에 보냈다. 사실 엄마는 성적이 우수하고 전체 장학금을 받았기 때문에 돈이 들지 않았다. 이 모든 일이 지금보다 소수자가 살아남기 훨씬 더 힘든 시대에 일어났다. 아빠는 나이지리아 출신이다. 이 나라에 사는 사람들은 대부분 가난했다. 하지만 아빠는 미국에 왔고, 금융 분야를 전공하여 학위를 취득했다. 그리고 평생 거의 매일 무척 열심히 일했다.

부모님의 이런 희생을 보고 자란 내가 어떻게 무기력하게 살 수 있겠는가? 남들이 보기에 이상적이지 않으며 불가능할 것 같은 상황에서도 성공을 거두는 사람들은 얼마든지 많다. 한 마디 더 보태자면, 상황적인 요인은 우리가 생각하는 것처럼 대단하지 않다. 우리 모두에게는 저마다의 삶이 있고, 저마다의 출발 지점이 있을 것이다. 이제 당신도 당신만의 선택을 해야 한다. 이 모든 것은 당신에게 달려 있다.

결정, 그리고 결정, 또 결정

수많은 자기 계발 전문가는 이렇게 말한다. "당신이 내리는 모든 결정은 오직 당신만이 통제할 수 있는 선택이다." 그들은 선택을 하면 성공할 확률이 항상 50대 50이며, 사람들에게 가능한 한 최선의 선택을 하는 것이 쉽다고 생각하게 하려는 것 같다. 하지만 이는 절대 쉬운 일이 아니다. 이론상으로는 모든 로봇에게 제조업 일을 도맡아 하게 하고, 전직 공장 근로자들은 컴퓨터 프로그래밍 분야를 차지하여 소프트웨어 엔지니어가 되면 좋을 것처럼 보인다. 하지만 이와 같은 이론이 과연 얼마나 현실적일까? 이 자리에서 삶을 개선하기 위한 결정을 하는 것이 겉보기처럼 항상 쉽지 않다는 점을 분명히 해 두고 싶다.

애가 둘이 있고 소매업에 종사하는 싱글맘이 퇴근하고 나서 야간 수업을 듣기란 여간 어려운게 아니다. 첫째로 애들은 누가 볼 것인가? 둘째로 아이가 둘이나 있다면 거의 항상 피로에 찌들어 있을 것이다. 마지막으로 싱글맘에게는 매일같이 감당해야 할 수많은 감정과 책임이 따른다. 이런 상황에서 학교까지 다니라고 하는 것은 무리한 요구다.

어느 정도 잘 살아가는 사람의 경우는 어떨까? 예를 들어, 상위 중간 계층에 속하는 사람이라고 해 보자. 이 사람이 예술가가 되고 싶다면 직장을 그만두고 그림을 그려야 할 것이다. 그렇지 않은가? 하지만 현실은 그렇게 녹록하지 않다. 이런 사람에게도 부양해야 할 가족이 있을 것이다. 딸은 내년에 대학에 들어가고, 아들은 열여섯 번째 생일 선물로 중고차를 받고 싶어 한다. 미술을 부업으로 삼을 수도 있을 것이다. 하지만 아침 아홉 시부터 오후 다섯 시까지 일하는 직장인에게는 사이드 잡을 해보겠다는 생각은 돈과는 별개로 많은 시간이 걸리고, 힘들게 마련이다.

당신의 현재 상황이 어떠하든, 앞으로 내가 할 조언이 무리일 수도 있다는 것을 알고 있다. 하지만 조언을 하긴 할 것이다. 왜냐고? 진정한 자기 계발에는 우리에게 많은 것을 요구하는 도전과 직면하는 과정이 수반되기 때문이다. "그렇게 쉽다면 누구나 다 할 것이다"라는 말도 있지 않은가. 가치 있고 의미 있는 일을 하기 위해 고통스러운 과정을 겪는 것은 결과를 더욱 값지게 만든다. 좋은 선택에 수반되는 어려움에는 그

만한 가치가 있다. 마음속 깊은 곳에서는 그 누구도 무임승차를 원하지 않는다. '자신의 생계를 책임지는 것'은 우리가 바라는 자신감과 만족감을 주기 때문이다.

누구나 현재의 그 자리에 있다. 내가 그것을 바꿀 수는 없다. 정부나, 우리의 고용주도 마찬가지다. 최소한 결정적인 영향을 끼치지는 못할 것이다. 그렇다. 중요한 것은 자기 자신과 자신에게 펼쳐질 미래다. 인생의 모든 순간은 어떤 결정을 하느냐에 따라 달라진다. 이번 한 번만의 결정이 아니라, 앞으로 내릴 모든 결정에 따라서도 달라진다. 책임이 막중하다. 그렇지 않은가? 나는 철저하게 분석한 다음, 있는 그대로 이야기하려 한다. 그럴듯한 말로 포장하지 않고 있는 그대로 설명하겠다. 그래도 괜찮겠는가? 좋다. 아무도 당신을 구하러 오지 않는다면 어떻게 해야 하는지 이야기해 보겠다.

자원 활용 능력 〉 자원 자체

내가 당신에게 로봇을 만들라는 요청을 했다고 생각해 보자. 당신이 내게 할 질문은 "어떤 자원을 줄 것입니까?"가 될 것이다. 나의 대답은 "없습니다. 그냥 알아서 하세요."이다. 아무 지침도 없다. 도움을 청할 만한 기술자나 과학자 같은 사람들도 없다. 오로지 당신의 생각과 당신이 찾아낼 수 있는 자원뿐이다. 제법 해결하기 어려운 과제가 될 것이다. 그렇지 않은가? 무턱대고 로봇을 만든다는 것은 지금까지 당신이 이뤄낸 그 어떤 목표, 커리어를 전환하거나 사업을 시작하거나, 작가가 되는 것보다 더 성취하기 힘들 것이다.

엠포 엠카투라는 스무 살의 남아프리카 남자를 검색해 보라. 엠포는 쓰레기로 로봇을 만들었다. 그는 어렸을 때 늘 자신이 찾을 수 있는 예비 부품으로 새로운 물건을 만들어냈다. 청소년이었을 때는 폐차장의 물건이나 금속 부스러기, 널빤지 상자와 같이 대부분의 사람이 쓰레기라고 생각하는 것들로 배터리 구동 로봇을 만들었다. 지식을 갈고닦기 위해 엔지니어링 스쿨에 다니며 전통적인 방식의 공부도 병행했다. 재료가 부족하긴 했지만 자원을 활용하는 능력은 그를 훨씬 더 남다른 존재로 만들었다. 실험실에서 로봇을 만든 아이의 이야기는 뉴스에 나오지 않는다. 당신이라면 아무 경험 없는 예비학교의 엔지니어링 대학원생을 고용하겠는가, 아니면 학교는 그럭저럭 나왔지만 쓰레기로 로봇을 만들 줄 아는 젊은이를 고용하겠는가? 당연히 후자다. 어째서인가? 자원 활용 능력이 뛰어난 사람들은 어떤 환경이 주어지든 일을 진행시키기 때문이다. 이런 사람이야말로 누구나 함께 일하고 싶어 하는 사람일 것이다.

내가 가장 좋아하는 책 중 하나인《부자 아빠 가난한 아빠(Rich Dad Poor Dad)》에서 저자 로버트 기요사키는 지금까지도 내 기억에 남아 있는 말을 했다. "'난 할 수 없어'라고 하지 말고 '어떻게 하면 될까?'라고 말하라." 이와 같은 정신 훈련은 원하는 결과로 이어지지 않더라도 자원이 부족한 세계에서 우리에게 필요한 태도를 배양하기에는 아주 좋다. 어려운 문제에 부딪혔을 때 우리의 첫 번째 본능은 "난 할 수 없어"라고 말한다. 그도 그럴 것이 할 수 없다고 말할 때는 대체로 타당한 이유가 있다. 사실 내가 권하는 자기 계발 버전의 상당 부분은 부당한 진실과 타당한 장애물, 우리의 성공을 방해하는 아주 현실적인 힘에 대처하는 문제가 포함되어 있다. 하지만 더 많은 자원을 활용하는 데 집중하면 자원이 부족한 상황을 바로잡는 데 도움이 된다. 이런 것은 자기 계발에서 자주 나오는 진부한 말이다. 그렇지 않은가? 하지만 이 말의 의미를 제대로 이해하기 위해 좀 더 자세히 알아보자.

돈이 없다고 해 보자. 말 그대로 빈털터리다. 아무런 자원도 없고, 아는 사람이나 설비도 없는 상황에서 어떻게 돈을 버는 방법을 찾아낼 수 있을까? 이럴 때 쉽게 방문할 수 있으며, 우리에게 필요한 모든 지식을 제공하는 놀랍도록 유용한 장소가 있다. 더군다나 이곳에 가면 모든 자원을 공짜로 활용할 수 있다. 이 마법의 장소는 바로 도서관이다. 대부분 도서관에는 컴퓨터가 있어서 인터넷을 할 수 있다. 돈이 없이도 도서관 컴퓨터와 공짜 책에서 찾은 지식을 활용하여 무료로 온라인 사업을 시작할 수 있다.

내가 왜 이런 말을 하는 것일까? 나의 경험담이기 때문이다. 나는 지역 도서관의 무료 책과 컴퓨터를 사용하여 블로그 포스트를 작성하고 책의 초고를 여러 장 썼으며 온라인 마케팅에 대한 자료 조사를 했다. 당시 나는 돈이 한 푼도 없는 상태였다. 자료 조사를 위해 여러 권의 책을 사거나, 사업과 마케팅을 배울 수 있는 온라인 강의를 들을 돈이 없었다. 전기 회사에서 우리 집 전기를 끊을 정도로 가난했기 때문에 말 그대로 우리 집에는 글쓰기 경력을 쌓는 데 도움이 되는 자원이 하나도 없었다. 하지만 나는 변명하는 대신 내게 주어진 것으로 할 수 있는 일을 했다. 도움을 청하는 것도 좋은 방법이라고 생각한다. 스스로 어떻게 해 볼 수 없는 상황에 처한 사람들에게는 사회적 안전망이 필요하다. 하지만 도움을 청하기 전에 자신에게 있는 자원을 제대로 다 썼는지 스스로 물어보아야 한다. 그럴 때만 도움을 요청하거나 포기할 것을 권하겠다. 자원은 단순히 돈만을 의미하지 않는다. 시간도 엄청난 자원이다.

앞서 언급한, 아이 둘 딸린 싱글맘은 안타깝게도 새벽 다섯 시에 일어나거나 아이들이 잠들고 난 후 늦게까지 깨어 있어야 세 사람 모두를 위해 더 나은 삶을 만들 경력을 쌓을 수 있을 것이다. 그녀에게 이런 도전을 감당하라고 하는 것은 무척 가혹한 처사다. 하지만 더 나은 삶을 원한다면 이 가혹한 시련을 이겨내야 한다. 새로운 데이케어 프로그램의 도움을 받을 수도 있다. 친구와 가족의 도움을 빌릴 수도 있을 것이다. 하지만 죽도록 피곤해도 그 고단한 과정을 책임져야 하는 사람은 그녀 자신이다. 아무도 그녀 대신 책임을 질 수는 없다.

나는 미디엄 닷컴 웹사이트에서 하루에 10시간씩 일하는 싱글맘이 최고의 작가가 된 사례를 알고 있다. 그녀는 현재 매달 8천에서 1만 달러를 벌고 있으며, 덕분에 직장도 그만둘 수 있게 되었다. 그녀는 자기 자신에게 변명을 용납하지 않고 이런 일을 감내해 결과를 만들어냈다. 이제 그녀는 아이들에게 더 많은 시간과 자원을 쓴다. 시작도 하기 전에 일찌감치 포기할 수도 있었겠지만, 자원 활용의 힘을 이해했기 때문에 포기하지 않았다.

나는 여러분이 어떤 사람인지 모른다. 현재의 삶이 어떤지도 모른다. 여러분이 행복한지, 슬픈지, 만족스러운지, 꿈을 키우고 있는지, 게으른지, 이 모든 것이 뒤섞여 있는 상태인지도 모른다. 하지만 한 가지는 알고 있다. 여러분의 삶의 무게는 자신만이 감당해야 한다는 것이다. 어떤 일이 있었던 과거는 이미 지나갔고, 여러분은 지금 이 자리에 서 있다. 기회를 찾고 자원을 최대한 활용할 수 있는 방법을 습득하면 삶을 극적으로 개선할 가능성이 커진다. 제대로 볼 줄 아는 눈을 키우기 시작하면 기회는 어디에나 있다.

무한한 기회의 땅

아무도 당신을 구하러 오지 않는다. 당신을 구하기 위해 꼭 다른 사람이 필요하지도 않다. 인터넷은 권력을 민주화시켜 인류 역사상 그 어느 때보다 사회 이동을 할 여지를 더 많이 창출했다. 나는 도예 강좌를 진행하면서, 생계를 위해 엣시에서 작품을 파는 여자 한 명을 알고 있다. 여러 가지 주제에 대한 간단한 웹사이트를 만들고, 제휴 마케팅으로 상품을 추천하여 돈을 버는 사람들도 안다. 람바 스쿨이라고 하는 코딩 부트 캠프가 있다. 공짜로 코딩하는 법을 가르쳐 주고, 2년 동안 수강생들이 번 수익의 일부를 가져가는 곳이다. 단 수강생이 5,000달러(575만 원) 이상의 수익을 버는 일자리를 얻게 된 경우에 한해서다. 일자리를 얻지 못하면 돈을 갚을 필요가 없다.

여기 앉아 글을 쓰면서, 나는 다른 컴퓨터 탭에서 예일 대학교의 웹사이트를 끌어와서 보고 있다. 이곳에서는 예일 대학교의 전 강좌를 무료로 수강할 수 있다. 성공으로 가는 길을 구체적으로 정의할 수는 없지만 그 길은 차고 넘칠 정도로 많다. 이 책에서는 수백만 달러를 버는 방법을 설명하지 않기로 했다. 하지만 그렇다고 우리가 그런 돈을 벌지 못할 이유도 없다. 이를테면 자신이 좋아하는 일을 하면서 7만 달러(7,500만 원)를 번다고 해 보자. 이것이야말로 내가 생각하는 아메리칸 드림이다. 성공으로 가는 길은 모두에게 열려 있지만 대부분 이미 자신의 방식에 너무 깊이 빠져 있거나, 이를 깨달을 자신감이 부족하다.

수많은 경력과 사업을 시작하기 위한 진입 장벽이 낮아지고 있다. 요즘에는 돈이 적거나 아예 없어도, 유력 기관의 후원을 받지 않아도 얼마든지 자신만의 길을 갈고 닦을 수 있다. 여러분도 이런 삶을 원하고 있지 않은가? 지저분한 방법으로 돈을 버는 부자가 되는 것보다 스스로 원하는 일을 하고 싶지 않은가? 할 수만 있다면 싫어하는 일은 피하고 싶지 않은가? 아무도 여러분을 구하러 오지 않는다. 스스로 구해야 한다. 어떻게 하는지는 지금부터 설명하겠다.

잔인할 정도로 자신에게 솔직해져라

아무도 우리를 구하러 오지 않는다는 사실을 우리는 본능적으로 알고 있다. 하지만 믿음이 있으면 안심할 수 있으므로 누군가 구하러 올 것이라는 믿음에 계속 매달린다. 그렇게 거짓된 희망을 품는다. 자신에게 거짓말을 하는 것은 강력한 대응 기제다. 변하고 싶다면 이제 진실을 마주해야 한다. 그렇다면 무의식이 아무 노력도 하고 싶지 않아 하면서 거짓말을 늘어놓을 때 자신을 어떻게 분석하는가? 아마 내 대답이 달갑지 않게 들릴 것이다. 그러므로 미리 사과하는 바이다. 죽을 때까지 주구장창 자신을 분석하기만 하다가 끝날 것이다.

아직도 자극을 받지 않았는가?

나는 문제의 뿌리를 파헤칠 때 일기 쓰기를 활용한다. 깊이 파고들고 싶을 때는 모닝 페이지를 쓴다. 세 페이지를 아무것도 거르지 않고 써 내려간다. 이 과정은 대체로 실제 상황이 어떤지 파악하는 데 도움이 된다. "나는 일에 최선을 다하지 않았어." "'무언가'를 위해 노력하는 대신 자기 연민에만 빠져 있지('무언가'는 항상 존재하게 마련이다)." "오늘 내게 필요한 건 감사와 자기 사랑이 아닐지도 몰라. 그런 말로 포장해야 할 때가 아니라고." 오랜 시간 되풀이해 온 이런 혼잣말 덕분에 나는 진실을 직면하고 관점을 바꾸게 되었다. 여러분도 한 번 시도해 보라.

여러분에게도 파헤쳐야 할 거짓말이 제법 많을 것이다. 거짓말을 파헤치는 과정은 우리를 자유롭게 만든다. 이 과정을 충분히 오래, 꾸준히 반복하면 진정한 자기 인식을 키우게 될 것이다. 더 정확한 자아감을 구축하면 이길 수 있는 게임을 하고, 구체적인 욕구에 어울리는 결정을 내리고, 통제할 수 없는 일에 대해 걱정하는 것을 그만두게 된다.

우리가 자신에게 하는 가장 흔한 거짓말 중 몇 개를 살펴보자.

"나는 [X]를 얻을 자격이 있어."

X는 더 많은 돈, 지위, 사랑, 수용, 기회, 인간이 욕망하는 다른 모든 것들을 말한다. 이 믿음을 더 깊이 파헤쳐보라. 왜 당신은 그 무언가를 얻을 자격이 있는가? 사실은 그렇지 않다.

자신에게 이 질문을 다시 던지고, 곰곰이 생각해 보라. 당신이 좋은 사람이기 때문에? 당신은 그 정도로 좋은 사람이 아니다. 하늘에서 무언가 뚝 떨어지기를 바라기 전에 주어진 자원과 능력을 충분히 활용했는가? 아니라고? 아, 그래도 괜찮다.

좀 더 깊이 파고 들어가 보자. 나도 여러분만큼이나 이 문제로 고생을 했다. 가끔 어떤 사람은 받을 자격이 없는 것을 얻기도 한다. 우리도 그와 같은 행운을 누릴 자격이 있다고 느끼지만 그런 일이 생기지 않으면 질투심에 사로잡히게 된다. 하지만 행운도 삶의 한 부분이다. 하지만 운이 따르지 않는다고 해서 세상이 나를 버렸다고 아우성쳐봤자 아무 소용없다. 누군가 어떤 일에 진심으로 모든 것을 쏟아부었는데 바라는 결과가 나오지 않았다면 나 역시 안타깝게 생각한다. 그 사람은 정말 속이 상할 것이고, 그런 사람에게 무슨 말을 해야 할지는 나도 잘 모르겠다. 하지만 이루고자 하는 일이 무엇이든 사람들은 그 일에 전력투구하지 않았으면서 자신을 탓하기보다 '불운'을 탓할 때가 많다. 정말 열심히 노력했는데 원하는 결과를 얻지 못할 수도 있다. 그럼에도 계속 도전할 것인지 말 것인지 결정하는 것은 당신의 몫이다.

"삶이란 게 원래 그래"

구원자가 나타나 삶을 바꿔줄 것이라는 생각에는 자신에게 아무 힘이 없다는 믿음이 깔려 있다. 사람들은 스스로 자신의 상황을 어떻게 해 볼 수 없다는 생각에 깊이 빠져서 사회에 중대한 변화가 일어나야 한다고 생각한다. 자신의 미래를 전혀 통제할 수 없는 상태라면 정부가 이를 바로잡게 해야 할 것이다. 정부와 같은 강력한 기관의 도움 없이는 도무지 어떻게 해볼 수가 없다면 그냥 앉아서 기다리는 것도 방법이다.

사람들이 안타깝고 막막한 현실에 대해 불평하는 소리는 귀에 못이 박히도록 들었다. "아시겠지만 경제 구조가 이런 상황에서는 아무도 성공할 수 없어요." "세상에는 제대로 된 일자리가 없어." "자동화가 업계를 장악하면 난 끝장나는 거지, 뭐." 스스로 삶의 방향을 전환할 수 없을 것이라는 믿음에 파묻혀 살기는 쉽다. 하지만 삶을 이렇게 수동적으로만 바라본다는 건 대단히 안타까운 일이다. 우리는 더 잘 할 수 있다. 자신을 위해 싸울 수 있을 만큼 강하다. 주눅들 필요 없다. 그러니 겁먹지 마라.

"다른 누군가의 잘못이야."

부당한 힘은 실제로 존재한다. 가난에 허덕이는 싱글맘의 아이는 풍요로운 가정에서 태어난 아이보다 성공적인 삶을 누릴 가능성이 훨씬 더 작을 것이다. 이 점에는 반박의 여지가 없다. 우리 모두에게는 어떤 식으로든 삶을 힘들게 하는 외부의 힘이 존재한다. 그러나 그것이 내 삶을 방치할 핑계는 되지 못한다. 내 불행의 원인이 사회에 있다는 것을 증명하기 위해 평생을 살기에는 내 삶이 너무 아깝다. 사회나 환경에 모두 책임을 전가할 수도 있다. 하지만 우리에게는 우리가 살아야 할 삶의 몫이 있다. 개인적인 책임을 최대한 많이 감수하지 않는한, 우리의 삶은 나아질 수 없다.

어려운 선택을 하면 삶이 쉬워진다.

자기 자신만의 길을 만들어가며 살아가기란 절대 쉽지 않다. 순탄하게 삶을 살아가고 싶은가? 그렇다면 지금 당신의 삶은 얼마나 순조로운가? 순조로운 삶에 문제를 해결해야 하는 어려움은 없을지 모른다. 하지만 우리가 발전하는 데 필요한 정신적 혹은 물리적 수단 역시 결여되어 있다. 편안한 삶의 길에는 편치 못한 길을 가지 못한 후회가 따르게 마련이다. 이를 잘 설명한 말이 있다. "쉬운 선택을 하면 삶이 어려워진다. 어려운 선택을 하면 삶이 쉬워진다." 내가 여러분에게 어려운 선택을 하라고 요구한다는 사실을 잘 알고 있다. 하지만 경험을 토대로 말하건대 이와 같은 선택에는 그 이상의 가치가 있다. 나는 그저 상황을 설명하고, 선택지를 제시할 뿐이다. 그다음에 어떻게 할지는 당신의 선택에 달려 있다.

3

끔찍한 결과와 진정한 삶을
맞바꾸지 않는 방법

"악마가 부린 최대의 속임수는 자신이 존재하지 않는다
고 세상이 확신하게 한 것입니다."

- 카이저 소제

악마는 존재하지만 우리가 상상하는 모습 그대로는 아니다.
붉은 피부에, 머리에 뿔이 달리고 불과 유황 속에 던져지는 악
마는 없다. 하지만 우리의 꿈을 짓밟으려 하는 불길한 힘은 존
재한다. 스티븐 프레스필드는 이 힘을 '저항'이라고 불렀다. 자
기 회의와 같이 좀 더 온건하며 그럴싸한 명칭이다. 프레스필

드는 그의 고전《최고의 나를 꺼내라(The War of Art)》에서 다음과 같이 저항을 정의한다.

"저항은 두려움의 형태로 나타난다. 우리가 더 많은 두려움을 느낄수록 저항 또한 강력하다는 뜻이다. 특정한 일에 두려움을 느끼면 느낄수록 그 일은 우리에게 그만큼 중요한 것이며, 우리 영혼의 성장에 꼭 필요하다는 뜻이 된다. 그렇기 때문에 우리가 그만큼 강력한 저항을 느끼는 것이다. 그 일이 우리에게 전혀 중요하지 않다면 우리는 그 일을 하는 데 아무런 저항도 받지 않는다."

또 다른 설명도 있다.

"저항은 항상 거짓말을 하며 끊임없이 추악한 음모를 꾸민다."

당신은 똑똑한 사람이다. 악마와 케케묵은 거래 따위는 하지 않을 것이다. 지금 하는 선택이 얼마나 중대한지 안다면 아마 다른 선택을 할 테지만 자신을 교묘하게 구슬리는 사악한 내면의 소리 때문에 지금과 같은 선택을 하고 있다.

저항은 필요에 따라 그 어떤 형태도 취할 수 있다. 사회가 우리에게 강요하는 메시지에서 가족과 친구들이 좋은 뜻에서 한 말에 이르기까지 자기 대화의 형태로 나타난다. 저항의 목표는 무엇일까? 우리의 삶과 목적, 의미를 보잘것없는 월급, 더 심각하게는 의도한 것보다 훨씬 더 삶을 통제 불가능한 상태로 빠지게 하는 결과와 맞바꾸도록 설득하는 것이다.

파우스트식 거래

성경에는 인류 최초의 파우스트식 거래가 등장한다. 신을 믿지 않는 사람이라도 성경의 이 대목은 되새겨 볼 만하다. 뱀은 아담과 이브에게 한 번에 사과를 먹으라고 유혹하지 않았다. 뱀은 먼저 이브에게 다가가 그녀를 유혹했다. 그런 다음 이브가 아담을 유혹하게 했다.

자신의 목적을 달성하기 위한 완벽한 수단을 사용한 것이다. 그것은 바로 사랑하는 사람이다. 이것이 첫 번째 교훈이다. 사악한 거래를 성사시키기 위해서는 직접 접근하는 것보다 정신적인 곁문을 사용하는 것이 더 효과적일 때가 많다. 다음으로 뱀은 더욱 푸르른 초원을 약속한다. 아담과 이브에게 선악과의 사과를 따 먹으면 신처럼 지혜로워진다고 한 것이다. 여기에 두 번째 교훈이 있다. 누군가 사악한 거래를 하게 만들고 싶다면 그 사람의 자아를 이용하라. 인간은 자기중심적이기 때문에 욕망을 채우기 위해서라면 어떤 일도 서슴지 않는다.

이 이야기에서 우리가 배워야 할 점은 무엇일까? 소원을 빌 때는 신중해야 한다는 것이다. 소원이 이뤄질 수도 있기 때문이다. 아담과 이브는 신의 지혜를 얻었지만 아기와 목욕물도 함께 받았다. 그들은 세상의 이치를 이해하게 되었지만, 언젠가 죽고 만다는 사실도 깨달았다. 알몸이었다는 것을 깨달았고, 부끄러움이 무엇인지도 알게 되었다. 지혜를 얻은 대가로 냉혹한 현실과 마주하게 된 것이다.

사탄은 예수와 또 한 번의 파우스트식 거래를 감행한다. 황야에 홀로 남고 굶주린 상태가 된 예수에게 루시퍼는 그분의 능력을 사용할 것을 종용한다. "정녕 하느님의 아들이라면 저 돌을 빵으로 만들어 보라." 그는 인간 본성의 또 다른 특성인 권력 지향 욕구를 건드렸다. 충족과 즉각적인 만족에 대한 욕구를 자극한 것이다. 배가 고프다. 그리고 배고픔을 해결할 능력이 있다. 그러니 지금 당장 자신을 행복하고 배부르게 만들지 않겠는가? 예수는 지혜로웠기 때문에 사탄의 유혹을 물리쳤다. 어찌 되었든 그는 하느님의 아들이다. 하지만 그 순간에는 유혹을 느꼈을 것이다. 이 이야기는 자기 자신에 대한 유혹을 물리치는 방법에 대한 가르침을 준다. '사탄'의 유혹은 무척 설득력이 있다.

성경 운운하는 소리나 들으려고 이 책을 고르지 않았다는 것은 잘 안다. 여기서 핵심은 사소한 무언가, 또는 그보다 훨씬 더 가혹한 결과와 대단히 중요한 무언가를 맞바꾸는 것이 수천 년 전에도 존재한 인간 본성의 한 측면이라는 점이다. 당신의 삶에도 이런 일이 일어나고 있지 않은가? 파우스트식인 거래를 받아들인 적은 없는가? 물론 있을 것이다. 그렇다면 앞으로 이런 문제가 생길 때는 어떻게 해야 할까?

첫째, 부당한 거래를 받아들였다면 상황을 바로잡기 위한 시간이 있다는 사실을 깨달아야 한다. 앞으로 삶에서 새로운 목적을 추구하여 자기 자신을 재창조하고 지난날의 실수를 만회하는 방법을 설명할 것이다. 둘째, 이번 장에 집중하고, 아직 그런 적이 없다면 앞으로도 '부당한 거래'를 하는 실수를 범하지 않기를 바란다. 마지막으로 자신이 하는 모든 결정에는 대가가 따른다는 점을 염두에 두어야 한다. 어떤 것이든 선택을 할 때마다 스스로 질문을 던져보라. "이번 선택의 결과는 어떨까? 좋은 점은 무엇이고, 나쁜 점은 무엇일까? 이 선택으로 인해 포기하게 되는 것은 무엇일까? 기회비용은 무엇일까?" 아래의 사례들을 보면 내가 무슨 말을 하는지 더 잘 이해하게 될 것이다.

링크드인 거래

나만 그런 걸까? 아니면 왜 링크드인 사진 속의 사람들은 웃으라고 강요받는 인질처럼 보이는 걸까? 사진 속의 사람들은 그곳에 있고 싶어 하지 않는 것처럼 보인다. 돈에 자기 자신을 팔아넘기고, '쓸모 있는 존재'처럼 보이려고 애쓰며, 삶에서 원하는 것이 아니라 치밀하게 이력을 과시하고 있다. 자신이 하는 일을 좋아하는 사람들도 있다는 것을 미리 밝혀두는 바이다. 회사에서의 라이프스타일과 직원으로 사는 것이 잘 맞는 사람도 있다. 하지만 기업가 정신이 모든 사람에게 잘 맞는 것은 아니다. 대다수의 사람은 기업가 정신 같은 데 관심이 없거나, 자신이 하는 일을 싫어한다.

피터 틸은 이 점을 자신의 책 《제로 투 원(Zero to One)》에서 탁월하게 분석한다.

"고등학교 때 높은 목표를 세웠던 사람들은 경영 컨설팅이나 투자 은행같이 아주 뻔한 커리어를 두고 고만고만하게 똑똑한 또래들과 치열한 경쟁을 벌여야 한다. 기존 체제에 편입되는 대가로 학생들(또는 가족들)은 인플레이션보다 더 높은 기세로 치솟는 수십만 달러의 수업료를 내야 한다. 우리는 대체왜 이러고 있는 걸까?"

대체 왜 이러고 있는 걸까? 감당하기 힘들 정도로 빚을 져야 하고 전망도 제한되어 있는 일에 매달리면서 내 삶의 만족감을 느낄 수 있는 선택을 포기하는 이유는 무엇일까?

우리가 사회의 교묘한 메시지에 속고 있기 때문이다. 사회에서는 우리에게 대학을 졸업한 후 회사인으로 살아가라고 말한다. 대학을 나오지 않으면 사회생활에 큰 제약이 따른다는 것이 근본적인 진실이 되어 있다. 제대로 입증된 바도 없는데 이 모든 것들이 기정사실이 되어 있는 것이다.

어쩌다 이렇게 된 걸까? 누군가에게 거짓을 믿게 하는 가장 좋은 방법은 반복해서 주입시키는 것이다. 우리의 두뇌는 반복된 주장을 진실로 받아들인다. 유치원에 들어간 후로 우리는 이런 거짓말을 수천 번도 넘게 들어왔다. 우리에게 왜 이런 거짓말이 주입됐을까? 이미 '사회는 왜 우리가 성공하기를 바라지 않는가'라는 장에서 논의한 바 있다. 사회의 구조는 말을 잘 듣고, 무엇보다 의존적인 사람들을 필요로 하는 구조에서 창발되었다. 회사원 차림을 한 사기꾼은 총도 안 들고 우리에게서 도둑질을 한다. "대학에 들어간 후부터는 삶이 근사해질 거야"라는 당근으로 효과가 없으면, 다음 차례는 채찍이다. "대학에 가지 않으면 평생 햄버거나 구우면서 살게 된다고!"

이 모든 이야기에서는 낮은 비용으로 다양한 경력과 사업을 시험하고 시도해 볼 수 있다는 사실이 빠져 있다. 이 사실은 '적합하지' 않기 때문이다. 나는 지금 기업주의를 비난하거나, '비좁은 칸막이의 사무실에서 탈출하기'에 대한 구태의연한 책을 쓰려는 것이 아니다. 대부분의 사람이 운동장 전체를 제대로 둘러보면서 모든 선택지를 점검하지 않는다고 지적하려는 것이다. 바보가 아닌데도 바보처럼 속고 있는 사람들이 많다. 누군가 어리석은 결정을 했다면, 그 사람이 별 고민 없이 거래했기 때문일 것이다. 뒤늦게 속았다는 생각이 들어도 억울해할 것 없다. 이번에 당했다는 느낌을 잘 기억하고 다음번에 유사한 거래를 제안받을 때 거절하면 된다.

시간 거래

트위터에서 다음 두 가지 선택 중에서 하나를 고르라는 투표가 진행된 적이 있다.

- 남은 평생을 워런 버핏처럼 살기: 우버에 투자하는 억만 장자이지만 나이는 88세임.
- 무일푼의 열여덟 살로 살기: 이상적이진 않겠지만 남은 시간이 많음.

사람들이 대부분 어느 쪽을 선택했는지 짐작할 것이다. 쓸 시간이 얼마 없는데 돈이 무슨 소용인가?

《죽을 때 가장 많이 하는 다섯 가지 후회(The Top Five Regrets of the Dying)》라는 책에서 후회 중 한 가지가 일에 너무 많은 시간을 허비한 것이라고 한다. 하지만 명심하라. 일을 많이 했다는 자체가 아니라, 지위와 돈, 특권을 가져다줄 뿐인 일을 했기 때문에 후회가 남는 것이다. 일은 인생의 3분의 일을 차지한다. 이렇게 중요한 일을 왜 물질적인 가치, 그리고 자신이 원하지도 않는 사회적 위치와 맞바꾸려 하는가? 왜 소중한 시간을 모조리 낭비하는가?

우리의 시간을 훔치기 위해 주입되는 거짓말

누군가 시간을 낭비하게 만들기 위해서는 자아와 두려움을 자극하는 몇 가지의 그럴듯한 거짓말만 있으면 된다.

- '안전'에 대한 거짓말: 사업을 시작하면 가족들이 위험에 처할 것이다. 직접 회사를 운영하는 것은 회사에 취직해

서 일하는 것보다 훨씬 더 위험하다. 힘들게 얻은 시간은 몽상이 아니라 확실한 투자에 바쳐야 한다. 진실은? 비용을 얼마 들이지 않고도 수많은 사이드잡을 테스트해볼 수 있다. 직업상의 안전은 사실 존재하지 않는다. 불경기 시대를 살아본 사람들에게 물어보라.

- "남들이 날 어떻게 생각하겠어?"라는 거짓말; 우리는 세상이 자신을 지켜보고 있고, 우리가 어쩔 줄 몰라 하며 엎어지길 기다린다고 확신한다. 진실은? 아무도 우리, 우리의 꿈과 행동, 그 어느 것에도 신경 쓰지 않는다.

- "아직 시간 많아"라는 거짓말; 수많은 제품이 우리가 더 젊어 보인다고 느끼게 하려고 노력하는 이유가 있다. 시간을 돌릴 수 있고, 지나간 청춘을 되돌릴 수 있다고 착각하게 하며, 불멸의 존재라는 환상을 심어주려 하기 때문이다.

- "사람들에게 빚을 지고 있다"라는 거짓말; 우리는 다른 사람의 부탁을 들어주지 않거나 도움을 줘야 하는 상황에서 이를 거절하거나, 자신의 일정을 앞세우면 죄책감이 든다. 우리는 자기 자신에게 말고는 아무것도, 특히 시간을 빚지지 않았다. 다른 이들에게 시간을 투자하는 것은 선택이지 의무가 아니다.

시간은 볼 수도 없고, 만질 수도 없고, 손에 잡히는 방식으로 느낄 수도 없어서 낭비하기 쉽다. 하지만 시간은 전혀 만회할 수 없다. 사실 시간은 빠르게 흘러가고 있다. 다른 사람들, 그리고 사회는 우리가 시간을 낭비하게 만들어야 한다. 자기 자신에 대한 노력에 더 많은 시간을 투자할수록, 우리가 세상의 이치를 더 잘 알게 되기 때문이다.

우리에게는 '시간 낭비'라는 개념에 대한 이중적인 믿음이 있다. 사람들은 잘 될지 안 될지 모르는 무언가를 위해 시간을 낭비하고 싶어 하지 않는다. 하지만 우리를 정체시키거나 후퇴하는 일을 하는 데는 기꺼이 시간을 낭비한다. 이런 생각은 전혀 말이 안 된다. 잘 안될지도 모르는 길을 따르는 데 시간을 바친다 해도 귀중한 경험을 얻을 수 있다. 기업가들에게 자리 잡기 전에 한번 혹은 여러 번 사업에 실패한 경험이 있느냐고 물어보라. 실수에서 배울 수 있다면 실수 덕분에 오히려 더 목표에 가까워지는 셈이다.

사람 거래

세상에서 가장 어려운 일 중 하나는 다른 사람을 정확하게 판단하는 것이다. 인간에게는 위대한 자질이 있다. 인간은 창조적이고, 적응을 잘하며, 회복탄력성이 있고, 협동도 잘한다. 하지만 부정적인 자질도 많다. 남을 음해하고, 질투심 많고, 자기중심적이며, 사치스럽고, 진이 빠지게 하는가 하면, 가끔은 거침없이 사악해지기도 한다. 자신과 가까운 사람들을 너무 주의 깊게 지켜보는 것이 권모술수처럼 보인다면 최악의 시나리오에서 잘못된 이들에게 신뢰와 사랑을 준다는 사람들을 생각해 보라. 우리가 사랑하거나 잘 안다고 생각했던 사람보다 우리를 더 아프게 할 수 있는 사람은 없다.

당신의 삶 속에서 접하는 사람들, 그리고 그들을 대하며 치르는 대가를 생각해 보라. 이 책의 주제는 여러분의 행동의 부정적인 면과 결과를 이해하는 것이다. 당신은 자신을 향상시키는 면에서 모든 것을 올바르게 할 수 있다. 여러분은 완벽한 건강을 얻을 수 있고, 여러분이 사랑하는 직업을 찾을 수 있고, 다른 사람들을 진심으로 돌볼 수 있지만, 여러분이 사람들을 잘못 이해하고 잘못된 관계를 맺으면, 좋은 삶을 살기가 어렵다. 결국, 우리 모두는 관계가 모든 것이라는 것을 깨닫는다.

그렇다면 왜 우리는 이렇게 독성이 있는 사람들 때문에 더 나은 미래를 희생하는 걸까? 바로 사랑과 수용, 확실성 때문이다. 당신을 받아들이는 것처럼 보이는 누군가가 있으면 당신은 그들의 결점을 무시하게 된다. 우리는 다른 사람들로부터 받아들여지기를, 인정받기를 갈망한다. 당신이 모험을 원하는 만큼, 당신은 안전과 보장을 훨씬 더 간절히 원한다. 바로 이런 이유로 사람들은 나쁜 관계에 머무른다. 어떻게 보면 혼자 있는 것보다는 함께 있는 것이 더 낫다고 여기기 때문이다. 이제 쓰디쓴 진실을 알려주겠다. 우리는 혼자 태어나고, 혼자 죽는다. 곁에 가족이 있어도 혼자 남는 고독한 상태로 되돌아간다. 인간은 세상을 떠나기 두려워하는 것만큼이나 혼자가 되는 것을 두려워한다. 우리는 벌거벗고 눈물을 흘리고 혼란스러워하며 갈팡질팡한다. 그것은 개인으로서의 삶을 충실히 살지 않을 때 생기는 일이다.

삶을 제대로 사는 법을 배우기 시작했다면 사람들을 마구잡이로 받아들이지 말고 신중하게 살펴보면서 삶에 올바른 사람들이 들어오게 해야 한다. 그렇게 하면 대부분의 사람에게 좀처럼 허락되지 않는 내면의 강인함을 배양하게 될 것이다.

삶의 경제학

커피나 새 옷, 차와 집을 살 때 우리는 그냥 돈을 쓰는 것이 아니다. 그 돈으로 할 수 있는 다른 일을 마다하고 자신이 원하는 바를 선택하는 것이다. 경제학에서는 이를 '기회비용'이라고 한다. 세상에 공짜는 없다. 단 하나도. 시간이나 돈, 사랑, 무엇이든 대가를 치러야 한다. 행동 경제학과 같은 분야가 대두하기에 앞서 '호모 이코노미쿠스(경제인)'라고 하는 이성적인 인간에 대한 개념이 있었다. 항상 최적의 결정을 하고, 모든 선택의 장단점을 고려하여 그중에서 가장 이로운 결정을 하는 인간을 말한다.

표면적으로 경제인이라는 개념은 확고한 주장인 것처럼 보인다. 인간은 자기중심적이므로 최대의 이득을 위해 무엇이든 하는 것이 당연하지 않은가? 하지만 행동 경제학의 선두주자인 대니얼 캐너먼과 아모스 트버스키는 우리에게 사람들이 대체로 비합리적이며, 적어도 '완벽하게 최적화'되어 있지는 않다는 사실을 알려주었다. 우리는 자기중심적이며, 그것도 지나칠 정도다. 자기중심적이며 반사적인 혈거인의 토대를 바탕으로 구축된 '빠른 뇌'에 힘입어 우리는 항상 이기심, 다시 말해, 즉각적인 만족과 탐욕, 불편 회피, 유사성에 대한 갈망이라는 인간의 어두운 본성을 부추기는 선택을 한다. 우리에게 필요치 않은 것은 고통을 무디게 하는 즉각적 유흥거리, 쓸데없는 서류 뭉치, 그릇된 안정감, 그리고 항상 내 최선의 이익을 염두에 두지 않는 사람들이다.

피터 틸의 질문을 다시 한 번 인용해 보겠다. "우리는 대체 왜 이러고 있는 걸까?" 대체 왜 그러고 있는가? 가끔 경험이 부족해서 어리석은 선택을 할 때도 있다. 낯선 상황에 맞닥뜨릴 때는 실수를 하기가 더욱 쉽다. 하지만 대체로 대다수의 사람이 어리석은 선택을 하는 이유는 올바른 거래를 하기가 두렵기 때문이다. 성공의 방정식은 안전과 확실성, 거짓 사랑과 주의산만, 이기심을 위대함이나 모험, 제정신, 기쁨과 맞바꾸는 데 달려 있다. 가장 위대한 신화, 그러니까 안전지대에 머무르면서 대가를 치르지 않아도 된다는 말은 이제 그만 잊어라.

정지된 상태는 존재하지 않는다. 앞으로 나아가지 않으면 뒤로 가는 것이다. 망설이고, 뒤로 미루는 순간마다 당신의 놀라운 존재의 기적을 아무것도 아닌 것으로 바꾼다. 그 대가로 남는 것은 정녕 아무것도 없다. 지금처럼 계속 나쁜 선택을 거듭하면서 성공에서 점점 더 멀어지는 방법도 있다. 하지만 이제 그런 일은 지칠 때도 되지 않았는가? 뭔가 다른 것을 시작할 준비가 되었는가? 지금이야말로 모험을 시작할 때이자 그동안 값싸게 팔아넘긴 운명 대신 자기 자신의 운명을 개척할 때다.

4

성공하기 위해
받아들여야 할 부당한 태도

"사람들을 혼란스럽게 하는 것은 사건이 아니다. 사건에 대한 판단이다."

- 마르쿠스 아우렐리우스

나도 이렇지 않았으면 좋겠다. 삶이 공평하기를 바란다. 사회가 개개인의 성공에 초점을 맞추면 좋겠다. 우리의 동료와 친구, 가족들이 우리가 성공할 수 있도록 돕는 데 초점을 맞추었으면 한다. 하지만 안타깝게도 세상은 그런 식으로 흘러가지 않는다. 내가 가장 좋아하는 작가 중 몇몇은 냉혹하고 비윤

리적이기까지 한 진실을 가르쳐 준 사람들이다.《권력의 법칙
(48 Laws of Power)》을 쓴 작가 로버트 그린은 인간의 본성에 대
한 책도 여러 권 썼다. 현실, 그리고 세상이 돌아가는 방식에
대한 설명을 받아들이지 않으면 원하는 대로의 성공을 거둘
수 없을 뿐 아니라 큰 고통을 겪게 될 것이다.

　세상이 공평해야 한다고 믿는 사람들은 실제로 그렇지 않
다는 사실을 깨닫는 상황이 닥치면 두 배로 상처를 받는다. 정
상을 향해 오르는 사람들은 일정한 방향으로 움직여야 한다.
주변에서 어떤 방식으로 게임이 진행되는지 망각하는 게 아
니라, 게임을 관찰하고 이해해야 한다는 뜻이다. 나 역시 삶에
일어나는 모든 일에 대해 끊임없이 객관적인 태도를 발전시
키면서 점점 더 게임을 관찰하게 되었다. 나는 세상이 장밋빛
으로 보이게 하는 안경을 벗고, 받침대에서 내려왔다. 그러기
전까지는 세상과 다른 사람들에게 이리저리 휘둘렸다. 나의
게임이 아니라 그들의 게임을 하고 있었다.

　세상을 있는 그대로 받아들이는 것보다 자신의 이야기에
끼어 맞추려 하는 것이 훨씬 더 쉬울 것이다. 우리의 정체성과
개성은 자신이 오랜 시간 구축해 온 세계관을 기반으로 하기
때문이다. 나의 두 번째 책《You 2.0》에서도 언급한 바와 같이,
삶을 변화시키는 과정은 죽는 것과 흡사하다. 오래된 세계관
에 매달린 채로 삶을 바꿀 수 없다. 옛것은 죽여 없애야 한다.
모든 죽음이 그렇듯이 애도의 과정이 따라야 한다. 자신의 해

묵은 세계관과 이야기를 놓아 보내는 것은 길게 볼 때는 해방의 과정이지만, 짧게 봤을 때는 무척 고통스러울 수 있다. 더군다나 새로운 세계관은 평범한 사람들의 생각과도 맞지 않을 것이다. 우리가 더 이상 대중들과 잘 맞지 않는다는 것을 의미한다. 사람들 앞에서는 '게임을 하고' 혼자만의 계획은 비밀리에 진행해야 한다. 결국, 삶은 너에게 전혀 공평하지 않을 것이다.

우리가 듣고 보고 겪는 것의 99%는 우리의 생각과 어긋난다.

대학 다닐 때의 한 장면이 떠오른다. 나는 술집에 친구 두 명과 앉아 있었다. 한 명은 작년에 학교를 졸업했고, 다른 한 명은 졸업을 앞두고 있었다. 두 사람은 다음 단계, 즉, 직장이나 위치, 목표 등에 대해 이야기하고 있었다. "학교를 졸업하면 7만 달러 이상은 벌고 싶어." 졸업을 앞둔 친구가 말했다. "말도 안 돼. 처음부터 7만 달러 넘게 버는 일자리는 쉽지 않을걸. 좀 더 만만한 직장에 들어가고 나서 차츰차츰 올라가야지."

나는 아무 말도 하지 않았지만 속으로는 무척 짜증이 났다. 나는 항상 몽상가였다. 한 번도, 심지어 무일푼이었을 때마저 평범한 삶을 꿈꾼 적이 없었다. 나는 항상 내가 언젠가, 어떤 식으로든 대단한 사람이 되리라고 믿어 의심치 않았다. '양 떼처럼 순진한 사람들'의 이야기를 듣고 있으니 답답하기 짝이 없었다. 내 태도는 한동안 이런 상태를 유지했다. 더 많이 배우고 쓰게 되면서 자꾸 주변 세상에 대해 이런저런 판단을 하게 되었다. 모두가 게으르고 한심해 보였으며, 진정한 잠재력과 동떨어져 사는 것처럼 보였다. 내 주장을 내세우며 한바탕 설교라도 하고 싶었다.

세상 전체가 나처럼 생각하기를 원했는데, 그렇지 않아서 속이 상했다.

이 문제는 사실 많은 사람이 일반적으로 겪는다. 우리는 모든 사람이 자기와 같은 방식으로 생각하기를 바란다. 나는 이렇게 생각했다. '저들에게 빛을 보여줄 수만 있다면!' 그래서 사람들과 '원대한 꿈'에 대해 이야기하고 싶었다. 몇 사람은 내 이야기를 잘 듣고, 나와 같은 생각을 했다. 하지만 나와 이야기한 사람들 대부분은 한 귀로 듣고 한 귀로 흘렸다. 한동안 이런 일을 계속하다가 결국 벽에 부딪히고 말았다. 다른 사람들에게 삶을 어떻게 살라고 주문하는 것은 내가 할 일이 아니었다. 다른 사람들이 살아가는 방식에 근본적으로 잘못된 점이 없기도 했다.

평범한 삶은 아주 좋은 것이다. 그 누구도 '순한 양'은 아니다. 우리의 세계관과 성공에 대한 정의는 저마다 다르다. 나는 다른 사람들의 일에 관여하지 않는 법을 배웠고, 모든 대중이 자아실현을 외치는 혁명은 절대 일어나지 않을 것이며, 꼭 그럴 필요도 없다는 사실을 받아들였다. 자아실현 여정에 나선 사람들은 대체로 거들먹거리는 경향이 있다. 여러분도 그렇게 될 것이다. 예전에는 지금 자기가 비난하는 사람들과 다르지 않았으면서 별안간 '도움을 주는 것'이 자신이 할 일이라고 믿는다. 그렇지 않다. 우리가 할 일은 자신의 삶을 더 좋게 만들고, 목표를 이루고, 도움이 필요한 사람들을 돕는 것이다.

발전과 학습을 거듭하면서 많은 것들이 불합리하게 느껴질 것이다. 사람들이 불평하는 정도, 야심 결여, 현 상태에 대한 굳건한 신념, 미디어에 대한 믿음, 운명에 대한 수용, 잡담이나 사소한 이야기에 불과한 대화, 사소한 것에 대한 집착, 상상력 부족, 아무 일도 하지 않으면서 조용히 절망하는 것, '사회의 규칙'을 신봉하는 태도, 어리석은 선택, 이 모든 것을 전혀 모르는 것 같은 태도까지 말이다. 그런데 혹시 알고 있는가? 이 모든 것들은 판단하는 사람의 생각일 뿐, 다른 사람들에 대한 정확한 설명은 아니다.

내가 지금까지 언급한 모든 목록은 내 세계관을 바탕으로 한 해석이다. 판단 받는 사람보다 판단하는 사람인 나의 성격에 대해 더 많은 것을 알려준다. 여러분의 판단도 마찬가지다. 사람들이 다른 사람들의 성격을 분석하는 방식은 다음 두 가지 유형으로 설명할 수 있다.

첫 번째는 자기 자신에 대한 기준이 높으며, 남들이 하는 일에 동의하지 않지만 그들을 바꾸려 하지 않고, 그럴 마음도 없는 유형이다. 이런 유형의 사람들은 자기만의 길을 구축해 나간다. 자기와 생각이 비슷한 사람들과 함께 부족을 형성하고, 자신의 사례를 통해 깨달음을 얻은 사람들을 반갑게 맞이한다. 두 번째는 다른 사람들이 지금보다 더 나은 삶을 살 방법을 알고 있다고 착각하는 거만하고 어리석은 유형이다.

이 두 유형의 차이는 미세한 것처럼 보이지만 실은 무척 크다. 그러니 전자를 선택하라. 다른 사람들이 어떤 사람인지, 어떻게 행동하는지, 무엇을 믿는지를 있는 그대로 받아들이기 시작하면 세상을 상대로 모종의 힘겨운 투쟁을 하고 있다는 느낌이 줄어들 것이다. 당신이 일을 하는 동안 대중들은 그저 배경으로 희미해질 것이다. 점점 더 많은 사람들이 배경으로 사라짐에 따라, 결국 당신만이 유일하게 남아 있는 사람이 된다.

외로움을 느끼게 될 것이다.(하지만 외로움에 익숙해져야만 한다)

나와 개인적으로 친한 사람들은 내가 무슨 일을 하는지 잘 모른다. 책을 써서 온라인으로 어느 정도 돈을 번다는 것만 안다. 나는 내가 느끼고 생각하고 표현하고 싶은 것을 공유하기 위해 미디어에 글을 썼다. 하지만 사적으로는 내 일에 대해 거의 이야기하지 않는다. 앞서 이야기한 내용에 따르면 당연한 결과다. 사람들은 대체로 대단한 아이디어 같은 것에 대해 이야기하고 싶어 하지 않는다. 대부분 사람은 사업가나 예술가가 아니며, 극적으로 커리어를 전환하지도 않는다. 물론 그래도 괜찮다. 하지만 당신은 창조적인 사람이다. 자기 자신과 자기 생각을 표현하기 좋아한다는 뜻이다. 이런 사람은 자기 생각에 동의하지 않는 사람들에게 비전을 공유하면 할수록 더욱 고립된다는 느낌이 들 것이다.

당신은 앞으로 자신이 보기에 전혀 말이 안 되는 세상에서 살게 될 것이고, 당신과 비전을 공유할 사람도 찾기 어려울 것이다. 물론 상대적으로 아주 적은 수의 사람들이 있기는 할 것이다. 그리고 자기 계발을 하고 싶어 하는 사람도 꽤 있다. 어쨌든 자기 계발은 수억 달러를 창출할 수 있는 분야이기 때문이다. 자신과 잘 맞는 사람들을 만나고 싶다면 따로 노력을 기울여야 한다. 나는 우리 지역 공동체의 클럽에서 활동하고 있다. 여러 작가와 사업가들로 이루어진 온라인 모임에도 소속되어 있다. 지구 반대편에 사는 사람들과 일 이야기를 하기 위해 온라인에서 스카이프 회의도 진행할 것이다. 선택지는 여러 가지다.

꿈을 이루기 위한 노력에 분투하다 보면 가끔 일상생활에서 외로움을 느끼게 될 수도 있다. 성공하기 위해 '수도자 모드(monk mode)'로 들어가 바깥세상과 격리할 필요는 없다. 하지만 시간이 흐르면서 점점 다른 사람들과의 공통분모가 줄어든다고 느끼게 될 것이다. 일을 하고 싶고, 계속 일할 에너지도 충분하므로 주말마다 나가고 싶지 않을 것이다. 사소한 잡담을 들으면 지루해질 것이다. 사람들은 당신을 점점 달리 보기 시작하고, 그러다가 어느 날 "요새 좀 변한 것 같아"라고 말할 것이다. 일하고 있을 때 당신 편을 들어줄 사람은 거의 없을 것이다. 물론 '성공'을 거두고 나면 사람들이 다시 돌아오기는 한다. 하지만 그런 건 중요하지 않다.

자신을 계발하는 중요한 단계의 대부분은 혼자 힘으로 일어나지 않는다. 하지만 당신에게만은 일어날 것이다. 당신은 더 이상 다른 사람들의 찬사와 인정을 받기 위해 일하지 않는다. 자기 자신에게 인정받기 위해 일하게 된다. 외부에서가 아니라 자기 자신에게서 인정을 구하는 일이 처음에는 외롭게 느껴질 수 있다. 하지만 전문적인 성취와 일에서 의미를 찾는 것을 추진력으로 삼는다면, 약간의 외로움은 감당할 만할 것이다. 그렇지 않은가? (가끔 연달아 일할 때도 있지만) 내가 사무실에서 방문을 걸어 잠그고 일주일 내내 하루 종일 일하는 것은 아니다. 내게도 다양한 관심사를 나눌 친구와 가족들이 있다. 사소한 잡담을 즐기기도 하고, 아무 의미가 없는 것 같은 이야기를 들을 때도 크게 거슬리지 않는다.

나는 자기 계발의 복음을 전파하는 사람이 되지 않고 적당히 세상을 항해하는 방법을 알게 되었다. 자기 계발 복음을 선포하는 것의 의도치 않은 결과도 알게 되었다. 그래서 지금은 내 방식대로 일하면서, 내 꿈을 위해 조심스럽게 노력하고 있다. 그리고 내 꿈을 보호하는 데는 중요한 이유가 있다.

아무도 당신을 믿지 않는다.

우리가 어떤 꿈을 꾸더라도 아무도 우리가 그 꿈을 이룰 것이라 생각하지 않는다. 왜 그럴까? 스스로 꿈을 이룰 수 있다고 생각하는 사람만이 다른 사람도 그럴 수 있다고 생각하기 때문이다. 이것은 인간의 본성이다. 사람들은 저마다 특정한 방식으로 세상을 바라보며, 무의식적으로 다른 사람도 자기와 비슷하거나 같아야 한다고 생각한다.

내 전처의 남동생 조는 엔지니어였다. 전처의 어머니가 나이가 들면 누가 자신을 돌봐주겠냐고 이야기하던 기억이 난다. 전처는 학교 선생님이었기 때문에 어머니의 기대치를 충족하지 못했을 것이다. 당시 나는 글쓰기 경력에서 뚜렷한 성과를 거두지 못하고, 큰돈을 벌지도 못한 때였다. "아마 조가 하겠지. 돈을 잘 버니까." 나는 화가 났다. "내가 온라인 사업으로 억대의 돈을 버는 베스트셀러 작가가 될 수도 있잖아?" 물론 어처구니없는 생각이었다. 나 말고는 누구나 엔지니어가 '작가'보다 돈을 더 많이 벌 것이라고 생각한다. 작가는 '실업자'와 동의어인 경우가 많기 때문이다. 내가 한창 불만이 많을 때 주로 하던 생각이었다. 물론 이렇게 부정적인 생각을 전환하여 일에 쏟으려 노력했지만 그럼에도 자꾸 왜곡된 생각에 빠져들었다.

당신은 보잘것없어 보이는 꿈을 위해 노력하기 시작한다. 처음에는 하찮아 보일 것이다. 그리고 다음과 같은 상황에서는 누구의 믿음도 살 수 없다.

1. 성공할 것이라는 증거가 전혀 없다. 그러면서 터무니없는 소리만 늘어놓는다.

2. 세상은 터무니없는 소리만 늘어놓고 아무것도 하지 않는 사람으로 가득 차 있다.

3. 말이 아니라 행동으로 보여주려 하는 사람들도 실패하기도 한다.

꿈은 불확실성과 침묵 속에 실현된다. 그리고 세상은 언제나 그랬듯 정신없이 바쁘게 돌아간다. 아무도 당신을 믿지 않겠지만, 당신이 결심한 일을 해낼 것이라고 믿는 사람이 꼭 있어야 하는 것은 아니다. 나만 나를 믿으면 된다. 시간이 흐르면서 나 자신의 의견만이 중요하다는 사실을 알게 될 것이다. 이 사실을 알게 된다면 자유로워지는 데 한 걸음 더 가까이 다가간 셈이다.

실제로 무언가를 이루고 나면 밖으로 나가 당신의 자아를 달래주어라. 자랑하라. 세상에 알려라. 하지만 실제로 무언가를 이룬 다음에만 그렇게 해야 한다. 이런 일을 되풀이하다 보면 더 이상 그 무엇도 자랑하고 싶다는 느낌이 들지 않을 것이다. 스스로 온전하다는 느낌이 들고, 다른 사람이 아니라 오직 자기 자신을 기쁘게 하기 위해 성공하고 싶어질 것이다.

스티븐 마틴은 이렇게 말했다. "아주 뛰어나게 잘하면 누구도 당신을 무시할 수 없다." 그렇게 되면 자랑할 필요가 없을 뿐 아니라 사람들이 와서 아첨을 떨 것이다. 사람들은 완성품을 좋아한다. 소시지를 어떻게 만들었는지는 알고 싶어 하지 않는다. 그러니 말하지 마라. 그저 인간의 잠재력을 온전히 발휘하는 본보기가 되어라. 사람들이 당신에게 다가와서 이 본보기의 냄새와 감촉을 느낄 것이다. 아무 말도 할 필요 없다.

'성공'하기까지는 생각보다 시간이 오래 걸린다.

'마침내 해냈다'라는 느낌이 들 때까지 얼마나 먼 길을 가야 할지 정확히 알 수 없다. 하지만 바라는 것보다 더 오랜 시간이 걸린다는 것만큼은 확신한다. 그런데 '마침내 해냈다'라는 말은 무슨 뜻일까?

상황에 따라 다르다. 누군가에게는 좋아하는 일을 할 수 있는 일자리를 얻는 것이다. 다른 사람에게는 작은 사업체의 소유주가 되는 것을 의미할 수도 있다. 어떤 사람들에게는 은행에 10억에서 100억 대의 돈이 있으며, 재정적으로 완전히 자유로운 상태일 수도 있다. 여러 가지 의미로 해석될 수 있지만 거의 모든 상황에 자신이 진정으로 재능이 있으며 의미를 찾을 수 있는 일과 그 일을 추구할 자유가 포함되어 있다. 우리는 자신이 원하는 일을 한다는 느낌을 받고 싶어 한다. 당장은 수입과 구체적인 성과, 그 기간에 대한 약속은 전부 확실치 않다는 사실만 알면 된다. 나의 경우, 억대 수익을 벌기까지 얼마나 오래 걸렸는지 알고 싶은가? 페이스북 광고에서 말하는 것처럼 '6개월'이나 '6주'가 아니었다. 거의 5년이 걸렸다. 누군가 지금 당장 사이드 프로젝트 일을 시작한다면 경험에서 우러나온 추측 정도는 해 볼 수 있겠다. 앞으로 몇 년 동안 전업으로 일한다면 기준점에 이를 수 있을 것이다. 하지만 이 역시 장담은 못 한다.

미래를 예측하고 목표에 관한 중요한 세부 단계를 미리 결정하는 것은 별로 큰 도움이 되지 않는다. 그보다는 즉각적이고 단기적인 미래에 초점을 맞추어라. 한동안은 꿈에 대해서는 생각하지 말고, 추진력을 얻을 때까지 꾸준히 노력하라. 이점은 무척 중요하다. 어떤 방향이든, 한 방향을 향해 진정으로 노력하기 시작하면 문득 고개를 들어 주위를 둘러보았을 때 시간이 빨리 지나갔다고 느낄 것이다. 바라는 것처럼 짧지는 않더라도 제법 빠르게 지나갈 것이다.

재능과 강점을 발견하여 새로운 삶의 길, 직업 또는 사업을 실험하고 새로운 '일(thing)'을 전업으로 삼기 위해 필요한 기술을 개발하는 데 5년 남짓 걸렸다고 해 보자. 처음에는 5년이 긴 시간처럼 느껴지겠지만 되돌아보면 아무것도 아니다. 당신에게는 가능성이 있다. 오랜 시간, 대체로 몇 년에 걸쳐 부지런히 노력하면 그 가능성을 높일 수 있다. 꾸준히 배우고 개선하고 반복한다면 언젠가 자신이 원하는 성공 근처에 다가갈 것이다. 물론 장담은 할 수 없다. 기억하라. 이 책은 내가 아무것도 보장할 수 없다는 사실을 전제로 하고 있다.

하루하루는 길지만, 몇 년은 짧다. 나는 이 책을 쓰는 데 5년 넘게 걸렸지만 그렇게 길게 느껴지지 않았다. 시간이 쏜살같이 흐르는 것 같았을 뿐 아니라, 재미도 있었다. 정말로 원하고, 재능이 있는 일을 선택했기 때문에 그랬던 것이다. 즐길 수만 있다면 오랜 시간 동안 무언가를 위해 노력하는 것은 별로 힘들지 않다.

재능과 강점을 찾는 데 초점을 맞추는 장에서 다시 이야기하겠지만, 자신이 좋아하는 일을 한다는 사실이 가장 중요하다. 사랑할 것까지는 없다. 궁극적인 축복과 열정까지 느끼지 않아도 된다. 하는 일을 그냥 즐기면 된다. 나도 글을 쓰며 보내는 일상이 언제나 만족스러운 것은 아니다. 아예 하지 않았으면 좋겠다는 생각이 드는 일도 해야 한다. 하지만 아침에 눈을 뜨면서 내 삶이 제법 괜찮다는 느낌을 받곤 한다. 제법 멋지고, 괜찮고, 즐길 만하고, 분별력을 지킬 수 있고, 비교적 만족한다. 내가 훌륭한 삶을 묘사할 때 즐겨 쓰는 형용사들이다. 대부분 사람은 제법 괜찮다는 말 근처에도 못 간다. '훌륭한'이라는 표현을 쓸 수 있다면 더욱 좋겠지만 '제법 괜찮은' 인생도 쓸 만하다.

　로버트 기요사키가 《부자 아빠 가난한 아빠(Rich Dad Poor Dad)》에서 "돈을 위해 일하지 마라. 배우기 위해 일해라"라고 말했듯이 나는 처음 글을 쓸 때 돈을 받지 않았다. 처음 몇 년 동안은 무료로 글을 썼다. 글로 돈을 벌 수 있을지조차 몰랐기 때문이다. 하지만 재미있었고, 글을 쓰니 내가 살아 있는 것 같다는 느낌이 들었다. 어딘가에서 사람들이 내 말에 귀를 기울이고 있었다. 내게는 그 사실만이 중요했다. 처음에 즐거움과 의미를 찾지 않았더라면 글 쓰는 일을 직업으로 삼기가 훨씬 더 힘들었을 것이다. 차츰 발전해 나가면서 직업으로서의 온라인 글쓰기에 대해 더 많은 것을 터득하기 시작했고, 본격적으로 이 일을 해야겠다고 결심했다. 처음부터 돈을 생각하지 않아서 다행이다. 그만둘 수도 있었기 때문이다. 외적 동기부여는 중요하지 않다고 말하는 사람들도 있다. 분명 중요하기는 하지만, 잘못된 결말로 치닫는 경우도 수두룩하다.

　'황금 수갑'을 찬 사람들에게서 이런 경우를 볼 수 있다. 이들은 일주일에 80시간씩 일하면서 자신이 싫어하는 일을 하고 억대 연봉을 받는다. 그리고 그들을 좋아하지도 않는 사람들에게 잘 보이기 위해 쓸데없는 곳에 돈을 써 버린다. 이것은 부유한 삶이 아니다. 내가 생각하는 부유함이란 자신이 즐기는 일을 최대한 많이 할 수 있는 능력이다. 그렇다고 무지갯빛 유니콘 같은 열정을 찾으라거나, 앞으로 다시는 원하지 않은 일을 하지 말라는 뜻은 아니다. 자신이 좋아하고, 재능이 있는 일을 찾아 오랫동안 그 일을 해야 한다. 이것이 비결의 거의 전부다. 참을성은 정복하기 가장 어려운 재능 중 하나다. 그만큼 가치 있는 것이기도 하다. 원래 얻을 만한 가치가 있는 일은 그만큼 얻기 어려운 법이다. 시간이 지나면 시간에 대한 인식을 바꾸는 법도 배우게 될 것이다.

예전에 《백만장자로 가는 추월 차선(The Millionaire Fastlane)》이라는 책을 읽은 적이 있다. 제목과는 달리 실용적이고 유용한 책이었다. 부자로 가는 추월 차선은 얼마나 걸릴까? 오 년에서 십 년은 걸릴 것이다. 생각해 보면 상당히 빠른 셈이다. 일과 주변 환경이 사십 년 혹은 오십 년에 걸쳐 우리의 에너지와 의미를 소멸시킨 시간에 비하면 빠르다. 십 년 동안 열심히 일한 후에 오십 년 동안 일하고 먹고 텔레비전을 보고 자면서 중국의 물고문처럼 차츰 삶을 소진시키는 것에 비해서도 빠른 편이다. 이 주제에 대해 내가 가장 좋아하는 인용문으로 이번 섹션을 마칠까 한다.

"대부분의 사람은 1년 동안 할 수 있는 일은 과대평가하면서, 10년 동안 할 수 있는 일은 과소평가한다."

나는 이 말을 믿었고, 사실이라고 말할 수 있다. 지금으로서는 앞으로 상당히 먼 길을 가게 된다는 것을 상상하기 어렵다. 하지만 앞서서 어느 정도 먼저 간 사람이 눈앞에 보인다면, 막연히 가능하다고 생각만 할 때와는 다를 것이다. 올바른 첫걸음을 내디뎠다면 시간은 훌쩍 흘러갈 것이다. 꿈을 이루기 위해 노력하는 동안 꿈과는 아무 상관 없는 장애물에 부딪히기도 할 것이고, 뜻밖의 저항에 맞닥뜨리기도 할 것이다. 인간으로서 할 수 있는 모든 세속적인 성공을 이룬다고 하더라도 문제와 비극을 완전히 피할 수는 없다.

이런 상황에 어떻게 대처하는가 하는 점이 삶에서 반복되는 주제가 될 것이다. 문제가 생겼을 때 어떻게 대처하는지 알고 있으며, 문제에 휘둘려 갈팡질팡하지 않는 것은 성공적인 삶에 있어 아주 큰 부분을 차지한다.

세상은 끊임없이 우리를 몰아세운다.

배우자가 바람을 피웠다고 상상해 보라. 의사에게 백혈병에 걸렸다는 말을 들었다고 상상해 보자. 회사의 인사팀에서 회사가 '구조 조정'에 들어갔으며, 당신의 공헌에 감사하긴 하지만 "회사가 다른 방향으로 이동하기로 결정했다."라는 말을 듣는다고 생각해 보자. 아니면 좀 더 낮은 단계의 짜증스러운 상황도 있다. 일부러 일찍 일에 몰두하기 위한 창조적인 시간을 마련해 놓았는데 하필 아이가 평소보다 두 시간 일찍 일어나 그 시간을 방해한다. 저축한 돈으로 새 책을 쓸 준비가 다 되었는데 변속기가 고장 나는 바람에 그 돈으로 새 차를 사야 한다고 상상해 보자. 꿈에 그리던 일자리를 찾아 면접을 세 번이나 봤는데 아직도 취직하지 못했다고 생각해 보자. 예전에 나를 거의 짓밟다시피 한 순간이 떠오른다. 한창 글을 열심히 쓰고 있었고, 부수입도 조금씩 생기고 있었지만 여전히 빚은 상당히 많았다. 직장에서 버는 돈 말고도 한 달에 1~2천 달러는 더 벌었지만 빚과 지출에 거의 다 써 버렸기 때문에 근근이 살아가고 있었다. 항상 모든 비용을 어떻게 지불할지 방법을 찾고 있었지만 당시 아내에게 나의 재정적 어려움을 털어놓은 적도, 자세한 이야기를 한 적도 없었다.

그러던 어느 한 주에 빗발치듯 청구서가 몰아닥쳤다. 그 주 주말에 딸에게 물고기를 사주기로 약속이 되어 있었다. 누가 딸에게 공짜로 수조를 주었기 때문이었다. 쇼핑하러 나갔다가 외식도 하게 되었다. 내게는 현금 35달러가 있었고, 거의 만료된 신용 카드에서 25달러를 쓸 수 있었다. 우리는 애완동물 가게로 들어갔다. 아내는 '부속용품' 코너를 돌아보고 있었다.

'제발 제일 싼 수조 필터를 고르길, 제발!' 나는 간절히 생각했다. 하지만 나는 아무 말도 하지 않았다. 우리는 물고기를 쳐다보았다. 수조는 작았기 때문에 안에는 물고기 세 마리만 들어갈 수 있었다. 나는 속으로 계산을 하면서, 아내와 딸에게 값싼 물고기를 칭찬하며 그 물고기를 선택하게 하려고 애썼다. "저 물고기 꼬리 좀 보렴. 줄무늬가 있네!" 우리는 물고기와 수조 관련 부속용품을 샀고, 칙필레(치킨샌드위치, 와플, 감자 튀김 등을 파는 미국의 패스트푸드점 브랜드- 옮긴이)에서 점심을 먹고 집에 돌아왔다. 내게는 3달러가 남았다. 앞으로 3일 동안은 돈이 들어올 데가 없었다. 또 다른 청구서가 날아들었고, 은행 계좌가 마이너스가 되었다. 그야말로 펑펑 울고 싶었다. 하지만 울지 않았다. 잠깐 울적해지긴 했지만 부정적인 에너지를 다스리면서 그 에너지로 더 많은 일을 하려고 노력했다.

당시 나는 이미 추진력을 얻고 있었다. 임계점에 도달하는 건 시간문제라는 것도 알고 있었다. 여섯 달 후에 나는 부업으로는 처음으로 천만 원대의 돈을 벌었다. 재정적으로 자유로워졌고, 일의 열매를 따기 시작했다. 이런 성과를 얻을 수 있었던 큰 이유는 줄곧 나를 짓누르던 괴로운 생활에 대처하는 능력 덕분이었다. 세상은 우리를 쓰러뜨리려 애쓸 것이다. 그럴 때 휘둘리지 마라.

5

메리토크라시의 신화
왜 '성공'은 생각보다 더 복잡한 문제인가?

"(튼튼하게 만든) 셀 수 없이 많은 타자기 앞에 원숭이를 앉혀 놓고 멋대로 타자기를 두들기게 한다면 그중 한 마리는 분명《일리아드(Iliad)》와 똑같은 작품을 찍어낼 것이다."

-나심 니콜라스 탈레브

보통, 자기 계발서는 성공으로 가는 영웅적인 여정에 대해 설명하려 한다. 성공한 사람은 항상 자신을 믿었고 절대 포기하지 않았으며 행운 같은 것 없이 오로지 열심히 노력해서 정상에 올랐다고 하면서 이렇게 말할 것이다. "제가 할 수 있었다면, 여러분도 할 수 있습니다!" 하지만 유감스럽게도 이 말은 사실이 아니다. 적어도 언제나 사실인 것은 아니다. 물론 자기 계발 업계에 종사하는 사람들은 그럴듯한 주장을 내세워야 할 것이다. 누군가를 도울 가능성이 있는 사람들은 이미 성공했다. 하지만 기껏해야 자신의 성공담을 들려줄 뿐이다. 다른 사람의 성공은 장담할 수 없다. 그런데 호언장담하는 이들도 있다. 이런 허풍 때문에 어떤 사람들은 자기 계발서라면 질색을 한다. 그리고 내심 "댁이 뭔데 내 성공을 장담하는 거지? 내가 누군지도 모르잖아. 그냥 운이 좋았던 거 아냐?"라고 투덜거린다.

나는 시간이 흐르면서 행운이 삶에 차지하는 역할을 존중하는 법을 배우게 되었다. 그렇다. 나는 죽도록 열심히 일했다. 하지만 행운도 많이 따랐다. 한 친구가 나에게 자신의 웹사이트에 글을 써달라고 부탁했다. 그 일이 내가 크게 도약하는 계기가 되었다. '혼자 힘으로' 시작하게 된 것이 아니다. 운좋게도 나는 글쓰기 경력의 초창기에 큰 도움을 준 멘토를 만났다. 글쓰기 역사상 독립 저술가에게 있어 가장 위대하고 적절한 시기에 글을 쓰기 시작했다. 덕분에 많은 일이 술술 풀려나갔다. 누군가는 단지 운이 좋았을 뿐이라고 한탄하는 사람들은 진정하기를 바란다. 물론 그런 사람도 있다. 나도 그랬다. 성공을 향한 최고의 기회는 행운을 어떻게 다루는지 이해하는 데에서 온다.

첫 단계는 눈부신 성공 신화를 기대하지 않는 것이다. 대부분 사람에게는 불가능한 일이기 때문이다. 어떤 수준의 성공과 보상은 그저 불공평한 것처럼 보인다. 물론 제프 베조스는 똑똑한 사람이다. 하지만 그가 진정으로 1,050억 달러의 순자산을 보유할 자격이 있을까? 그의 뒤를 바짝 쫓고 있는 빌 게이츠는 어떤가? 게이츠는 우리가 평생 동안 벌 수 있으리라고 생각하는 것보다 더 많은 돈을 한순간에 벌어들였다. 그리고 여전히 잘나가는 부자다. 그들의 성공이 단지 성과만을 기반으로 한 것일까? 우리가 모르는 배후에 무언가 다른 일이 있는 것은 아닐까?

성공에 관한 진실은 복잡하다. 분명 성과만을 기반으로 하는 것은 아니다. 어느 정도의 행운이 뒤따르기도 한다. 이 사실을 이해하고 어떻게 해야 할지 아는 것은 성공하는 데 있어서 가장 중요한 핵심 사항 중 하나다.

천재 원숭이

포비스 매거진이나 앙트레프레너, 다른 출판물이나 웹사이트에서는 엄청나게 부자이거나 성공한 사람들을 떠받들다시피 한다. 이런 사람들은 이번 장을 시작하며 인용한 문구에 등장한 '운 좋은 원숭이'의 범주에 들어갈 것이다. 그들이 대단하지 않다는 말이 아니다. 하지만 성공은 했을지언정 그 단계를 증명할 수 없다는 면에서 보면 그저 운이 좋았다고도 볼 수 있다.

머릿속에 놀라운 아이디어가 있지만 그 아이디어를 실현하는 데 필요한 기술이 나오기까지 몇 년 더 기다려야 할지도 모른다. 총명한 사람인데도 올바른 네트워크를 갖추지 못했기 때문에 네트워크를 갖춘 사람과 같은 수준의 성공에 이르지 못할 수도 있다. 이것은 아마 가장 불편한 진실일 것이다. 모든 일을 세대로 했는데도 실패할 수도 있다. 생존자 편향을 뒷받침하는 견해이기도 하다. 우리는 같은 전략을 쓰고도 실패하는 사람들이 많다는 사실을 깨닫지 못한 채 '성공한 사람들의 습관과 위대한 비전'을 미화하고 있다.

버핏과 머스크, 윈프리와 베조스, 드 제네러스와 오바마, 카다시안(카다시안을 언급하게 될 줄이야) 같은 사람들과 동일한 수준의 지능과 욕망, 아름다움과 안목, 전문지식을 갖춘 사람들이 수천 명은 된다. 그리고 이들은 대단한 성공을 이루지는 못하더라도 얼마든지 잘 살 수 있다. 다른 사람과 정확히 같은 기법을 활용했는데도 결과는 완전히 다를 수도 있다.

도대체 자기 계발서는 왜 읽어야 하는가?

그렇다면 한 가지 의문이 생긴다. 성공이 우연과 행운의 산물이라면 왜 성공을 연구해야 할까?

왜 삶의 변화를 통제할 수 없는데도 왜 수많은 사람이 삶을 변화시키려 부단히 노력하는 것일까?

무작위성의 세계에 살고 있다면, 그냥 신이나 우주에 다 맡기면 되지 않을까?

자기 계발서를 읽는 이유는 변화가 가능하다고 믿기 때문이다. 성실한 노력은 오랜 시간이 흐른 뒤에 제 힘을 발휘한다. 우리는 성공한 사람들을 보았고, 그 비결을 알고 싶어 한다. 원하는 결과를 얻는 데 있어서 가장 중요한 것은 성공에 대한 정확한 공식 찾기를 그만두는 것이다. 자기 계발서의 충고를 액면 그대로 받아들이면 안 된다.

- 한 사람에게 효과가 있는 것이 다른 사람에게 같은 효과를 발휘하지 않을 수도 있다.
- 오랜 시간에 걸쳐 대다수의 사람에게 효과가 있는 것은 나에게도 효과가 있을 가능성이 크다.
- 사람들이 상황에 대처하는 방식, 예를 들어 그릿이나 끈기, 긍정적인 태도 같은 특성은 대체로 유효하다.

다시 말해, 우리는 구체적인 성과와 직접적인 관련이 없더라도 전반적으로 삶을 더 좋게 만들 가능성이 큰 습관과 활동, 목표를 알고 싶어 한다. 여기 좋은 사례가 있다. 우리는 책을 더 많이 읽어야 한다. 좋은 책을 읽으면 더 현명해지기 때문이다. 그렇지만 동시에 "CEO는 평균적으로 매년 60권의 책을 읽는다"라는 말이 매년 60권의 책을 읽으면 CEO가 된다는 말이 아님을 깨달아야 한다. 성공한 사람들의 특성을 일부 받아들여 똑같은 결과를 얻기 위한 지표로 삼지 마라.

대부분의 억만장자는 책을 많이 읽었기 때문에 억만장자가 된 것이 아니다. 위대한 뜻을 품고, 수십 년 동안 미친 듯이 노력했으며 동시에 운도 좋았기 때문에 억만장자가 된 것이다. 이 충고를 마음에 새겨라. 이제 생존자 편향을 뚫고 성공할 수 있는 방법에 대한 내 비법을 소개하겠다. 세상이 어떻게 돌아가는지 이해하라. 이는 곧 우리가 사실이었으면 좋겠다고 생각하지만 사실이 아닌 것들을 받아들여야 한다는 뜻이기도 하다. 생존자 편향에 대해 한 마디 덧붙이겠다. 상황이 뜻대로 되지 않더라도 행운과 성공, 근면한 노력, 이 모든 것의 조합에 대한 현재의 진실을 받아들이면 만사를 잘 헤쳐나갈 가능성이 더욱 커진다.

모든 일을 제대로 했는데 원하는 결과를 얻지 못할 수도 있다.

우리는 실패 자체를 두려워하는 것이 아니다. 모든 것을 제대로 준비하고 정말 열심히 노력했는데 바라던 결과가 나오지 않을까 두려워하는 것이다.

《최후의 정신분석가(Last Psychiatrist)》라는 책의 이 구절이 우리의 감정을 잘 대변해 준다. "한 가지는 분명히 말할 수 있다. 열심히 일하는 것은 대단히 위험한 일이다. 그러다 실패했을 때 더 이상 열심히 하지 않아서 실패했다고 말할 수 없기 때문이다. 과제를 열심히 준비하지 않았을 때보다 열심히 준비했을 때 실패한 것이 정신적으로 훨씬 더 위험하고 힘들 수 있다." 누군가 열심히 노력하면 특정한 시기에 특정한 방식으로 그 결과를 얻는다고 말한다면 그 사람은 거짓말을 하는 것이다. 고립된 상황에서 모든 패를 다 던졌는데도 '실패하는' 상황도 발생할 수 있다.

의미 있는 목표를 위한 약간의 아픔은 언젠가는 그 효과를 발휘할 것이다. 물론 이 과정을 겪는 일은 고통스럽다. 하지만 고통이 그냥 지나가게 하라. 성공 방정식의 어떤 부분은 우리 힘으로 어떻게 할 수 있는 것이 아니지만 그렇다고 노력을 하지 말라는 뜻은 아니다.

나는 실패의 두려움에 대처해야 하는 순간이 찾아올 때면 혹시 다른 길은 없나 하고 생각해 본다. 아무 노력도 하지 않는다는 것은 절대로 목표를 이루지 않겠다는 뜻이기도 하다. 온갖 노력을 다했는데도 '실패'할 수도 있다. 하지만 그 노력이 헛되지만은 않다. 사실 세상이 우리에게 요구하는 것은 이게 전부다. 노력하는 것.

우리보다 재능이 부족한 사람이 우리를 앞서나간다.

상황의 화살은 한 번에 여러 다른 방향을 가리키기도 한다. 어떤 사람은 적절한 시기에 모든 것이 맞아들어가서 우리보다 좋은 결과를 얻는다. J.K.롤링보다 더 뛰어난 작가들도 있다. 《그레이의 50가지 그림자(50 Shades of Grey)》를 쓴 E.L 제임스보다 뛰어난 작가도 분명 있다. 그냥 솔직하게 말하겠다. 마이크로소프트의 기술을 생각해 낸 빌 게이츠보다 더 똑똑한 컴퓨터광은 얼마든지 있다. 빌 게이츠는 수많은 일이 잘 풀린 것이다.

첫째, 빌 게이츠는 다소 유복한 가정에서 태어났다. 통계상 직업에서 성공할 가능성이 크다는 뜻이다. 둘째, 너무 늦지도 빠르지도 않게 제때 태어났다. 때마침 컴퓨터 혁명이 인기를 끌 무렵에 대학교에 들어갔다. 셋째, 우연히도 미국에서 가장 뛰어난 컴퓨터실을 구비한 몇 안 되는 학교에서 공부했다. 넷째, 타고난 컴퓨터광이었다. 다섯째, 게이츠가 마이크로소프트를 구축한 DOS라는 운영 시스템에 대한 허가 계약은 비즈니스 역사상 가장 일방적인 거래였다. 앞으로 다시는 그와 같은 거래가 없을 것이다.

성공을 생각하면서 삶에 대한 시뮬레이션을 되풀이할 때는 일어날 법한 유형의 성공적인 삶을 구축하는 것에 대해 반복적으로 생각해야 한다. 누군가 게이츠의 삶을 셀 수 없이 반복해서 시뮬레이션한다고 해도 그 사람이 마이크로소프트의 창업자가 될 가능성은 전혀 없다. 수억 번의 시뮬레이션을 되풀이한다면 그중 하나는 이룰 수 있을지도 모른다. 대부분의 시뮬레이션에서 제법 성공한 사람이 될 수 있을지는 몰라도, 이 사람이 억만장자가 되기를 기대하는 것은 어리석은 일이다. 무모하고 허황된 성공을 기대하는 것만큼이나 어리석다.

자신에게 맞는 분야를 찾았다고 해도 그 분야의 다른 사람을 보고 질투심에 사로잡히는 것보다 자신의 행동을 토대로 굳건히 버티는 것이 중요하다. 동전에 양면이 있다는 사실을 잊지 않는 것도 중요하다. 우리에게는 남들에게 없는 장점이 있다. 그렇다고 또 세상에서 가장 현명한 사람이라는 말은 아니다. 우리 모두에게는 재능과 행운의 가능성이 공존한다. 상황이라는 화학자가 만든 결과물이 언제나 공정하지는 않다. 이것이 삶이다. 그러니 받아들여라. 내가 이 말을 강조하는 이유는 '받아들이는 것'이 거의 언제나 최고의 방법이기 때문이다. 자신의 목적에 도움이 되는 행동을 하는 것을 중요시하라. 때로는 자신에게 닥친 상황에 대해 불평하는 것이 정당화될 수도 있다. 하지만 그런 불평이 무슨 소용인가? 이렇게 생각하면 '꾸준히 나아가고' 자신에게 주어진 상황에서 노력하는 데 도움이 될 수용적인 자세를 키울 수 있을 것이다.

우리는 천재가 아니다(하지만 바보도 아니다)

"부자가 되기는 쉽다. 계속 부자로 살아가기가 어려운 것이다"라는 말이 있다.

이처럼 무작위성과 생존자 편향에 관한 결과는 두 가지로 해석할 수 있다. 가끔은 오로지 운이 좋아서 다른 사람이 우리를 앞설 때가 있다. 우리도 운 덕분에 다른 사람보다 더 잘 풀릴 때가 있다. 그러므로 자신이 성공할 때도 재능 때문이라고만 생각해서는 안 된다. 성공을 거뒀을 때 자신이 하는 일은 무엇이든 잘 될 것이라고 섣불리 판단하지 마라. 지나친 자신감은 독이 되기도 한다. 나도 오늘날 이 자리에 오기까지 뼈빠지게 일했다. 하지만 나는 중산층에서, 대학 교육을 받은 부모 밑에서 자랐다. 멘사 멤버까지는 아니지만 나도 평균 이상의 지능을 갖추고 있다고 확신한다. 내 글쓰기 경력은 순전히 몇 번의 우연한 기회로 시작되었다. 내 능력 밖에 있는 수많은 상황이 내게 힘을 실어주었다.

반면 노력을 했는데도 좌절과 불운을 겪은 적도 있었다. 책 초반에 언급했던 편집자이자 멘토는 일을 그만두게 되었고, 그동안 글을 쓰던 사이트에서 더 이상 내 기사를 싣지 않겠다고 한 적도 있다. 이런 일이 수차례 거듭되었다. 독자를 확보해 가던 플랫폼 전체가 하룻밤에 사라진 적도 있었다. 내가 더 낫다는 생각이 들게 하는 여러 작가가 입소문을 타고, 입소문 덕분에 생긴 기회가 경력 전체를 구축하는 모습도 보았다.

나는 언제나 초심을 지키려 애썼고, 앞으로 어떤 일이 생길지에 대한 섣부른 판단도 삼가려 했다. 지난날의 성공이 앞으로의 성공을 보장하지는 않는다. 행운이 인생에서 하는 역할을 존중하고 이에 감사하려고 노력하라. 그러면 '성공'하지 않는 사람들에 대해 이런저런 판단을 하는 일이 줄어들 것이다. 성공과 실패에는 언제나 노력과 행운이 뒤섞여 있다. 성공했을 때 자신을 너무 칭찬하지도, 실패했을 때 너무 비난하지도 마라.

제멋대로인 세상에서 살아남는 법

생존자 편향을 처음 접했을 때, 그때까지 알고 있던 것을 전부 돌이켜보게 되었다. 그전까지는 성공하는 사람들은 순전히 성과 덕분에 그렇게 되었다고 믿었다. 그렇지 않다는 것을 지금은 안다. 이것이 내게 어떤 의미일까? 당신에게는 어떤 의미인가? 행운이 삶에서 차지하는 비중을 수용하는 태도를 취해야 한다는 의미다. 내가 새롭게 받아들인 '규칙' 몇 가지를 소개한다.

1. 억만장자가 되는 법에 대한 책이나 기사는 그만 읽어라.

우리가 선망하고 동경하는 재벌 기업 소유주나 영화배우에 이르기까지 모든 사람에게도 적용되는 말이다. 그들의 선례를 따른다고 해도 비슷한 결과를 얻지 못할 것이다. '억만장자가 되는 방법'에 대한 글을 보면 저자들은 항상 한 가지 단계를 빠뜨린다. 대단히 운이 좋아야 한다는 것이다. 성공에 관한 쓸 모없는 기사나 책을 읽는 데는 앞으로 단 10분도 낭비하지 마라.

억만장자가 되기 위해 억만장자를 모델로 삼는 것은 효과가 없다는 사실을 이해하라. 스티브 잡스 같은 사람을 예로 들어보자. 잡스는 우리가 성공하는 데 도움이 될 만한 훌륭한 자질을 갖춘 사람의 대표적인 사례다. 그는 상자 밖에서 생각하는 데 뛰어났고, 사람들이 의문을 제기해도 소신에 따라 행동했다. 장기간의 비전을 세워 철저한 계획과 검토의 과정을 거쳤으며, 다른 사람들이 알기 전에 마음속으로 제품의 성공을 예감했다. 하지만 그렇다고 우리가 꼭 차세대 애플을 세우려 해야 한다는 뜻은 아니다. 어차피 그럴 수도 없다.

이런 글에 유용한 충고가 전혀 없지는 않다. 있긴 하다. 하지만 이런 글을 읽으면 우리는 지나치게 들뜨는 경향이 있다. 당장이라도 백만장자나 억만장자가 된 것 같은 기분이 들지만 실제로는 아무것도 하지 않는다. 이는 대다수 온라인상의 기업가와 크리에이터 공간에서도 일어나는 현상이다. '다음 순서'가 될 것이라고 주장하는 사람들이 넘쳐나지만, 그들은 목표를 이루기 위한 노력을 일절 하지 않는다. 그런 사람 중 하나가 되지 마라.

2. 가능성을 높여라

능수능란한 도박꾼의 사고방식을 활용하라. 우리가 세운 목표 하나가 포커에서 꺼내는 패 한 장과 같다. 이때 우리의 상황은 게임을 하는 선수의 상황과 다름없다. 애니 듀크는《거침 없이 생각하라(Thinking in Bets)》라는 책에서 이 비유를 자세히 설명한다. 포커 선수에서 확률 전문 컨설턴트로 변신한 듀크는 삶에서 내리는 결정이 게임을 할 때와 같은 방식으로 이루어진다고 설명한다. "결정하는 능력을 향상시키는 것은 반드시 좋은 결과를 장담하는 것이 아니라, 그 가능성을 높이는 일이다."

포커 토너먼트 시합에서 완전히 초보인데다 여러모로 미숙한 선수가 운 좋게 시합에서 이길 때가 간혹 있다. 하지만 대체로 같은 선수가 결승전에 가는 장면을 되풀이해서 보게 된다. 삶도 마찬가지다. 새로운 기술을 쌓고, 새로운 목표를 이루기 위해 설정하고 시도하며, 효과가 나타날 때까지 이런 과정을 몇 번이고 되풀이하면 가능성이 커진다. 성공 가능성을 높이고 싶다면 우선 주사위를 던져야 한다.

행운과는 별개로 가치 있는 특성

결과와 상관없이 인생에서 갖추어야 할 몇 가지 자질이 있다.

- 참을성

- 끈기
- 충동 제어(만족 지연)
- 시간이 흐름에 따라 전략을 반복하고 수정할 수 있는 능력
- 근면
- 배우고자 하는 의지
- 호기심
- 낙관주의
- 계산된 위험 감수

중요한 것은 위에서 언급된 자질에 초점을 맞추고, 직접 측정하는 것이다. 노력하고, 그 노력을 끈질기게 이어나가라. 매주 3편의 기사를 쓰기로 결심했다면 매주 3편의 기사를 써라. 6개월 동안 계속해 보라. 그렇게 6개월이 지나고 난 후에는 적어도, 스스로에게 노력을 했다고 말할 수 있다. 글쓰기 실력과 독자가 늘어날 가능성도 커진다.

사업을 시작했다면 매달 혹은 매년의 판매량을 기존 판매량과 비교해서 측정해 보라. 이 시나리오에서도 운이 작용할 수 있지만 분기마다 새로운 영업 전략을 시도하거나 고객들의 피드백을 받거나 새로운 마케팅 플랫폼을 구축하는 방법 등을 오랜 시간 반복할 수 있다. 노력이 결과에 미치는 영향을 정확히 측정할 수는 없다. 하지만 좋은 아이디어가 떠오를 수

는 있다. 일단 실행에 옮겨보라. 승부를 걸고, 그에 따른 결과를 받아들여라. 이것이 무작위적이고 혼란스러운 세상에서 분별력을 유지할 수 있는 방법이다.

우리는 공평한 세상에서 살아갈 수 없을 것이다. 나 역시 안타깝게 생각한다. 하지만 어쨌든 그럴 수는 없다. 불가능하다. 그래도 모험을 해봐야 한다. 크나큰 모험을 무릅쓰다 보면 우여곡절이 뒤따른다. 결국, 다른 누군가의 성공이 운 때문이었는지는 우리에게 그리 중요치 않다. 자신이 통제할 수 있는 것에 집중하라. 그리고 얼마나 운이 좋은지 기억하라. 지금 이곳에서 이 모든 것을 해낼 기회를 잡기 위해.

6

'제법 괜찮은' 삶에 힘이 있다

"우리는 모두 텔레비전을 보면서 언젠가 백만장자나 영
화배우, 슈퍼스타가 될 것이라고 믿으며 자랐지만, 그런
일은 일어나지 않는다. 이제 서서히 그 사실을 깨닫고 있
다. 한 마디로 감쪽같이 속은 것이다."

- 타일러 더든

당신이 열네 살 때 어땠는지 기억하는가? 한창 '자신의 삶'
에 대해 생각하기 시작한다. 꿈이라는 것이 만들어지기 시작
한다. 관심사도 생긴다. 무슨 일을 하고 살면 좋을지도 생각하
게 된다.

그때는 미래가 있었다.

예전에 출간한 책에서 나는 열네 살이면 실제로 자신이 인생에서 원하는 일이 무엇인지 생각해 보기에 가장 좋은 나이라고 썼다. 이 생각을 먼저 한 사람은 제임스 알투처다. 감사를 표하는 바다. 열네 살은 미래를 다소 진지하게 받아들일 정도로 성숙해졌지만 망상에 가까울 정도로 낙관적일 만큼 미성숙한 나이다. 삶을 충분히 살아보지 않은 나이에만 할 수 있는 종류의 낙관주의다. 선생님과 부모, 미디어, 모두가 '잠재력이 있다'라고 말한다. 그때 당신은 어딘가로 가고 있었다.

그런데 지금 당신은 어디에 있는가?

우리는 불행하게 살고 있지는 않다. 거의 모든 집에 차가 있고, 여러 대의 텔레비전이 있으며, 주머니에 쏙 들어가는 카드만 한 크기의 슈퍼컴퓨터도 있다. 여러분 중 누군가는 노동자 계급에 속해 있다. '그럴듯한 일자리'가 있는 중산층일 수도 있다. 중상류층일지도 모른다. 이 계층의 가장 불행한 사람도 어떤 이들에게는 실제보다 더 행복한 것처럼 보일 것이다. 어느 쪽이든 삶은 그런대로 괜찮다. 가끔 좋을 때도 있다. 지금 하고 있는 일이 딱히 싫지 않을 수도 있다. 주말에는 가족이나 친구들과 휴가를 즐기면서 재미있게 지낸다. 동료들과 일하기도 즐겁고, 넷플릭스에서 멋진 프로그램도 마음껏 볼 수 있다. 날마다 그런대로 삶에 적응하며 살아간다. 보통 사람들처럼 삶에 굴곡이 있기는 하지만 대체로 그럭저럭 잘 지낸다.

자, 질문을 하나 하겠다. 열네 살 때 당신의 목표는 무엇이었나?

'그럭저럭 잘 지내는' 자신을 상상했는가? 아닐 것이다. 끝내주게 멋진 가수가 되고 싶었을 것이다. 가수까지는 아니더라도 주목받는 사람이 되고 싶었을 것이다. 그런데 지금은 그렇게 살고 있지 않아서 속이 상한다. 불행하지는 않지만 꿈을 미처 이루지 못했다는 것쯤은 안다. 그리고 언제나 조용한 절망의 속삭임이 들려온다.

"식당을 하나 차릴까 했는데."

"고등학교 때는 뛰어난 수영 선수가 되고 싶었어. 전국 대회에도 나갈 뻔했다니까."

"너도 알겠지만 난 계속 글을 썼잖아. 아직도 소설 한 권을 내고 싶어."

우리는 사람들이 더 많은 것을 하고 싶고, 더 잘 되고 싶고, 더 많이 성취하고 싶어 하는 사회에서 살아간다. 하지만 대부분은 행동에 옮기지 않고 머뭇거리기만 하다 죽음을 맞이한다. 가수가 되고 싶다는 꿈은 어떻게 되었는가? 손에 닿지 않는 꿈이 되었는가? 정말 그런가? 다른 사람들이 꿈을 이루는 것을 지켜보기만 하고, 그 사람이 자기였으면 좋겠다고 생각하면서 인생을 보내고 있지는 않은가?

자기 계발서에서 한 번도 들어본 적 없음 직한 말을 하겠다. 돈을 잘 버는 가수가 되지 않아도 괜찮다. 그림의 떡 같이 화려한 꿈은 이루기 어렵다. 수백만 달러를 벌기는 힘들다. 유명해지고 싶다고? 그런 꿈은 일찌감치 접어라. 뉴욕으로 가서 MFA(예술 석사 학위)를 따고, 하퍼 콜린스 출판사와 여러 권의 책 계약을 하고 싶다고? 글쎄올시다. 대단하고 감동적이며 세상을 깜짝 놀라게 할 만한 성공을 이루기는 힘들 것이다. 하지만 지금 하는 일보다 훨씬 더 많은 일을 해낼 수는 있다.

제2의 스티브 잡스가 될 것까지는 없다. 하지만 앱 프로그램을 개발하거나 작은 코딩 에이전시를 차릴 수는 있다. 파블로 피카소가 되지 않아도 된다. 하지만 생계를 위해 고객들에게 예술 기획 작품을 파는 온라인 비즈니스를 시작할 수는 있을 것이다. J. K 롤링이 아니어도 된다. 소설 한 권을 끝내기만 해도 성공한 것이다. 내가 무슨 말을 하는지 이제 알 것이다.

우리는 두 가지 그릇된 사고방식의 함정에 빠질 수 있다. 첫째, 지금까지 이룰 수도 있었던 일에 대해 한탄하느라 시간을 낭비한다. 둘째, 비현실적인 망상에 사로잡혀 허우적거린다. 다행히도 이 두 가지 함정 사이에 거대한 공간이 있다.

많은 사람이 괜찮은 삶을 살아간다. 하지만 아침에 일어나 이렇게 말하는 사람들은 얼마나 될까? "그거 알아? 내 인생은 진짜 끝내줘." 이들이 몰래 어딘가에 숨어 있지 않은 한, 이와 같은 인생을 살아가는 사람들은 좀처럼 눈에 띄지 않는다. 전설적인 영화배우나 가수가 되지 않는다고 해서 지금 하는 일에 무조건 안주해야 하는 것은 아니다. 이제부터 과거의 자신보다 훨씬 더 높은 데까지 올라가는 방법에 대해 이야기해 보자.

생각을 확장하여 포부를 키우는 방법

목표를 이루기 어려운 이유는 우리가 그릇된 방식으로 생각하기 때문이다. 억만장자가 되기는 거의 불가능하지만, 실제로 일이 진행될 때까지 오랫동안 열심히 일하다 보면 평범한 사람이 즐길 수 있는 일로 사업을 구축하기는 얼마든지 가능하다.

당장은 이런 말조차 멀게 느껴질 수 있다. 그렇지 않은가? 목적지에 가는 과정을 잘못 알고 있기 때문이다. 커다란 성과와 10만 달러(한화로는 1억- 옮긴이) 창업과 같은 목표에 지레 겁을 먹었기 때문이다.

10만 달러를 버는 데 걸리는 기간을 1년으로 쪼개본다면 사실 그리 엄청난 숫자도 아니다. 1년에 10만 달러는 한 달에 8,333달러다. 한 달에 8,333달러는, 하루에 227달러다. 하루에 227달러는 한 시간에 35달러가 된다. 하루에 여덟 시간을 일한다고 가정하면 하루는 24시간이니 시간당 11.50달러가 된다. 온라인에서 물건을 파는 사업을 한다면 시간에 맞추어 물건을 판매할 수 있어야 한다. 한 시간에 11. 50달러에서 35달러는 벌 수 있다. 그렇지 않은가? 당연히 할 수 있다. 하지만 사람들은 목적지에 이르는 더 쉬운 단계가 아니라 최종 결과에만 집착해 이 목표조차 이루지 못한다.

전략을 다루는 장에서 더 심층적으로 논의하겠지만 자신의 능력을 개발할 수 있는 분야나 이미 재능이 있지만 몇 년 동안 멀리했던 분야에 집중해야 성공을 거둘 수 있다. 그렇다면 그렇게 어렵지 않을 수 있다. 어렵다는 말은 적절한 표현이 아니다. 성공하기까지 시간이 꽤 오래 걸린다는 말이 적합하겠다. 더 크게 생각하고 더 많이 이루는 것은 지루한 단계를 오랫동안 반복하는 과정이다. 배우고 싶지 않은 것을 배워야 할 때도 있다. 나는 작가가 되고 싶고, 온라인 사업을 하고 싶었다. 워드프레스(WordPress) 사용법이나, 랜딩 페이지를 구축하는 법, 이메일 마케팅 소프트웨어를 통합하는 법은 배우고 싶지 않았다. 사람들은 이런 일들에 걸려 넘어진다. 배우고 싶지 않은 일도 배워야 한다.

작은 과제를 소화하며 포부를 키우는 사이 포부를 키우는 자체가 쉬워진다는 것을 깨닫게 될 것이다. 우리를 앞뒤로 움직이게 하는 순환 고리가 작동되기 때문이다. 생각을 확장하기 위해서는 자기 자신을 좀 더 확장해야 한다.

가난한 사람처럼 생각하지 마라.

열네 살 때 품었던 포부와 욕망, 꿈은 희미해져 버렸다. 오랜 시간 동안 계속 노력하다 보면 가난한 사람처럼 생각하게 된다. 이렇게 생각하는 것이 사람들이 단조로운 순환의 고리에 갇혀 있는 첫 번째 이유다. 가난하다고 했지, 빈털터리라고 하지 않은 데 주목하라. 돈이나 재산이 부족한 데는 아무 문제가 없다. 이것이 빈털터리 상태다. 하지만 가난하게 산다는 것은 영원히 같은 자리에 머물러 있어야 한다고 믿는 것이다. 가난한 사람의 사고방식으로는 돈을 다루지 못한다.

이는 부정적인 순환의 고리를 만들어내는 태도이자 생활방식이다. 우리는 자기실현적 예언(어떤 생각이 이루어질 거라고 강력하게 믿음으로써 그 믿음을 이루어지게 하는 현상- 옮긴이)을 달성하는 삶을 창조하기 시작했다. 자신이 좋아질 자격이 없다고 자주 말할수록 좋아지기 더 어렵다. 이런 생각이 사소한 방식으로 모습을 드러내어 자신이 사로잡혀 있는 사고방식을 더욱 강화시킨다.

예를 들어 식당에서 가장 좋은 메뉴를 주문한 적이 한 번도 없다면 스스로 가장 좋은 메뉴를 먹을 수 없다는 신호를 보내는 것이다. 항상 일과 정부, 경제에 대해 불평하는 것은 자기 자신이 아니라 세상이 자신의 삶을 통제하고 있다는 신호다. 사소하고 부질없는 일에 안절부절못하는 태도는 자신의 삶이 사소하다고 말하는 신호와 다름없다. 이처럼 셀 수도 없는 사소한 사고방식의 사례가 우리를 하찮은 사람으로 만든다.

작가 마리안느 윌리엄스가 말했듯 "움츠러드는 것에서는

배울 점이 하나도 없다." 더 나은 미래를 그려보고 난 후 사소한 일을 해서 꾸준히 앞으로 나아가겠다는 신호를 보내는 것이 중요하다. 이것은 기본적으로 늘 소심하게 생각하는 습관에서 벗어나는 데서 시작한다. 실제로 성공할 때까지 그런 척 꾸며내라는 이야기가 아니다. 확실히 성공하겠다는 믿음이 생기기 전에 미래를 믿는 것이 중요하다는 뜻이다. 과장되게 자만심을 드러내거나 남을 속이라는 말이 아니다. 내면의 확고함을 말하는 것이다.

그렇다면 어떻게 이를 실천할 수 있을까?

첫째, 불만을 멈추고 가난한 사람들처럼 "조작된 경제 상황에서는 성공하기 힘들어"와 같은 말을 하지 않는다. 앞장에서 게임이 조작되어 있다는 사실을 이미 알았으니 조작된 게임에 맞추어 경기해야 한다. "상사가 월급을 올려주기만 한다면……." 우리의 가치를 평가하는 것은 상사가 할 일이 아니다. 우리가 할 일이다. "베이컨값이 2달러나 올랐어!" 그게 대수인가? 어떻게든 2달러를 더 벌 방법을 찾아야 한다. 그래야 무엇이든 원하는 음식을 살 수 있다.

두 번째로, 합당한 수준에서 풍족함을 느낄 만한 사소한 방법을 찾아라. 그러기 위해 돈을 펑펑 쓸 필요는 없다 사소한 일로도 충분히 마음속에서 풍요로움을 느낄 수 있다. 이 전략은《백만장자 마인드의 비밀(Secrets of the Millionaire Mind)》이라는 책에서 배웠다. 한 달에 한 번 수익의 일부를 저축하여 스테이크와 랍스터 같은 호화로운 저녁 식사를 즐기는 것이다. 아주 궁핍한 상황이라면 하지 않아도 된다. 하지만 중산층이라면 가끔 이런 사치를 할 방법을 찾을 수 있을 것이다. 매달이 아니라면 두 달에 한 번도 괜찮다. 두 달에 한 번이 버겁다면 석 달에 한 번도 좋다.

마지막으로 자신에게 어떻게 말하는지 관찰하라. "절대 (원하는 일을 적는다) 할 수 없을 거야"처럼 부족함에서 비롯된 말이나 생각을 하고 있다고 느낀다면 '원하는 일을 할 수 있다'는 생각으로 머릿속을 가득 채워라. "(할 수 있는 행동을 넣는다)를 한다면 (원하는 일을 넣는다) 할 수 있을 거야."

자신에게 물어보라. 스스로 원하는 것을 얻는 이야기를 쓴다면 그 이야기는 어떻게 흘러갈까? 이야기 속에서 어떻게 행동하는가? 자아를 실현한 버전의 내가 할 수 있는 매일의 행동 중에 지금 할 수 있는 일은 없을까? 풍요로운 사고방식을 갖춘 사람이 당신이 직면한 것과 같은 목표와 장애물에 부딪힌다면 어떻게 할까?

적절한 목표를 세우는 비결

헛된 공상을 키울 뿐이지 변화를 일으키기에 부족한 '하룻밤 사이에 부자 되기'라는 광고를 그동안 얼마나 많이 보았던가? '이상적인 하루'를 상상해 보는 것은 일어나지 않을 일에 대한 환상을 품기에나 딱 맞는 방법이다. 더 가까운 미래의 삶을 생각해 보라. 현재의 사고 수준을 넘어 확장된 시간의 삶을 상상해 보라.(하지만 비현실적일 정도로 멀리는 안 된다.)

이치에 맞지 않는 말처럼 들린다는 것은 안다. 하지만 성공이 곧게 뻗은 비좁은 길을 따라서 가면 나오는 것이라고 생각하는가? 이런 생각이 얼마나 도움이 되었는가? 아주 많이 다른 삶과 현재의 삶 사이에서 이리저리 흔들리는 와중에 완벽한 점수를 받기보다 'B+' 이상을 받는 삶에 대한 비전을 구상해 볼 시간을 낸 적은 있었는가?

'제법 괜찮은(pretty good)' 삶을 시각화하는 데 힘이 있다. 누군가에게 제법 괜찮은 삶이란 수억 달러를 버는 회사를 차리는 대신 한 달에 1,000달러를 버는 사이드 비즈니스를 시작한다는 뜻이다. 근사한 소설을 쓰는 것이 아니라 책 한 권을 쓰는 것을 의미할 수도 있다. '꿈에 그리던 직장'을 얻는 대신, 현재 수준 내에서 적어도 싫어하지 않는 일을 하러 갈 수 있는 일이나 장소를 찾는 것을 의미한다.

실용주의가 겸비된 낙관주의가 성공으로 가는 비법이다. 자신의 눈앞에 놓여 있는 길을 보라. 지금 자신에게 있는 재능으로 이루어진 길이다. 지금 갖춘 기술, 주어진 환경과 자원, 이런 것들로 뭘 할 수 있는지 찾아보라. 나의 글쓰기 경력은 '더 많이 쓴다'라는 목표에서 출발했다. 그런 다음 막연히 책이 아니라, 책 한 권 쓰기와 같이 구체적으로 감각할 수 있는 성공으로 나아갔다. 제2의 말콤 글래드웰을 꿈꾸며 출발했다면 내 경력은 여전히 같은 자리에 머물러 있었을지도 모른다. 지금 행동해야 한다. 동기 부여가 되면서도 좌절되지 않을 목표를 세워야 한다.

7

사고방식의 불평등

우리는 우리의 기회를 박탈하는 사고방식의 불평등을 살펴볼 필요가 있다. 너무 부정적인데다 다른 사람들을 뒷담화하는 데 열중해서 자기 앞의 엄청난 기회를 보지 못하는 것은 아닌지 말이다.

하늘이 무너지고 있다고 생각하면서 행복해지거나 성공할 수는 없다. 자신이 생각하는 방식이 그 사람의 현실이다. 많은 사람이 믿고 있는 현실보다 더욱 실제적이라는 면에서 그렇다. 세상이 어떻게 돌아가는지, 그 안에서 자신의 역할은 어떠한지에 대한 정의에 깊고 강력한 영향력이 있다. 사람들은 그저 현실을 달리 보는 것만이 아니다. 서로 다른 현실을 살아간다.

삶이라는 이름의 영화관

《딜버트(Dilbert)》라는 만화를 연재한 창작자이자 철학자이기도 한 스콧 아담스는 "한 스크린 안의 두 가지 영화"라는 개념에 대해 이야기한다.

한 그룹의 사람들이 극장에서 영화를 보고 있다고 상상해 보자. 모두 같은 영화를 보고 있지만 저마다 다른 믿음을 투영하고 있다. 영화가 끝나고 나서 사람들에게 내용을 설명해 달라고 하면 같은 영화인데도 조금 다른 설명을 듣는 정도가 아닐 것이다. 한 스크린에서 사람들이 전혀 다른 영화를 보았다고 주장하게 될 것이다. 이런 이유 때문에 사람들의 대화는 엉망진창이 되고, 어떤 사람은 지나치게 긍정적인가 하면 다른 사람은 지나치게 부정적인 것이다. 양측 사람들이 대놓고 "서로 입장이 다르다"라고 말하지는 않지만 실제로는 서로 다른 현실을 살아간다.

이 개념을 이해하는 것이 얼마나 중요한지는 아무리 강조해도 부족하다. 사람들은 평행 우주에서 살고 있다. 현재의 가장 뚜렷한 차이는 극단적인 낙관주의와 극단적인 비관주의 사이에 있다. 어느 쪽이 옳은가? 둘 다 옳다. 충돌하지 않는 한, 우리는 계속 평행 현실에서 살아갈 것이다.(충돌에 대해서는 추후 더 설명하겠다.) 이 중 어느 쪽을 택하는가는 조금도 사소한 선택이 아니다. 꿈꾸던 삶을 살아가느냐, 매우 낮은 자존감과 불안정한 정신 상태로 살아가느냐를 결정하는 차이를 의미할 수 있다. 내가 어느 쪽인지는 이미 알 것이다. 하지만 우선 양쪽을 공정하게 판단해볼까 한다.

부정성과 비관주의에 대한 철인 논증(Steelman Argument)

허수아비 논증(Straw Argument, 상대방의 입장을 곡해함으로써 발생하는 오류- 옮긴이)을 할 때는 누군가의 주장에서 실제로 존재하지 않는 허점을 지적해야 한다. 철인 논증을 할 때는 반대하는 것에 대해 가능한 최선의 논리를 펼쳐야 한다.

'하늘이 무너지고 있다'라는 서술에는 명확한 근거가 있다. 이 서술에 대해 철인 논증을 해 보고자 한다. 이런 관점으로 세상을 보면 단지 일부일지라도 그 사람이 어떤 생각을 하는지 이해할 수 있다는 사실을 증명하고 싶기 때문이다. 이런 현실을 인정하고 나면 낙관주의를 옹호하는 나의 입장에 좀 더 무게가 실릴 것이다. 두 가지 입장을 검토한 후 스스로 판단하기를 바란다. 다음과 같은 내용을 근거로 좀 더 자세히 설명해 보겠다.

- 많은 사람은 대통령이 임상학적으로 문제가 있다고 생각한다.

- 미래에 정치적 담론과 이를 이끌 후보자들은 분별력 있게 사고하기보다 극단으로 치닫는 오류를 범할 가능성이 크다.
- 여러 나라가 거의 언제나 전시 직전 상태일 것이다.
- 정치적 입장이 어떠하든, 우리 국민의 건강 보험 문제가 엉망진창이며 개선의 여지가 없다는데 뜻을 같이한다.
- 최저 임금 실가는 50년도 더 전에 이미 정점을 찍었다.
- 등록금은 폭등하고 학자금 대출은 늘 최대치를 찍는데, 파산 선언을 할 수도 없다.
- 자동화가 일자리를 잠식할 것이다.
- 아마존은 소매업을 말살시킬 것이다.
- 새로운 정치 시대에 시민권이 후퇴할 것이라고 생각하는 사람들도 있다.
- 임금은 제자리걸음인데 물가는 치솟는다.
- 대다수 미국인은 1,000달러의 비상사태를 감당할 수 없다.
- 기후 변화는 우리 모두에게 곧 닥칠 위기다.

TV를 틀 때마다 학교 총격사건, 비무장 상태로 총격당한 소수자, 여성 인권 유린이나 혐오 범죄 발발 등이 쏟아져 나온다. 각 사건의 시기를 일일이 언급하고 싶지도 않고, 그럴 수 있으리라는 생각도 들지 않는다. 사회를 부정적으로 바라보는 시각은 끈질기게 살아남을 것이다. 모든 유인Incentive이 이를 향하기 때문이다.

나는 다른 사람들의 현실을 존중한다. 이 서사를 믿는 사람들도 존중한다. 믿음이 현실이라고 믿기 때문이다. 객관적 사실이 어떠하든 누군가를 믿는 것은 그 사람에게는 현실이다. 이렇게 생각하는 사람에게 내 입장을 강요하는 것은 어리석은 일이다. 잘못된 일이기도 하다. 이들의 인식은 그 정도 깊이다. 나와는 다른 현실에서 살고 있다. 내 현실이 내게 실제적인 것만큼이나 그들의 현실도 실제적이다.

사람들의 확증 편향 수준을 높여주는 알고리즘 세계의 문제도 있다. 알고리즘은 사람들이 믿고 싶어 하는 것만 보여주기 때문에 비관주의를 믿는 사람들은 계속 그 안에 파묻힐 것이다. 어떤 사람들은 너무 깊이 파묻혀서 구제가 불가능하다. 이 책에서 제시하는 가혹한 현실 목록에 이것도 추가해야 한다. 다른 사람들은 형세를 살피고 있어 입장을 바꿀 수 있으며, 그들의 현실을 바꿀 수도 있다. 하지만 올바른 사례를 접해야 그렇게 될 것이다. 오늘날 사회에 수많은 부정적인 측면이 존재하는 것은 사실이다. 기회는 제한되어 있다. 하지만 특정 유형의 사람에게만 제한되어 있을 뿐이다. 안타깝게도 대부분의 사람이 이 유형에 속한다.

번영하고 싶다면 아웃라이어, 즉, 예외적인 존재가 되어야 한다. 피라미드의 더 좁고 높은 부분에 속해야 한다. 어떤 면에서는 비관주의자가 옳기 때문이다. 불평등은 갈수록 심해질 것이다. 더 높이 올라갈 준비가 되었는가? 그렇게 결심했다면 그 일부가 될 수 있는 새로운 현실을 보여주겠다.

나(그리고 몇몇 다른 사람들)는 어떻게 세상을 보는가?

나는 인터넷과 사회 전반의 한 모퉁이에서 일하기로 했다. 가능성이 무한하고, 자유롭고 독립적인 개인이 무엇이든 스스로 원하는 일을 하는 사례가 끝도 없는 곳이다. 나는 오늘 알람을 맞추지 않고 일어났다. 출근하러 가는 대신, 침실에서 책상까지 3미터 되는 거리를 걸어가 근무를 시작했다. 일은 언제 시작할까? 하고 싶을 때 한다. 가끔은 아침 루틴을 시작하기 전에 트위터를 둘러보기도 한다.

다음은 오늘 트위터에서 본 것들이다.

- 쇼피파이(캐나다의 다국적 전자 상거래 회사-옮긴이) 스토어에서 400달러를 벌었다는 알림을 받은 고등학생
- 나처럼 온라인에서 전업으로 일하는 사람들의 방식을 설명한 동료 작가들의 트위터
- 사이드 비즈니스를 구축하는 방법에 대한 단계별 사례
- 지혜와 아이디어, 협업

트위터는 끝도 없는 정치적 분노와 슬픔, 부정성으로 들끓는 소셜미디어 앱이기도 하다. 자신이 세상을 보는 방식, 미디

어를 소비하는 방식과 그로 인해 생겨난 견해에 대해 생각해 보라. 곰곰이 생각해 보면 자신의 통찰력이 그리 뛰어나지는 않다는 사실을 알게 될 것이다. 아직도 지금까지 알아 온 '현실'이 존재한다고 한사코 믿고 있다. 아직도 사회 이동이 무한하기보다는 제한되어 있다고 믿고 있다. 그리고 아직도 아무 자원 없이 수익을 창출할 수 있다는 사실을 깨닫지 못했다. '임금 노동자'만이 안전하게 돈을 벌 수 있다는 사고방식에 갇혀 있으며, 자면서도 돈을 벌 수 있다는 개념은 마치 다른 세상의 이야기 같아서 직접 해낼 수 있을 것 같지 않다. 이 책을 읽으며 접하는 것처럼 사회의 다른 쪽, 미디어의 다른 쪽, 인터넷의 다른 쪽으로 용감하게 발을 내디뎌 보면 알게 될 것이다.

누구나 할 수 있다. 열심히 일하면서 긍정적인 태도를 개발하는 것을 병행한다면 스스로 평범하다고 생각했던 것의 개념이 지난날의 자신이 가능할 것이라고 믿지 못할 만큼 크게 변할 것이다. 지금부터 이쪽 세상을 좀 더 깊이 들여다보면서 현재의 기술적 풍경이 가져다줄 온갖 놀라운 혜택에 대해 살펴보자.

대단히 낮은 진입 장벽과 자본 요건

30달러만 있으면 재고품 하나 없이 스토파이 스토어를 개시하여 온라인에서 물건을 팔 수 있다. 더 많은 투자를 하고 싶어도 파산은 하고 싶지 않다면 기업에서 사업체 자체를 마련해 주는 커스텀 브랜드를 구매할 수도 있다.

나는 웹사이트 미디엄에 글을 써서 돈을 번다. 무료로 가입했고, 처음에는 구독자가 한 명도 없었다. 동료 섀넌 애슐리도 나와 똑같이 시작했다. 섀넌은 소셜미디어 기업에서 시간당 10달러를 벌다가 한 달에 1만 달러를 벌게 되었다. 섀넌이 싱글맘이라는 이야기는 했던가? 미디엄은 내 최대 수입원 중 하나다. 내 투자 비용은? 0달러였다. 한 푼도 투자하지 않았다. 전혀.

유튜브를 둘러보는 날은 자신이 사랑하는 일을 전업으로 삼은 사람들이 올린 동영상을 시청한다. 돈을 들이지 않고 동영상을 제작하는 사람도 있고, 많은 돈이 들지 않는 카메라와 마이크의 도움을 받는 사람들도 있다. 《100달러로 세상에 뛰어들어라(The $100 startup)》라는 책에서 돈 없이 또는 적은 돈으로 시작할 수 있는 수많은 사업에 대한 이야기를 접할 수 있다.

사업을 시작하는 데는 돈이 필요하지 않다. 이 사실을 기억하기를 바란다. 진입 장벽은 사라졌다. 기회가 그 자리를 물려받았고, 오래도록 지킬 것이다. 우리가 핵폭탄으로 서로를 파괴하거나, 행성이 폭발하거나, 조지 오웰이 그려낸 것처럼 도망쳐야만 하는 파시스트 국가에서 살게 되지 않는 한은 그렇다.

대안 교육의 원천

돈을 전혀 내지 않고도 최저 임금에서 벗어나 억대의 돈을 버는 기술을 배울 수 있다고 해 보자.

람다 스쿨에서는 그렇게 할 수 있다. 앞서 설명했듯이 람다 스쿨에서는 코딩하는 법을 배우고 일자리를 구할 수 있다. 일자리를 구하고 나서 처음 몇 년 동안 수익의 일부를 내야 하지만, 일자리를 구해 일정 수준의 임금을 받지 않으면 돈을 내지 않는다. 천재가 아니어도 코딩하는 법을 배울 수 있다. 코딩을 배우는 데 무슨 특권이 필요한 것도 아니다. 람다 스쿨 창업자의 트위터 계정에 들어가 보면 예전에 관리자였거나 월마트 직원, 콜센터 직원이었던 사람들의 경험담을 볼 수 있다. 이들은 람다 스쿨의 프로그램을 듣고 난 후 수익이 5~10배 사이로 증가했다. 저마다 인종과 피부색이 다양하고 신념과 교육 수준이 다른 사람들이었다.

아이비리그의 명문대학에서 무료로 수업을 들을 수도 있다. 학위는 딸 수 없지만 앞으로는 더 이상 학위가 필요치 않을 것이다. 교육과 직업을 위한 대안적인 경로가 점차 늘어가고 있으며, 계약 노동자(indentured servant)가 될 필요도 없다. 이 경로를 잘 활용하라.

돈이 있어야 교육을 받는 것은 아니다. 명심하라.

수직적 기술 진보

《제로 투 원(Zero to One)》에서 피터 틸은 '수직적 진보'에 대해 이야기했다. 가능한 것을 전환하는 완전히 새로운 기술을 설명하는 아주 멋진 방법이다

여러 가지 새로운 기술로 미래의 문제를 해결할 수 있다.

• 빌 게이츠는 핵에너지 솔루션을 고안하고 있다.

• 담수화는 식수 문제를 해결하는 데 도움이 될 것이다.(아직 진행 중이기는 하다)

• 현재 3D 프린팅은 장기와 주택, 자동차를 비롯하여 더 많은 것을 개발하고 있다.

• 기술 발전 덕분에 극심한 가난이 급격히 줄었다.

• 자동화는 우리를 해방시킬 수 있다.(노예로 삼을 수도 있다…… 이 문제는 논의 대상이다.)

세상은 점점 더 좋아지고 있다. 사회는 전반적으로 더 부유해지고 있다. 그 반대가 아니다. 하늘이 무너지고 있다는 이야기는 잊어버려라. 그래야 자신의 삶을 바꾸는 데 에너지를 집중할 수 있다. 수직적 진보가 항상 우리에게 직접적인 영향을 끼치지는 않겠지만 세상이 당면한 주요 문제에 대해 노력하는 사람들이 있다는 것을 알면 마음이 놓일 것이다. 중대한 문

제는 이들에게 맡기고, 우리는 우리의 삶과 프로젝트, 우리가 도울 수 있는 종족을 위해 노력하자.

무한한 기회와 동시성

온라인과 오프라인 양쪽에서 자유를 중요시하는 현명하고 창조적인 사람들과 연결되기 시작되면 온갖 종류의 기회와 마주칠 수 있다.

나는 블로그에 자가 출판에 대한 글을 올리면서 한 작가의 이름을 언급했다. 그런데 그 작가가 내 글을 읽고 나서 스카이프 세션으로 연락을 취했다. 그는 온라인에서 작가들의 광고 운영을 지원하는 회사를 경영하고 있었다. 나를 위해 여러 편의 광고를 제작했고, 나는 아무것도 없는 데서 창출된 이익의 일부를 지불했다.

온라인상에서 나를 드러내고 아이디어를 공유하는 것만으로 절대 가능하리라 생각하지 않았던 기회가 마련되었다. 프리랜서 일로 고수익을 창출하게 되었고, TED에서 강연을 했으며, 온라인 패널이 되고 팟캐스트에 출연했으며 신생기업과 협업도 했다.

다음 두 장에 걸쳐 자신의 강점을 찾아 시작한 다음, 이를 토대로 사이드 프로젝트나 부업을 하는 방법에 대해 설명할 것이다. 여러분도 새로운 출발을 꿈꾸고 있을 것이다. 하지만 더 많은 기회를 붙잡고 싶다면 자신을 더 많이 드러내야 한다. 동네에서 열리는 지역 클럽과 행사에 참여하라. 온라인 이벤트에도 참여하라. 소셜 미디어에서 비슷한 관심사가 있는 사람들에게 연락을 취해 보라. 자신이 하는 일을 소셜 미디어에 기록하라. 선택한 업계가 어디든 이에 대한 블로그를 개설하여 간단한 정보를 공유하라. 동영상을 만들어 블로그에 올려라. 듣고 싶어 하는 사람에게 사랑하는 일에 대해 이야기하라.

내가 가장 좋아하는 비즈니스 전문가 나발은 이렇게 말했다. "자신이 책임을 지고 사업상의 위험을 감수하라. 사회가 책임감과 공평성, 레버리지로 보답할 것이다. 물건에 자신의 이름을 새기는 이들은 절대 어리석은 사람들이 아니다. 자신감이 있을 뿐이다."

내 웹페이지의 이름은 ayotheauthor.com과 ayothewriter.com이다. 소셜 미디어 페이지에도 내 이름을 썼다. 익명이나 가명은 쓰지 않는다. 내가 무슨 일을 하면 사람들은 그것이 내가 한 일인지 알 것이다. 나와 똑같이 하라. 자신의 노력을 대중에게 알려라. 아무 관심이 없는 개인적인 그룹에만 알리지 말고 대중에게 알려라. 나의 모든 성공은 긍정적이고 낙관적이며 풍요로운 사고방식을 갖추었기 때문에 생긴 것이다. 물론 꿈을 현실로 바꾸기 위해서 부단히 노력하기도 했다. 이것이 비결이다. 여러분도 그렇게 하라.

2부에서는 삶을 바꾸는 데 활용할 수 있는 구체적이고 현

실적이며 실천 가능한 전략에 대해 논의할 것이다. 1부에서는
성공에 대한 진실을 이해하는 데 필요한 정신적 밑그림을 제
시했다. 이제 직접 그림을 그릴 차례다.

제 **2** 부

전략
:
더 나은 삶으로
이끄는 일정한 경로

전략적으로 살아가기 위해서는 만족을 지연할 줄 알아야 한다. 만족 지연의 문제 때문에 조언과 기술, 전략이 큰 효과를 거두지 못하는 것이다. 사람들은 책을 사고 강의를 듣고 세미나에 참여하지만, 대부분 그들이 접한 정보로 아무것도 하지 않는다. 만족 지연은 누구라도 정복하기 어려운 기술이다. 우리는 종종, 아니 대부분 실질적인 전략 없이 살아가기 일쑤다. 이런 태도는 이상적이진 않지만 부담은 크게 줄여준다.

전략적 사고를 하는 사람은 자신의 삶에서 자신이 하는 역할에 대해 더 많이 인식하게 된다. 그러한 전략적 사고가 삶에 영향력을 행사하며 책임을 다할 때는 기분이 좋지만 스스로 부족하다고 느끼고 머뭇거리며 잠재력에 못 미치는 삶을 살 때는 몇 배 더 고통스럽다. 더 잘 할 수 있다는 것을 알기 때문이다. 전략적 사고방식 없이 사는 사람들은 어느 정도까지는 무지의 축복을 즐긴다. 이들은 항복의 의미로 두 손을 들고 삶이 좀처럼 잘 풀리지 않는다고 말한다. 실제로 잘 풀리지 않기 때문이다.

결국, 이 책은 세상이 돌아가는 방식을 설명하고 있다. 전략적으로 사고하면 사람들이 일하는 방식에 일정한 리듬과 이유가 있다는 것을 알게 될 것이다. 스스로 일하는 방식에도 리듬과 이유가 있다. 한층 더 나은 삶으로 이끄는 일정한 경로가 있음을 깨닫게 된다. 세상의 이치를 수용하고, 발전할 수 있는 자리에 위치하게 된다.

이 세상의 비정한 진실은 아무리 열심히 일해도 모든 사람이 구원받을 수는 없다는 것이다. 어떤 사람들은 실패한다. 꿈을 이루지 못하는 사람도 많을 것이다. 대부분은 '매트릭스에 갇힌다.' 이는 결국 자신이 무엇을 원하는가의 문제로 연결된다. 항상 최고가 되길 꿈꾸는 것은 다소 계산적인 것처럼 보일 수 있지만 그렇지 않으면 일이 뜻대로 되지 않을 뿐만 아니라 진정한 가슴앓이와 시련, 고난과 마주하게 될 것이다. 내가 노파심이 지나친 것처럼 보인다면 다음과 같은 상황에서 비롯되는 위험에 대해 생각해 보라.

- 뜻밖의 기회가 왔는데도 알아차리지 못한다.
- 수십 년 동안 시간을 낭비했다는 후회가 밀려든다.
- 정신적 · 육체적 · 영적 의미와 목적을 상실한 데서 수많은 부정적인 영향이 파생된다.

우리가 살고 있는 세상을 둘러보라. 수많은 사람이 걷잡을 수 없는 혼란 속이나, 재미없고 단조로운 일상 속에 살아가는데 이 모든 것에 대한 처방은 같다. 마약과 무분별한 유흥, 소비 지상주의다. 인류 역사상 가장 풍요로운 시기에 사람들은 저마다의 방식으로 불행을 겪는 것처럼 보인다. 이들은 전략적으로 사고하지 않는다. 그저 삶이 흘러가도록 내버려 둘 뿐이다.

삶은 어느 한 사람에게 유리하도록 흘러가지 않는다. 삶이 잘 풀리게 하고 싶다면 삶을 통제해야 한다. 삶을 그냥 흘러가게 둔다면 아무리 합리화하려 애쓴다 해도 삶에서 일어나는 일을 좋아하지 않게 될 것이다. 당신도 잘 알 것이다. 한층 더 나은 삶을 살아가기 위해 삶을 통제하는 것은 미친개를 길들이는 것과 유사하다. 삶을 재정비하려 노력하면서 침착한 태도를 유지하는 것이 공원을 산책하는 것처럼 쉽다고 하지는 않겠다. 오히려 미친개를 데리고 공원을 산책하는 것과 비슷할 것이다. 하지만 이 방법만이 유일한 선택지다. 삶을 길들이지 않으면, 삶이 우리를 길들일 것이다.

전략에 대해 논의하는 2부에서는 재능을 찾고, 그 재능을 활용하여 창조적인 취미생활과 프로젝트, 사업을 시작하는 방법에 대해 배울 것이다. 삶의 청사진을 마련하고, 시간이 지나면서 이를 거듭 개선하고 조합하는 방법도 배울 것이다. 다른 사람들을 바르게 대하는 방법도 배울 것이다. 이것이 성패를 좌우한다. 이 과정에서 우리는 끊임없이 사고방식을 점검하는 훈련을 되풀이할 것이다.

나는 내 삶을 개선하기 위해 수없이 많은 블로그의 글을 읽었고, 팟캐스트 방송을 듣고 동영상을 보고 책을 읽는 등 무엇이든 했다. 나를 지탱하게 하고 사고방식을 강화시키고 앞으로 누군가에게 도움을 줄 수 있는 자격을 갖추려 노력하는 데 필요한 것들이었다. 나도 누구 못지않게 갈팡질팡했고 게으른 데다 늦장도 많이 부렸기 때문에 이와 같은 과거에서 빠져나오는 방법을 설명하는 데는 자신이 있다. 이 방법은 고통스러운 과거에서 빠져나오고 싶은 사람들에게 도움이 될 것이다.

과거의 상처에서 벗어나기 위해서는 상처 자국이 남은 채로 다른 쪽으로 건너와야 한다. 어려움을 겪는다 해도 그로 인해 더욱 강해질 것이기 때문에 오히려 감사하게 될 것이다. 상처는 치명적인 정도는 아닐 것이다. 우리가 더욱 빨리 전진하도록 돕는 선에서 그칠 것이다. 이 과정을 통과할지 말지는 여러분의 선택이다. 어쨌든 나의 답안지를 낱낱이 공개하도록 하겠다.

8

재능과 강점을
발견하기 위한 최종 가이드

"자신이 무엇을 잘하는지 알아야 하고, 잘하지 못하는 일
은 신경 쓰지 말아야 한다. 강점으로 유리한 고지를 점할
수 있는 곳으로 가야 한다. 이것이야말로 성공으로 가는
지름길이다."

- 게리 베이너척

지금까지 우리는 청사진에 대해 살펴보았다. 사고방식을 수
립하고 완성하기 위한 도구를 마련한 셈이다. 본격적으로 전
략 부분에 들어가기에 앞서 몇 가지 주요 사항을 확인해 보자.

사회는 우리가 기대 수준에 못 미치는 삶을 살다가 실패하도록 설계되어 있다. 이를 기정사실로 받아들이고 잘 항해해야 한다. 우리가 내리는 모든 결정에는 대가가 따른다는 점도 배웠다. 현재를 즐길 때는 미래의 즐거움을 희생해야 한다. 사실이 아니기를 간절히 바라겠지만 아무도 당신을 구하러 오지 않을뿐더러, 나를 비롯한 그 누구도 당신의 삶을 바꿀 수 없다. 공평하든 아니든, 당신의 삶은 당신 책임이다. 그동안은 자신의 욕망과 실패, 살아가는 세상과 그 안에 있는 사람들에 대해 스스로 끊임없이 거짓말을 해 왔을 것이다. 이런 거짓말을 무너뜨리고 올바른 이해를 통해 진실을 찾기 위해서는 처절한 자기반성이 필요하다.

자기 자신의 잘못이 아닌 일로 고난과 아픔을 겪을 때도 있을 것이다. 이럴 때는 세상을 저주하는 대신 진정한 승리자들이 그렇게 하듯이 좌절을 씹어 삼키고 승리로 탈바꿈시켜야 한다. 소수의 사람들만이 이런 태도를 취한다. 이들은 모든 책임을 전적으로 자신에게 돌리고 세상의 불공정함을 있는 그대로 받아들인다. 살아남는 것이 가장 중요하기 때문이다. 이제 '왜'인지 알았으니, '어떻게'에 집중해야 할 때다.

나는 독자들로부터 많은 이메일을 받는다. 가장 눈에 띄는 이야기는 "어떻게 하면 좋을지 모르겠어요. 뭘 해야 할지도 모르겠고요. 저의 강점과 능력이 뭔지 모르겠어요. 어디로 가야 할지 모르겠어요. 가이드가 필요해요."다.

때로는 책에서처럼 자세한 답변을 할 시간이 없다. 하지만 간단히 대답하자면 누구나 마음 깊은 곳에서 자신이 무엇을 원하는지 알고 있지만 두려워하는 것이다. 너무 두려워서 자신의 재능을 전혀 못 보고 있다. 그러므로 재능을 찾아 발굴하는 것이 도움이 될 것이다. 앞으로 이어질 내용은 이 과정에 대해 내가 습득한 전부다.

열정의 함정

강점과 재능이 가장 중요하다. 열정에 대해서는 잊어버려라. 여기에서 열정이란 어떤 의미일까? 자주 인용되고 오해받는 유형의 열정은 삶에서 새로운 길을 실험하거나 추구하기도 전에 궁극적인 축복과 즐거움, 동기 부여 등의 감정을 얻는 것이다. 이 주장은 긍정적인 감정이 행위에 우선한다는 것을 기반으로 한다. 하지만 실제로는 그 반대다. 열정이 존재하기는 한다. 하지만 무언가를 시작하기 전에 필요한 것이 아니라 경험을 통해 얻는 감정이다.

강점과 재능은 실제로 느낄 수 있다. 어떤 일에 재능이 있고 그 일을 잘한다면 스스로 그 사실을 알 것이다. 재능은 무엇으로 이루어지는가? 재능은 원하는 결과를 얻을 수 있도록 도움을 주는 모든 특성을 말한다. 다양한 분야의 재능이 있다. 예를 들어, 손으로 하는 일에 능숙하거나, 대화나 수학, 혁신적인 생각, 비디오 게임이나 조직 생활 등을 뛰어나게 잘하는 것 등을 말한다. 어떤 재능은 그보다 '방대'하며 무언가를 만드는 능력처럼 눈에 보인다. 또 어떤 재능은 더 '미세'하며 상황에 따라 생각하는 능력처럼 눈에 보이지 않는다.

지금 우리가 할 일은 자신이 어떤 일에 재능이 있는지 구체적으로 파헤치려는 것이 아니다. 사실 그 무엇도 '파헤칠(find)' 필요가 없다. 잠재적인 경로를 탐색하고, 성향에 따라 행동하면서 강점과 재능을 찾아보기만 하면 된다. 무언가를 실제로 해 보면 재능은 드러나게 마련이다. 기적과도 같은 열정을 찾아 헤매기보다는 조금 다른 형태의 삶을 구축하는 방법을 시도해 보라. 잘하는 일을 찾으면 연습해서 더 잘할 수 있도록 하라. 차츰 그 일에 열정을 느끼게 될 것이다. 나는 글쓰기가 항상 재미있기 때문에 좋아하는 것은 아니다. 시간이 흐르면서 좀 더 나아질 수 있기 때문에 좋아하는 것이다. 어떤 일에 점점 더 능숙해지면서 우리가 그토록 바라던 의미와 열정을 찾게 된다. 대부분의 사람은 그 반대로 알고 있다.

자신이 어떤 일에 재능이 있는데 어떻게 하면 그 재능으로 돈을 벌 수 있을지 알려주는 지니가 있길 바라는가? 도처에 실마리가 있어 우리가 무엇을 하면서 살아야 하는지 가르쳐 주려 한다. 주의를 기울이지 않기 때문에 실마리를 놓치는 것이다. 이번 장을 길잡이로 삼아 자신이 바라는 일과 삶을 설계하기 위한 첫 단계를 시작하라.

시작하기 전에 한 가지 약속을 해주길 바란다. 실제로 정보를 활용하겠다고 약속해 주었으면 한다. 직접 행동하지 않으면 정보는 아무 소용이 없다. 사람들은 대체로 이런 책을 읽기만 하고, 정보에 따른 행동을 취하지 않는다. 당신은 달랐으면 한다. 나를 위해서가 아니라, 당신을 위해서다. 이 책을 읽고 실천할 사람은 극소수라 생각한다. 하지만 그것만으로 내게는 충분히 가치가 있다. 당신에게도 가치가 있길 바란다.

강점과 재능을 발견하는 데 도움이 되는 도구들

우리는 '나 자신에 대해 더 잘 알 수 있는' 설문조사와 질문지를 좋아한다. 이런 테스트에는 실제로 과학적인 효용성이나 의미가 없으며, 조사가 효과를 발휘하는지에 대한 증거도 없다. 하지만 도움이 되기는 한다.

왜일까? 여기 실린 자료들을 무엇이든 시작하는 데 필요한 통찰력을 얻는 지침으로 사용한다면 유용할 것이다. 나는 그 효용성을 모르는 상태에서 모든 방법을 시도해 보았고, 시도한 방법을 전부 믿었으며 충고에 따라 행동했다. 그리고 효과가 있었다. 이 검사들이 '최적 표준을 따르는' 방법은 아닐지도 모른다. 하지만 미래를 위한 지침으로 쓸 만큼은 정확하다. 미래를 위한 준비에 박차를 가하는 데도 실질적인 도움을 줄 것이다.

■ **스트렝스파인더**(Strengths Finder) 2.0: 《강점 혁명 2.0》

갤럽 연구진들은 수년간의 테스트와 데이터 추적을 거쳐 사람들에게 있는 34가지의 '타고난 기질' 목록을 편찬했다. 평가지에는 200개가 넘는 질문이 있다. 질문은 목록 중에서 자신의 가장 강한 기질을 확인하도록 돕는다. 표준 패키지를 사면 최고의 강점 다섯 가지를 확인할 수 있다. 확장판에서는 강점 34가지 모두를 가장 강한 순서에서 약한 순서로 볼 수 있다. 평가지에는 강점에 대한 설명과 사례, 같은 강점이 있는 사람들이 한 말, 강점을 개발하기 위해 취할 수 있는 행동의 상세 목록이 포함되어 있다.

처음 평가지를 받아서 설명을 읽었던 때가 기억이 난다. 얼마나 정확하게 맞는지 이상할 정도였다. 누군가 내 마음을 읽는 듯한 느낌이 들었다. 내 결과지를 검토하며 내가 주어진 정보를 활용하여 어떻게 장점을 개발했는지 확인해 보도록 하자.

[강점 1] 발상

발상의 재능이 있는 사람은 아이디어에 끌린다. 서로 다른 주제 사이에서 연관 관계를 찾아내어 세상을 바라보는 새로운 방식을 고안한다.

책에 나온 강점 개발 제안은 다음과 같다.

• 아이디어로 돈을 벌 수 있는 일자리 찾기

- 독서 시간 확보하기
- 시간을 들여 가장 좋은 아이디어가 어디에서 비롯되었는 지 파악하기

나는 책 속의 제안을 다음과 같이 실천했다.

- 블로그를 시작하여 책을 여러 권 썼다. 아이디어로 돈을 벌었다.
- (대체로) 매주 1권을 읽는다.
- '아이디어 근육'을 강화하기 위해 매일 10개씩 아이디어 적는 연습을 시작했다.

[강점 2] 전략

전략적 강점을 갖춘 사람들은 항상 다음 계획을 짠다.

이들은 항상 "만약 이렇게 된다면?" 하고 질문을 던진다. 행동하기에 가장 좋은 수단을 찾는다. 하나의 전략이 효과가 없으면 버리고, 다음 전략으로 이동한다.

책에 나온 강점 개발 제안은 다음과 같다.

- 미래의 목표에 대해 깊이 생각해 보기
- 사람들이 문제를 상담할 수 있도록 시간을 마련하기
- 직관을 신뢰하기

나는 책 속의 제안을 다음과 같이 실천했다.

- 나 자신을 위해 명확한 목표를 세우고, 비전을 끊임없이 수정하고 다듬는다. 일을 하는 새로운 방법을 모색하기

위해 '간단한 실험'을 진행한다.

- 사람들은 나에게 속내를 털어놓고 질문하기를 좋아한다. 질문을 받을 때마다 가장 좋은 충고를 할 수 있도록 노력한다. 내 동료들이나, 개인적 네트워크에 속하는 사람들 중에 답을 찾으려고 노력하는 것 같은 사람들이 내게 질문을 할 수 있도록 이끈다.
- 행동을 실천한다. 망설이지 않고 앞으로 나아간다. 가능성이 보이는 전략을 접하면 실행에 옮긴다.

[강점 3] 지적 사고

지적 사고에 강점이 있는 사람들은 생각하기를 좋아한다. 이들은 내성적이다. 외향적으로 보일 수 있어도 혼자 생각에 잠기는 시간을 즐긴다.

책에서의 강점 개발 제안은 다음과 같다.

- 철학과 심리 분야 책 읽기
- 시간을 들여 글쓰기- 글 쓰는 시간 확보하기
- 사람들과 심도 있는 논쟁 및 대화에 참여하기

나는 이 제안을 이렇게 실행했다.

- 철학과 심리학 분야의 책을 여러 권 읽었다. 처음 자기 계발에 착수할 때 팔로우했던 작가와 유명 인사들이 만든 리스트를 보면서 책을 구입했다. 타이 로페즈의 최고의 책 150권은 처음 독서 습관을 키우기 시작할 때 참고하기

에 좋은 목록이다.

- 건강한 글쓰기 습관을 개발했다. 강점에 대해 연구하던 무렵, 한 친구가 내게 그의 웹사이트에 글을 써 달라고 요청했다. 나는 친구의 사이트에 꾸준히 글을 올리면서 집중을 유지하는 데 도움이 될 만한 자료를 찾기 시작했다. 제프 고인스와 존 모로, 라이언 할리데이 같은 사람들이 눈에 띄었다. 최선을 다하자 매일 글을 쓸 수 있게 되었다.

- 들을 준비가 된 사람이라면 누구에게든 세상을 해석하는 독특한 개념과 이치에 대해 이야기할 것이다. 당신과 같은 독자들이 주된 대상이다.

[강점 4] 수집

수집에 강점이 있는 사람들은 정보를 수집하고 싶은 욕구가 왕성하다. 자료와 인용문, 책을 비롯해 지식의 보고에 저장할 수 있는 것은 무엇이든 수집하기 좋아하는 왕성한 독서가다.

책에서의 강점 개발 제안은 다음과 같다.

- 지식을 활용하여 다른 사람들에게 도움을 줄 방법 찾기

- 전문가로서의 위치 선점하기

- 의식적으로 어휘력 증진하기

나는 책 속의 제안을 이렇게 실천했다.

- 읽는 사람들에게 도움이 되기를 바라는 마음에서 내가 수

집한 자료와 인용 문구를 책과 블로그에 활용했다.

- 나 스스로 전문가라고 하지는 않겠지만, 배움과 실행, 아이디어 공유로 권위를 구축했다.
- 나에게는 여러 권의 어휘 관련 책이 있으며, 책에는 작가들이 우리가 아직 모를 것이라 생각하는 수많은 단어와 그 정의가 담겨 있다. 이 책들을 보며 새로운 단어를 배운다.

[강점 5] 적응

적응에 강점이 있는 사람들은 페이스를 빠르게 바꾸고, 예상치 못한 힘든 상황에서도 잘 버틴다. 탄력적인 상황에서 일하기를 선호하며, 체계적인 환경에서 일할 때는 스트레스를 받는다.

책에 나온 강점 개발 제안은 다음과 같다.

- 변화하는 환경에 적응하는 것에 성공이 좌우되는 역할 모색하기
- 체계성과 예측 가능성을 요구하는 역할 피하기
- 일상적인 업무에 게임을 접목하여 흥미롭게 만들기

나는 이 강점을 다음과 같이 행동으로 옮겼다.

- 새로 쓸 이야기의 주제를 제시하고, 독자들이 반응하는 방식에 따라 접근법을 개선했다.
- 매일 일정한 시간에 글을 쓰면서도 단어 수를 달리한다.

500개에서 5,000개 사이다.

- 먼 미래의 계획을 세우지 않는다. 90일 기준으로 목표를 세우고, 해야 할 일을 월간 및 주간 목표로 나눈다. 지루한 업무를 텔레비전 시청이나 마사지, 근사한 식사 등으로 자주 보상한다. 그날 일정 수준에 도달하지 않으면 '점수'를 받을 수 없다.

내가 강점을 분류하고 실행에 옮긴 방식을 참고하여 직접 실천하는 데 도움이 될 수 있게 하라.

핵심은 직접 행동에 옮기는 것이다. 내가 《강점 혁명 2.0》을 처음으로 발견하거나 이에 대해 글을 쓴 사람은 아닐 것이다. 하지만 많은 사람은 "《강점 혁명 2.0》을 읽고 강점에 대해 배워라"라고 말할 뿐이다. 책을 최대한 활용하기 위해서는 실천 과제를 꼼꼼하게 읽고 실천해야 한다.

■ **마이어스 브릭스**(Myers-Briggs) **유형 지표**

마이어스 브릭스 테스트는 《강점 혁명 2.0》과 콘셉트가 비슷하다. 약 80여 개의 질문 목록에 대한 답을 작성한다. 답을 모두 작성한 후에 열여섯 가지 성격 유형 중 하나가 부여된다. 각 성격 유형은 네 개의 다른 요인 측정에 따라 분리된다.

- 외향형 또는 내향형 – E 또는 I
- 직관형 또는 감각형 – N 또는 S

- 감정형 또는 사고형 – F 또는 T
- 인식형 또는 판단형 – P 또는 J

내 성격 유형은 ENTP다. ENTP는 아이디어와 새로운 사고방식에 이끌리는 것으로 알려져 있다(이것이 《강점 혁명 2.0》에서 발견한 나의 첫 번째 강점이었음을 기억하라. 여러 테스트 중간에 '중복'되어 나오는 것이 진정한 답에 가깝다는 것을 차차 알게 될 것이다). ENTP는 세상을 비순응적으로 바라보고 논쟁을 즐기며 선의의 비판자 입장을 취하며 새로운 프로젝트를 시작하는 것을 무척 좋아한다.

ENTP 성격 유형은 쉽게 주의가 산만해져 계획을 이행하는 데 문제가 생긴다는 약점이 있다. 세부 사항에 집중하는 것도 어려워하며, 반복적인 업무나 계획을 싫어한다. 테스트를 한 후에는 어떤 일자리를 골라야 하고, 강점을 어떻게 발휘하며, 일에서나 사생활에서나 다른 어떤 유형과 잘 맞는지에 대한 통찰력을 얻을 수 있다.

다시 한 번 강조하지만, 이 테스트 역시 유전자 테스트와는 다르다. 하지만 제법 요긴하다. 재미 삼아 해 보고 취할 것은 취한 다음, 실제로 도움이 되는 것이 무엇인지 판단하여 행동에 옮길 때 반영하기를 바란다.

▣ Big 5 성격 검사

이 검사는 모든 검사 중에 가장 과학적이고 정확할 것으로 보인다. 아주 지적인 사람들과 세계적으로 유명한 심리학자들 다수가 이 검사의 유효성을 주장했다. 하지만 이 역시 진정한 유효성을 보장할 수는 없다. 하지만 어떤 측면에서 유용한지는 알 수 있을 것이다.

Big 5 성격 검사는 다음과 같은 핵심적인 성격 특성을 측정한다.

- 성실성 - 얼마나 부지런하고 조직적이며 인내심이 있는가.
- 우호성 - 다른 사람들의 의견을 존중하며 얼마나 잘 '지내는가.'
- 경험에 대한 개방성 - 새로운 생각을 얼마나 잘 받아들이며 적응하는가.
- 신경성 - 작은 일에 얼마나 자주 짜증을 내는가.
- 외향성 - 다른 사람들과 어울리고 소통하면서 얼마나 많이 에너지를 얻는가.

나는 매우 비우호적이고, 다소 외향적이며, 경험에 무척 개방적인 유형이다. 성실성에서 아주 낮은 점수를 받았지만 글쓰기라는 분야에서는 아주 성실하기 때문에 점수 항목에 오류가 있다고 생각한다. 재능 있는 분야를 찾으면 성실성을 점검해 볼 수 있다. 지저분한 방에서 동영상 게임에 푹 빠져 있는 아이에게 물어보면 성실성이 맥락에 따라 달라진다는 것을 알 수 있을 것이다.

수많은 심리학자가 I.Q가 높고 성실성 지수가 높은 사람들이 가장 성공할 가능성이 크다고 한다. 맞는 말이다. 하지만 일반적인 측면에서 봤을 때만 그렇다. 각 유형에게는 저마다의 강점과 약점이 있기 때문이다.

예술가들은 대체로 전형적으로 출세하는 사람들과 정반대의 성향을 보인다. 중요한 것은 자신이 어떤 사람인지 이해하고, 다른 사람이 되려 하지 않는 것이다.

지금까지 살펴본 내용은 수많은 사례의 일부일 뿐이다. 에니어그램과 DISC 성격 유형 검사, 컬러 팔레트와 그 밖의 것들까지, 자신의 관심사를 잘 모른다는 핑계를 해소하기 위한 자료는 많다. 핵심은? 무엇이든 직접 해 보라는 것이다.

강점을 파악하는 방법을 배웠으니 주변 세상에 관심을 기울이면서 이 강점들을 어떻게 관심사와 연결할 수 있는지 이야기해 보겠다.

■ 세상이 전하려는 이야기에 귀를 기울여라.

'열정'의 대상이 바로 눈앞에 있다고 말한다면 어떻겠는가? 세상에서 가장 지루한 사람이 아닌 한, 누구나 관심이 있거나 더 배우고 싶은 분야가 있을 것이다. 사람들은 너무 먼 곳을 내다보느라 열정이나 목적의 대상을 찾지 못하고 방황한다. 하지만 사실 열정은 자신이 재능과 일정 수준의 기술을 갖춘 분야일 뿐이다. 단순하다.

관심이 있는 분야가 무엇인지 파악하는 데 도움이 될 만한 몇 가지 기법을 알려주겠다.

마지막으로 모든 정보를 결합하여 앞으로 나아가기 위한 견고한 청사진을 제시할 것이다.

■ 자라온 환경

과거를 돌아보면 앞으로 무엇을 추구해야 할지를 깨닫는 데 도움이 된다. 어렸을 때 어떤 종류의 활동에 끌렸는가? 열네 살 때 무엇이 되고 싶었는가? 과거를 돌아보았을 때 반복되어 나타나는 주제나 패턴은 무엇인가?

내가 자라온 환경은 그야말로 글과의 로맨스라고 부름 직하다. 어렸을 때 부모님이 내게 책을 읽어주시는 것이 아니라 내가 읽어드렸다. 초등학교 때는 큰 소리로 책을 읽을 사람이 없냐고 선생님이 물으시면 번쩍 손을 들었다. 반 아이들도 선생님이 나를 선택하시기를 바랐다. 나는 반에서 책을 제일 빨리 읽었고, 내가 읽으면 수업이 더 빨리 끝날 수 있기 때문이었다.

나는 새로운 단어를 배우는 재미에 흠뻑 빠졌다. 학교에서는 어휘력 테스트를 본다. 테스트 일주일 전에 우리가 암기해야 할 단어들을 받았다. 나는 시험을 보기 10분 전까지 기다렸다가 단어를 전부 외웠고, 항상 최고점을 받았다. 중학교 때는 시를 쓰기 시작했다. 환심을 사기 위해 여학생들에게 시를 보여주기도 했다.(하지만 소용은 없었다) 고등학교 때는 청소년 소설을 쓰려고 한 적도 있다. 남자 고등학생의 인생을 다룬 이야기로, 주로 여자 친구를 사귀려 애쓰는 주인공에게 초점을 맞추었다. 어디서 그런 영감이 떠올랐는지 모르겠다. 어쨌든 내가 쓴 글들은 선생님들께 깊은 인상을 주었다. 지금은 내 삶의 사명이 글을 써서 사람들에게 영향을 미치는 일이라고 확신한다. 하지만 늘 그렇지는 않았다.

■ '이렇게 되면 좋겠는데' 검사

위의 구절에 연결되는 말을 상상해 보는 것도 앞으로 어떤 일을 해야 하는지 발견하는 데 도움이 될 것이다. '이것이 제일 중요해, 나의 전부야'라는 열정 대신 '음, 이런 것도 좋을 것 같은데?'라고 생각해 볼 만한 일로 무엇이 있는가?

간혹 다른 사람이 성취한 일 중에서 질투를 느끼게 하는 대상을 보며 자신이 무엇을 원하는지 알 수 있다. 모든 감정, 심지어 부정적인 감정에서도 그 쓸모를 찾아보라. 욕망에서 비롯된 고통이 우리를 올바른 방향으로 인도할 수 있다. 이 방법은 물질적인 성공에는 해당하지 않는다. 그것은 단지 '주변 사람들과 보조를 맞추는' 수준의 사고방식이기 때문이다. 자신이 원하는 유형의 일에 대해서만큼은 다른 사람과 경쟁하고 싶어 할 수도 있다. 이 검사는 다른 사람들이 가진 것이 아니라 그들이 하는 일 중에서 무엇이 질투심을 불러일으키는지 알아내는 과정으로 이루어진다.

어떤 식으로든 글을 써서 돈을 벌고 싶다고 말하던 기억이 떠오른다. 나는 항상 이렇게 말하곤 했다. "책 한 권만 쓸 수 있으면 좋겠는데." "작가가 되면 참 좋을 거야." "블로그를 시작하면 좋겠어." 블로깅과 출판에 대한 글을 우연히 보고 "이런 글을 쓸 수 있다면 얼마나 좋을까?"라고 생각하기도 했다. 당시 나는 내 신념과 목표, 꿈에 대한 장황한 바람을 페이스북에 써서 올리곤 했다. 이미 글을 쓰고 있었으면서 내 행동이 보내는 신호에 주의를 기울이지 않았을 뿐이다. 당신도 그러고 있을지 모른다. 자신의 행동을 주의 깊게 관찰해 보라. 나처럼 너무 오래 기다리지 마라. 질문에 집중하라.

마음속에 "그렇게 되면 좋을 텐데?"와 같은 말이 떠오른다면 무의식중에 원하는 일을 언급한 것이라고 확신한다. 잠시 마음을 가다듬고 생각해 보면 의외로 가까운 데 열정이 숨어 있을지도 모른다.

■ 피드백: '잘 보이는 곳에 숨어 있는' 통찰력

친구와 가족, 지인, 심지어 낯선 사람들까지 강점과 재능을 발견하는 데 도움이 될 단서를 제공할 수 있다. 인생에서 성공을 거두기 위해서는 주의 깊게 관찰하는 능력이 중요하다. 사람들은 열정을 찾는 데만 급급해서 눈앞에 있는 것을 보지 못하고 마음이 정처 없이 방황하도록 내버려 둔다. 이런 실수를 저지르지 마라. 앞서 말했듯이, 이미 알고 있는 것을 깊이 파헤쳐 보아라. 주변 사람들 역시 알고 있다. 가끔 직접 딱 부러지게 이야기해주기도 한다.

친구와 가족들

친구들이 어떤 일에 대해 칭찬을 했는가? 당신에게는 대수롭지 않은 어떤 일을 그들이 어렵다고 하지는 않았는가? 무엇에 대해 조언을 구하는가? 질문에 대한 답을 생각해 보거나, 친구들에게 어떻게 생각하는지 물어보라.

사람들은 대체로 누군가 진정으로 노력할 때 자신의 꿈에 대해 이야기하는 것을 흔쾌히 받아들인다. 말만 하고 아무것도 하지 않을 것임을 눈치 채면 그 사람이 하는 말을 대수롭지 않게 받아들인다. 하지만 우리는 노력할 것이다. 무의식 속의 부정성은 실제로 성공하기 시작할 때까지 모습을 드러내지 않기도 한다. 주변 사람들에게 이직을 고민하고 있거나 자신만의 일을 시작할 것이며, 평소에 뭘 잘한다고 생각했는지 알고 싶다고 이야기하라. 친구와 가족들이 당신에게서 당신이 보지 못하는 것을 발견할 수도 있다.

낯선 사람 / 지인들

낯선 사람들과 지인들, 친하지는 않지만 알고 지내는 사람들, 예를 들어 교수님이나 선생님, 카운슬러와 동료, 친구의 친구 같은 사람들의 피드백이 내가 잘 아는 사람들의 피드백보다 훨씬 더 유용할 수 있다. 이 사람들은 우리와 아주 친하지는 않기 때문에 강점을 지적하는데 있어 이해관계나 숨은 속셈 같은 것이 없다. 그저 우리의 강점을 뚜렷하게 알 뿐이다. 그리고 사실 사람은 그 어떤 일보다 충고해 주는 것을 좋아한다.

잘 모르는 사람에게 칭찬을 받은 적이 있는가? 동료로부터는? 그럭저럭 알고 지내는 사람에게서는? 정확히 뭐라고 했는가? 나는 표현력이 뛰어나다는 칭찬을 들은 적이 있다. 기본적으로 어휘력이 풍부한 편이다. 단어가 저절로 흘러나올 뿐, 잘난 척하려 하는 것이 아니다. 사람들은 이런 것을 느낄 수 있다.

나는 창의력이 있고 아이디어가 풍부하며 사람들을 권위적으로 대하지 않기 때문에 사업에 종사하거나 사업가가 되어야 한다는 말도 자주 들었다. 비디오 가게의 카운터 일을 할 때는 유독 많은 사람이 나에게 목소리가 참 좋다고 말했다. 특히 라디오나 팟캐스트에 적합한 목소리라는 말을 여러 번 들었다. 학교에서 발표할 때 능숙하게 한다. 같은 반 친구에게서 내 발표가 무척 뛰어나며 지치지 않고 노력하는 것 같다는 말을 들었다. 수업 시간 한 시간 전부터 준비했다고 하자 친구들은 입을 떡 벌렸다.

그렇다고 내가 여기저기서 칭찬만 받는 것은 아니다. 부정적인 피드백도 많이 받는다. 선생님들은 내가 왜 '잠재력을 온전히 발휘하지' 않는지 이해하지 못했다. 부모님은 내가 너무 게으르고 부주의해서 답답해하셨다. 상당히 오랜 시간 동안 스스로 정상이 아니라고 느끼기까지 했다. '상자 밖에 있는' 대부분 사람에게 있는 기본적인 성실성도 갖추지 못했기 때문이다. 세밀하고 단조로운 업무에 집중해야 하는 일은 제대로 소화하지 못했다. 이런 자질이 요구되는 일자리에서는 어김없이 해고당했기 때문에 이 방면에서 내가 부족하다는 사실을 아주 잘 알고 있다.

■ 위치 에너지(가능성)에서 운동 에너지(현실)로 이동하는 법

그렇다면 나는 강점 수수께끼를 어떻게 풀었을까? 우선 내가 받은 긍정적인 피드백과 부정적인 피드백 모두를 돌아보았다. 그런 다음 긍정적인 피드백에 집중하면서, 약점을 무시하거나 약화시켰다. 지금 나는 그동안 받은 칭찬의 결과와 상당히 유사한 삶을 살고 있다. 나는 작가다. 몇 개의 사이드 비즈니스도 추진 중이다. 내게는 상사가 없다. 무대 위 천 명도 넘는 사람들 앞에서 연설을 한다. 팟캐스트와 브이로그도 진행하고 있다.

나는 여전히 주의가 산만하다. 내게 잘 맞는다고 생각한 일을 할 때만 동기가 부여된다. 이 점에 대해서는 '이길 수 있는 게임을 하라'라는 장에서 더 자세히 설명하겠다. 하지만 사람들이 저지르는 가장 큰 실수는 자신이 잘하지 못하는 일을 달성하기 위해 노력한다는 것이다. 이 진실은 우리를 제한시키는 동시에 해방시킨다. 우리에게는 선택할 기술이나 통로의 수가 한정되어 있다. 하지만 이 한정된 숫자는 자신에게 딱 맞는 라이프스타일을 구축할 만큼은 크다. 나는 내가 아닌 다른 무언가가 되려고 애쓰지 않는다. 내가 이룰 수 없으리라 생각하는 목표에 매달리지 않는다. 내 자리에서 나의 경기를 한다. 우리 주변의 세상은 '네 삶의 목적은 여기에 있다'라고 가르쳐주는 신호로 가득하다. 하지만 우리는 다른 사람의 의견과 사회에서 던져주는 당근과 채찍, 진정한 자신과 진정으로 되고 싶어 하는 모습에 집중하지 못하게 하는 성가시고 사소한 일에 붙들려 이 신호를 보지 못한다.

스티븐 프레스필드는 이 점을 탁월하게 설명한다. "일생 동안 우리가 해야 하는 일은 꼭 그렇게 되어야 한다고 상상하는 이상적인 모습으로 자신을 만들어가는 것이 아니라, 이미 존재하는 본성이 어떠한지를 깨닫고 그 본성을 실현하는 것이다."

내 생각도, 사회의 생각도 중요하지 않다. 중요한 것은 당신의 생각이다. 아이러니하게도 가끔은 당신의 진정한 길을 다른 사람이 당신보다 더 잘 알 때도 있다. 결함 역시 더 잘 알 때가 있다. 〈매드맨(Mad Man)〉이라는 프로그램에 나오는 등장인물 스테파니 호튼이 이를 잘 설명해 주고 있다. "아무도 자신에게 무슨 문제가 있는지 모른다. 하지만 다른 사람은 바로 알아차린다."

무언가에 대한 다른 사람의 의견을 참고할 때는 그 의견이 뒷받침하는 위대한 목적이 있어야 한다. 이를 잘 활용해 세상에 대한 자신의 해석과 결합하여 진정한 자신을 발견하고, 그 사람이 되기 위한 단계를 밟아나가라.

■ 서점 테스트

이 방법은 좋아하는 작가 중 한 명인 제임스 알투쳐에게 배웠다. 서점에 가서 책을 쭉 둘러보면서 관심이 가는 분야를 찾아라. 목표는 서점에 있는 책들을 전부 다 읽어 보고 싶을 정도의 분야를 찾아내는 것이다. 논픽션 분야를 가보자. 논픽션 분야는 실생활에서의 이해관계를 다루고 있어 흥미를 불러일으키는 책을 발견한다면 실제 생활에서 접할 수 있는 분야로 인도해 줄 것이다. 물론 소설가가 되고 싶다면 소설 분야도 도움이 될 수 있다.

나는 앞으로 평생 동안 사업과 기업가 정신, 대중 심리학, 철학에 관한 책만 읽으며 지낼 수 있을 것 같다. '자라온 환경'에 대해 이야기한 대목으로 잠시 돌아가 보면, 나는 단어에 관심이 있을 뿐 아니라 사업 분야에도 무척 끌렸다.

두 가지 관심사는 서로 연결되어 있으며, 나는 글쓰기로 돈을 벌게 되었다. (일종의) 사업가이기도 하며, 글쓰기 능력을 활용하여 고객들을 위한 프리랜서 작업을 하는 대가로 돈을 벌기도 했다. 관심 분야를 알 수 있는 법을 계속 더 많이 살펴보겠지만 지금쯤이면 어떤 패턴을 발견했을 것이다.

▣ 대화는 항상 가볍지만은 않다

쉬지 않고 이야기할 수 있는 주제가 무엇인가? 누군가 들을 의향만 있다면 우리에게는 몇 날 며칠이고 밤새 이야기할 수 있는 주제가 있다. 토요일 밤, 친구들에게 무엇에 대해 이야기하고 싶은가? 한 가지 주제에 대해 연설해야 한다면 어떤 주제를 선택하겠는가?

사소한 취미에 아무 의미가 없다고 생각할지도 모르겠다. 하지만 만화 속 등장인물의 유래 배경에 대해 설명하거나, 운동선수의 이력에 대해 술술 이야기하거나 얼핏 듣기에는 난해한 취미에 대해 끝도 없이 이야기하는 것 모두 가치가 있다. 모든 사람에게는 온갖 종류의 특이한 관심사를 바탕으로 사업이나 삶에서 활용할 만한 틈새가 있다.

내 말이 미심쩍게 들리는가? 사람들에게 근사한 디즈니 휴가를 보내는 방법에 대한 정보를 제공하여 억대의 사업을 창출한 사람이 있다. 이들은 최고의 호텔을 찾고, 여행 명소에 가고, 올랜도의 최고급 호텔에서 무료 업그레이드를 받고, 디즈니에서 광고하지 않는 특가 거래에 대한 접근 방법을 찾아내는 일 등에 대한 정보를 제공했다. 이 거래의 가치는 그것에 대해 배우는 비용보다 더 비싼 금액이 되었다. 단순하다.

나는 아주 어렸을 때부터 항상 직관력이 뛰어난 편이었다. 언제나 내 인생의 권위적인 존재에게 속고 있다는 느낌을 받았다. 나는 언제나 몽상가였다. 자유를 위해 투쟁하는 것, 사회에서 제시한 길보다 나만의 길을 찾는 것에 대해 끊임없이 이야기했다. 사회 문제, 교육 제도, 현재의 상황에 대해 말했다. 이런 주제는 항상 내 글쓰기를 관통했고, 내 세계관을 형성했다. 당신에게도 쉴 새 없이 이야기하고 싶은 주제가 있을 것이다. 이 주제를 퍼즐의 또 다른 조각이라고 생각하라.

■ 이미 개발한 강점 사용하기

어쩌면 오랫동안 일을 하면서도 스스로 만족하지 못하고 있을지도 모른다. 강점을 발견하여 새로운 삶을 구축하기 위한 길로 나아갈 때는 과거에 사용한 기술이 아무 소용없다고 생각할지도 모른다. 하지만 전혀 그렇지 않다.

어떤 업계에서 일했는지와는 별개로 경험에서 터득할 수 있는 기술이 있다. 새로운 여정에서 이 기술을 잘 활용해야 한다.

■ 과거의 일에서 강점을 발견하기 위한 핵심 사항

예전에 한 일 중에서 잘한 업무를 돌이켜 보라. 좋아했든 아니든 능숙하게 잘하게 된 일이 있을 것이다. 다시 나의 예를 들어보자면, 나는 소매업과 고객 서비스 분야에서 일했다. 고객들을 잘 상대했고, 그들에게 문제가 생겼을 때 문제 해결 능력을 사용해 돕기도 했다. 의사소통 능력이 뛰어났고 신뢰를 형성하는 방법도 알았으며 설득하는 방법과 추천하고 판매하는 방법도 잘 알았다.

나는 새로운 고객을 끌어들이거나 기존 고객에게 해결책이 필요한 문제가 생길 때 이런 기술을 사용한다. 성공적으로 블로그를 관리하는 일에도 번번이 새로운 과제가 생기며, 내 적응력은 늘어가는 고객들에게 더 빠르게 응대하고, 일을 더욱 성공적으로 마케팅하며, 새로운 사업 기회를 찾는 데 도움을 준다.

예전에 하던 일 중에서 싫어하던 부분을 떠올려 보라. 과거 일자리에서 몇 번이고 되풀이되던 문제는 내가 체계적으로 일하는 데 취약하다는 점이었다. 지루한 업무를 반복하는 것도 싫었다. 새로 시작한 일에서도 해야 하는 업무가 있긴 하지만 그렇게 딱딱하지 않은 방식으로 업무를 조정했다. 또한 나의 80/20을 파악하려 노력했다. 사업에 가장 큰 영향을 미칠 일에 대부분의 시간을 집중하고, 다른 일은 모두 무시하는 방법이다.

글쓰기 과제에서는 창조성과 독창성으로 칭찬을 받았다. 대학생 위원회 회원이었을 때, 동료들의 생각에 항상 문제를 제기하고 최선의 결과를 도모하기 위해 굽히지 않고 의견을 관찰하는 것으로 칭찬을 받았다. 예전에 칭찬을 받았던 과제나 프로젝트를 떠올려 보라. 칭찬을 받았거나 자랑스러워할 만한 성과가 분명 있을 것이다. 다른 사람들이 언급한 일에서의 강점에 주목하라.

강점을 활용하여 행동을 취하기

이제 새로운 경력과 인생에서의 여정을 모색하거나 자기만의 길을 개척하는 방법에 대해 생각하기 시작했을 것이다. 자기 인식을 갖추는 것도 중요하지만 배운 대로 행동하지 않으면 한 자리에 고착될 것이다. 그렇다면 어떻게 행동을 취할 것인가? 계획에는 다음 선택지 중 하나가 포함될 것이다. 새로운 일자리를 찾거나, 사업을 시작하거나, 취미를 파고든다. 행동을 취하기만 한다면 어떤 선택이라도 좋다.

강점을 활용하여 더 나은 일자리 찾기

성격과 강점 검사를 모두 마쳤다고 해 보자. 이 검사에는 '특정한 기술'을 갖춘 사람들이 도전할 수 있는 일자리가 소개되어 있다. 도전해 볼 수 있는 여러 가지 일자리와 이에 대한 자세한 윤곽도 파악했을 것이다. 설문조사와 성격 검사를 기반으로 내 강점과 재능에 부합한다고 소개된 일자리 몇 개에 대해 살펴보겠다.

- 저널리스트
- 연구 및 개발
- 사업가
- 작가
- 고객 서비스 책임자
- 인사 채용 담당자
- 마케팅 매니저
- 판매 담당 관리자
- 배우(이거 멋진데?)
- PR 전문가
- 부동산 중개인

위의 예는 몇 가지 선택지일 뿐이다. 이 목록을 보고 절대 아니라고 생각하는 직업부터 지워나가면서 시작해 볼 수 있다. 그 일을 하는 자신의 모습을 떠올리는 순간 마다하게 될 일도 있을 것이다. 고객 서비스 대표와 인사 채용 담당자, 연구원이여 안녕! 고객 서비스 대표는 이미 해 보았는데 별로였다. 앞서 설명한 편견 때문에 미디어 분야는 선호하지 않는다. 그러므로 저널리스트도 지운다. 인사 담당은 나의 강점이라고 생각하는 사업가 성향에 부합하지 않는다. 세심하고 반복적인 일도 즐기지 않는다. 그렇기 때문에 연구직도 사양이다. 자신을 위해서 이와 같이 직관적인 절차를 수행해 보라.

목록을 좁혀나가다 보면 몇 가지의 선택지가 남는다. 이 과정을 거치고 나서 각 직업이 정말 적합한지 알아보기 위해 직업에 대한 설명을 검토해 본다. 설명 내용을 철저히 읽고 난 후에는 어떤 직업이 다른 직업보다 유독 눈길을 끌 것이다. 가능하다면 그 선택지를 세 가지로 줄여보라.

세 가지 선택지만 남으면 같은 분야에 종사하는 사람들에게 연락을 취해 업계의 장단점에 대해 알 수 있는 질문을 던져보라. 직접 만날 수 있는 사람을 찾아보라. 링크드인의 직업 유형란에서 결과 목록을 검색할 수도 있다. 이메일이 나와 있다면 메시지를 보낸다. 이메일이 없을 때는 링크드인을 통해 직접 메시지를 보낼 수 있다.

지위가 높은 중역이나 유명 인사가 아닌 한 답변해 줄 가능성이 높다.(그런 사람도 직접 연락하면 대답해 줄 것이다) 세 가지 직업에 대해 좀 더 자세히 알고 난 후에는 원하는 일자리를 얻는 데 필요한 길을 선택해야 한다. 추가 교육이 필요한가? 지난 경험을 바탕으로 직접적으로 관련이 없는 일이라도 잠시 경험해 볼 수 있는가? 원하는 유형의 일에 필요한 요건은 무엇인가? 입사해서 일해 보고 싶은 기업에 가치를 추가할 수 있는 방법을 생각해 보라.

새로운 업계에 들어가고 싶을 때 참고할 만한 소소한 조언과 요령은 아주 많다.

- 원하는 일과 유사한 직종에 지원한다.
- 학위 대신 '부트캠프' 같은 곳에 도전한다. 수수료를 받지 않고 무료로 교육해 주는 람바 스쿨 같은 프로그램은 수없이 많다.
- 유튜브와 린다, 스킬셰어 같은 곳에서 공부한다. 비용은 저렴하거나 무료이며, 포트폴리오를 작성하여 자신의 작업을 공유할 수 있다.
- 지향하거나 적극적으로 참여하고 싶은 분야에 관련된 링크드인 그룹에 합류한다.(아무 조건도 필요하지 않다)
- 자신이 갖춘 지식에 일반인들이 접근할 수 있도록 블로그에 업계에 관한 글을 쓴다. 많은 사람이 이 방법으로 일자리를 구했다.
- 일하고 싶은 회사를 발전시키기 위한 철저한 전략을 준비하여 이력서와 함께 보낸다.
- 새로운 일자리를 얻기 위해 대학으로 돌아가야 한다면(변호사나 의사가 되고 싶을 수도 있다) 대학으로 돌아간다.

강점을 활용하여 벤처 사업 시작하기

인터넷과 정보 경제의 시대에 접어들면서 아무 준비 없이 맞춤형 부업이나 사업을 구축하는 일이 가능해졌다. 누구나

이 시대의 기술을 받아들여 자신만의 벤처 사업을 시작할 수 있다. 잘 안 풀리는 경우도 많지만, 시작하는 것만으로 충분하다.

인터넷을 활용하여 자신만의 일을 구축하는 것의 핵심은 플랫폼이라고 부를 만한 공간을 창출하는 것이다. 플랫폼은 사람들을 고객으로 만들기 위해 그들에게 자신의 메시지와 독특한 세계관을 전달하는 매개체에 불과하다.

우리가 활용할 수 있는 플랫폼의 예는 다음과 같다.

- 블로그
- 웹사이트
- 유튜브 채널
- 팟캐스트
- 소셜 미디어 웹사이트
- 아마존/이베이/엣시/쇼피파이
- 위의 항목을 결합한 것

플랫폼을 활용하여 팔로워를 구축하거나, 서비스를 사용할 잠재적인 고객에게 접촉할 수 있다. 기술과 관심사를 인터넷의 힘과 결합하여 자신이 좋아하는 사업을 시작할 수 있다.

기업가로서 돈을 벌 수 있는 방법은 단 두 가지뿐이다. 물건을 팔거나 서비스를 제공하는 것이다. 플랫폼을 활용하여 프리랜서 사업으로 잠재적인 고객을 찾거나 상품을 제공할 수도 있다.

　나는 당신만의 재능과 강점을 발견하기 위해 사용할 수 있는 실천 가능한 정보를 제공했다. 이 정보를 사용할 것인가? 자기 인식을 증진하고 삶의 방향을 바꾸는 데 시간을 투자할 것인가?

　우리는 모두 견고한 강점을 토대로 쌓아 올린 삶과 일을 누릴 자격이 있다. 자기에게 맞지 않는 일을 하는 사람들이 세상에는 너무나 많다. 우리는 강점을 개발하기보다 약점에 사로잡히는 데 주목하는 사회에서 살고 있다.

　모두 자기가 잘하는 일을 하는 세상을 상상해 보라. 사회 전체가 더욱 행복해지고, 더 생산적이며 효율적인 공간이 될 것이다. 당신이 자신의 강점을 발견하여 이를 잘 사용하는 사람들 중 하나가 되길 바란다. 자원을 활용하고 실천 과제를 직접 해 보고 결과를 이끌어내라.

9

허슬링의 기술
'나를 괴롭히는 적을 무찌르는 방법'

"얼마나 많이 실패했는가는 중요치 않다. 사업에서는 한 번만 성공하면 된다."

-마크 쿠반

'6주 만에 억대 연봉의 수익을 버는 법'에 대한 책을 쓰지 않겠다고 말했다. 하지만 허슬링의 힘, 즉, 돈을 벌고 수익을 창출하는 방식을 통제하는 것의 힘을 이해하는 것은 중요하다. 허슬링하는 법을 배우는 것이 왜 중요할까? 이 밖의 다른 모든 길은 우리의 인생을 다른 사람의 손에 맡기는 것이기 때문이다. 얼마나 돈을 많이 벌든 얼마나 오래 그 자리에서 일했든 얼마나 많이 좋아했는가와 상관없이 우리는 항상 다른 사람에게 좌지우지 당하고, 위험에 처해 있다. 대문자 E 사업가가 될 필요는 없다. 그렇지만 우리가 진심으로 원하는 세 가지가 있다.

- 통제력
- 자유
- 안전

이번 장은 당장 일자리를 그만두고 발리로 가서 디지털 유목민이 되는 방법에 대한 이야기가 아니다. 허슬러가 되고 싶다면 현재의 위치와 우리 앞에 놓인 모든 가능성을 파악하는 것이 중요하다. 이 책의 다른 부분과 마찬가지로, 먼저 거짓말을 파헤친 다음 있는 그대로의 진실로 그 자리를 채울까 한다.

그동안 들어온 기업가 정신에 대한 거짓말

1장에서 사회는 우리가 구시대의 유물인 산업과 기업 모델에 따라 작동하기를 원한다는 사실에 대해 이야기했다. 이 역시 전혀 음모 이론이 아니다. 사람들이 빚에 시달리고, 고용주에게 매달리고, 선택지가 거의 없으며, 그들을 작동시키는 소비주의에 중독되어야 사회에 유리할 뿐이다. 오래된 모델은 사장되었는데 많은 사람이 이 사실을 알지 못한다. 이 변화는 지금도, 앞으로도 사람들의 뒤통수를 칠 것이다.

오래된 기업가 모델 또한 사실 상당히 위험했다. 우선 대출을 받기 위해 은행의 비위를 맞춰야 한다. 그런 다음 서비스를 제공하거나 물건을 판매하기 위한 물리적인 공간을 마련한다. 제품 사업 기반 분야에 종사한다면 재고를 확보한 다음 팔려고 노력해야 한다. 서비스 기반 사업이라도 상점과 설비를 갖추기 위한 임대료가 필요하다. 몇십 년 전만 해도 빚을 지거나 운 좋게 투자자를 찾아야 사업을 시작할 수 있었다. 요즘 시대의 벤처 캐피털이나 엔젤 투자보다 당시에 투자자를 구하기 훨씬 더 힘들었을 것이다. 물론 엄청난 보상을 거둘 수도 있다. 월마트 창업자 샘 월턴에게 물어보면 잘 알 것이다. 하지만 위험 부담 역시 컸다. 상점 주인이 아무 이유 없이 임대료를 3배로 올렸을 때 월턴은 파산의 위험에 처하기도 했다. 오랜 기업가 정신 모델의 잔재는 사람들에게 큰 영향을 미쳤고, 아직까지 그 여파가 남아 있다. 그래서 사람들이 사업을 시작하는 것이 '위험하다'라고 말하는 것이다. 하지만 지금은 아주 현실적인 측면에서 봐도 그렇지 않다. 내가 절대 하지 말아야 할 말은 사업에서 성공할 것이라고 장담하는 것이다. 하지만 누군가에게는 기회가 있다고 장담할 수 있다. 우선 오래된 모델 속의 거짓말을 파헤쳐야 한다.

기업가 정신에는 '리스크가 따른다'

많은 사람이 엄청난 빚을 짊어지고 인생 전체를 담보로 잡히는 대담하고 무모한 사람이 되어야 기업가가 될 수 있다고 착각한다. 그렇지 않다. 실리콘 밸리의 전문가들만 사업체를 운영할 수 있는 것은 아니다. 빚을 지거나 어떤 식으로든 생계를 위태롭게 하는 위험을 감수할 필요도 없다. 자신과 가족을 지키기 위해 사업을 시작하지 않겠다는 말은 그럴듯한 변명에 지나지 않는다. 왜일까?

지금은 평범한 지능을 갖춘 사람이라면 누구나 이 시대의 가장 중요한 발명품으로 사업을 시작할 수 있기 때문이다. 이미 알겠지만 이 발명품은 바로 인터넷이다. 인터넷은 공평한 경쟁의 장을 마련했다. 누구든 그럴 마음만 있으면 원하는 것을 무엇이든 (대체로) 그 이상을 이룰 수 있다. 여기서 핵심은 '그럴 마음만 있으면'이다. 위험이 전혀 없거나 거의 없는 사례들이 즐비하다. 10달러 이하의 비용으로 사업을 시작하거나, 몇백 달러, 언제든 투자할 수 있는 정도의 금액으로 워드프레스를 통해 제휴 마케팅 블로그를 시작할 수 있다. 여가 시간에 사이드 허슬을 하며 사업에 착수할 수도 있다.

- 아이테킨 탱크는 일을 그만두기 5년 전부터 부업으로 일을 시작해서 수백만 달러를 벌어들이는 회사 AJotForm를 일궈냈다.
- 제임스 알투쳐는 HBO에서 일하면서 부업으로 1990년대

최초의 웹 디자인 에이전시 중 하나를 차렸다. 처음 추진력을 얻은 후 꾸준히 사업을 키워나가면서도 18개월 동안 계속 직장에 다녔다. 부업으로 얻은 수익이 일자리의 수익을 웃돌았는데도 그렇게 했다. 확실한 것을 원했기 때문이다.

- 나는 사이드 허슬로 거둔 소득이 6개월 연속으로 직장에서의 수입을 초과할 때까지 기다렸고, 직장을 그만두기 전에 6개월 동안 생활할 수 있는 현금을 확보해 두었다.

기업가들은 리스크를 좋아하지 않는다. 아주 싫어한다. 사업을 시작한 다음 그만두어도 괜찮겠다는 생각이 들 때까지 부업을 유지한 기업가 수천 명이 있다.

지금까지 강점을 파악하는 방법을 살펴보았다. 강점을 활용하여 처음에는 그리 많은 돈이 되지 않는 소소한 사이드 긱(side gig)을 시작할 수 있다. 사이드 긱으로 한 달에 천 달러를 벌기 전까지는 취미로 생각하며 유지해야 한다. 한 달에 천 달러 이상을 번 후에는 좀 더 멀리 가도 좋다는 자신감이 생기기 시작할 것이다. 그리고 이 모든 일을 하는 데는 리스크가 거의 없거나 전혀 없다. 간단히 시작할 수 있는 저렴한 사업 및 부업의 목록을 소개한다.

- 제휴 마케팅 - 블루호스트 같은 회사를 통한 웹 호스팅을 통해 3.95달러의 저렴한 비용으로 제휴 웹사이트를 시

작할 수 있다.

- 프리랜서 활동 – 무료로 프리랜서가 될 수 있다. 웹사이트가 있으면 더 좋겠지만 팔 수 있는 재능이 있다면 한 푼도 들이지 않고 일자리를 구하기 위해 링크드인과 업워크 같은 사이트를 사용할 수 있다.
- 드랍쉬핑 – 한 달에 30달러로 쇼피파이 웹사이트를 구매할 수 있다. 드랍쉬핑에서는 재고가 필요 없다. 사람들이 사이트에서 물건을 사고, 3자가 제품을 배송한다.
- 블로깅 – 한 푼도 내지 않고 블로그에서 돈을 벌 수 있다. 블로그는 내 주요 수입원 중 하나다. 나는 웹사이트 미디엄 닷컴에서 글을 쓰며, 사이트 구독자들이 내 글을 읽는 비용을 지불한다.

위의 사례는 아주 기본적인 수준에 불과하다. 물론 더 많은 시간과 돈을 투자하여 사업을 본격적으로 추진할 수도 있을 것이다. 핵심은? 사업이나 사이드 허슬을 시작하기 불가능할 정도로 자금이 부족한 사람은 거의 없다는 점이다.

사업을 시작하려면 천재가 되어야 한다.

이와 같은 오해는 주로 스티브 잡스와 일론 머스크 같은 사람에게서 비롯된 것이라고 생각한다. 내가 보기에 세상에는 2가지 유형의 기업가가 존재한다. 대문자 E 기업가와 소문자 e

기업가다. 스티브 잡스와 일론 머스크, 우버와 페이스북 같은 벤처 기반의 기업들은 대문자 E 사업이다. 일반적으로 사람들이 기업가 정신과 관련해 떠올릴 수 있는 사례다. 하지만 '소문자 e' 사업가가 되어도 괜찮다. 1인 기업 운영자가 이 범주에 속한다. 자신만의 작은 제휴 블로그나 전자 상거래 상점 등을 경영하는 사람들이다. 프리랜서 역시 이 범주에 포함된다. 프리랜서는 엄밀히 말하자면 직장인과 다름없다고 하는 사람들도 있지만 직장에서 허락되지 않는 범주, 예를 들어 서비스 비용을 두 배로 늘리는 방식을 통해 소득을 높일 수 있다. 현금이 비축되면 직원을 고용해 기술을 훈련시키고 1인 상점을 회사로 탈바꿈시킬 수도 있다. 수제 보석을 만들어 잇시에서 파는 사람들도 있다. 이런 유형의 사업은 매우 수익성이 좋으며 크게 확장할 수 있지만 이런 일을 하기 위해 반드시 거창한 비전이 있거나 천재 수준의 I.Q를 갖출 필요는 없다. 앞으로 좀 더 살펴보겠지만, 소문자 e 사업을 시작하기 위해서는 다음과 같은 기본 능력 및 장비가 필요하다.

- 컴퓨터(스마트폰만으로도 가능하다)
- 웹사이트
- 카피라이팅 기술
- 마케팅/세일즈/설득 기술
- 아주 기본적인 HTML과 '코드가 없는' 기술을 사용할 수 있는 능력, 예를 들어 쇼피파이 스토어를 차리는 것

- (선택) 블로깅과 콘텐츠 마케팅
- (선택) 유료 광고
- 인내심
- 끈기
- 이 분야에서 일주일에 5시간에서 10시간 동안 일하는 능력

위의 목록이 길어 보이겠지만 그렇지 않다. 어떤 기술은 도무지 소화할 수 없을 것 같지만 위에 언급된 기술들은 그렇지 않다. 사람들은 무언가를 시작하기에 앞서 지레 겁을 먹고 우물쭈물한다. 하지만 우리는 간단한 기술 문제는 해결할 수 있을 만큼 똑똑하고, 기본적인 마케팅을 배울 만큼의 능력이 있다. 가장 중요한 기술은 인내심과 끈기다. 정복하기는 어렵지만 충분히 가치 있는 것들이다. 나는 다양한 수준의 지능과 배경, 환경 등을 갖춘 수많은 사람이 사업에서 성공하는 모습을 보았다. 내가 알고 있는, 성공하는 데 반드시 필요한 두 가지 요인은 오직 인내심과 끈기뿐이다. 재능은 항상 중요하다. 하지만 간단한 온라인 사업을 하는 데 있어서 재능의 장벽은 그다지 높지 않다.

사업은 실패하게 마련이다.

얼마나 많은 사업이 실패하는가에 대해 수많은 통계가 쏟아져 나온다. 50%? 아니면 80%? 누가 알겠는가? 하지만 지나치게 과장된 숫자라는 생각이 든다. 당신에게 실패란 무엇인가? 재고 비용이 없는 드랍쉬핑 회사를 차리고 6개월 동안 시도해 보다가 아무것도 팔지 못하고 그만두기로 결정했다면 실패한 것인가? 혹시 그냥 포기한 것은 아닌가? 내게 있어, 사업상의 실패란 가게를 차리는 데 상당한 비용을 투자했는데 파산하는 것을 의미한다. 사업이 파산하는 것은 분명 실패다. 하지만 수많은 저위험 벤처에 있어서 실패는 큰 문제가 안 된다.

착각하지 마라. 기업가 정신의 게임에는 여러 가지 레벨이 있다. 우리의 급여보다 높은 레벨도 있다. 이 레벨에서는 실패에 실질적인 성과가 따르며, 실질적인 위험도 따른다. 하지만 내가 지금 이야기하는 규모에서는 기껏해야 웹사이트 호스팅이나 광고 등에 투자한 돈을 잃을 뿐이다. 제대로 한다면 전혀 어려운 일이 아니다. 이것이 핵심이다.

어느 정도의 신화와 거짓말을 무너뜨렸으니 이제 허슬러가 되기 위해 받아들여야 하는 사고방식에 대해 이야기해 보자.

레버리지 전문가가 되는 법을 배워라

이 책은 내 세 번째 책이다. 다시 말해 세 번의 독립적인 기회에 제품을 만들기 위해 상당한 시간을 투자했다는 뜻이다. 이 세 번의 독립적인 기회는 레버리지 덕분에 내게 몇 번이고 돈을 벌어다 주고 있다. 레버리지는 우리가 만든 물건이 효과를 발휘하여 추가적인 노력 없이 이윤을 창출할 때 발생한다.

물론 책을 홍보하기 위해 광고와 이메일 퍼널, 내 사이트로의 유입 등 여러 가지 준비를 했다. 하지만 대체로 일의 상당 부분은 선불로 했고, 계속 돈을 벌고 있다. 내가 글을 쓰는 웹사이트에서 사람들은 몇 달 전에 쓴 글에 반응하고, 나는 그 반응으로 돈을 번다. 레버리지는 자유를 창출한다. '자는 동안 돈을 번다'라는 생각과 같다.

레버리지 없이는 수입은 평생 시간에 묶인다. 수입이 시간에 묶여 있는 한, 절대 자유로울 수 없다. 이 말을 들어 본 적은 있을 것이다. 하지만 뼛속 깊이 스며들게 해야 한다. 노력에 대한 보상을 몇 번이고 되풀이해 얻을 수 있다고 생각해 보라. 그렇게 되면 더 많은 자산과 제품을 구축할 시간이 생기고, 이로 인해 더 큰 레버리지를 창출할 수 있다.

나는 세 권의 책을 써서 돈을 벌었다. 웹사이트에 대한 제휴 마케팅으로 추가 수익을 얻는다. 사람들이 구글을 통해 사이트에 들어와 내가 추천한 제품을 사면 나는 돈을 받는다. 제품을 단 한 번 언급하여 자원을 만들었다. 작가 지망생들이 독자를 구축할 수 있도록 돕는 서비스도 마련했다. 이 서비스를 온라인 강좌로 전환하면 레버리지가 창출될 것이다. 이처럼 레버리지의 핵심은 나간 돈보다 더 많은 돈이 들어오게 하는 것이다. 간단해 보이지만 레버리지가 이를 어떻게 달성하는 데 도움이 되는지의 원리를 파악하기는 상당히 어렵다. 추가적인 노력 없이 돈을 벌 수 있게 해 주는 하나의 자산을 구축한다면 레버리지에 푹 빠지게 될 것이다. 이 자산을 더 나은 제품으로 개선하여 더 높은 가격을 책정하거나 더 많은 자산을 창출할 수 있다.

제품과 같은 자산으로 돈을 번 사람들은 무슨 일을 할까? 경비를 처리한 다음, 추가 수익으로 인덱스 펀드(소극적 투자방식을 특징으로 하는 투자신탁의 한 종류- 옮긴이)와 같은 곳에 투자한다. 다달이 현금 흐름을 창출할 수 있는 임대 수익형 자산에 투자한다. 더 많은 돈을 벌기 위해 도움을 줄 사람들을 고용한다. 이런 유형의 전략은 더 많은 레버리지를 창출한다. (대체로) 돈은 더 많은 돈을 불러들인다. 이 시장은 지난 100년 동안 단 2년 동안만 마이너스였다. 대공황 시기와 가장 최근의 금융위기 때였다. 돈이 더 많이 늘어나고 복리가 생길수록 더 많이 벌 수 있다. 어느 시점부터는 미친 듯이 성장할 것이다.

모든 부자에게는 레버리지가 있다. 하지만 직장에서 일하는 대다수의 사람에게는 없다. 이것이 둘 사이의 유일한 차이다.

인생을 바꾸는 복리의 마법

사람들은 복리가 어떻게 작동하는지 알고 있다고 말한다. 알긴 하겠지만 제대로 알지는 못한다. 복리의 무한한 힘을 이해하고 이를 활용한다면 지금과는 사뭇 다르게 처신할 것이다. 보통 사람들은 복리가 어떻게 작동하는지에 대한 이해와 정반대로 처신한다.

그들은 잔뜩 빚을 지고 있다.

- 담보 대출
- 자동차 할부금
- 학자금 대출
- 신용 카드

대출, 그리고 빌려주는 사람이 아니라 빌리는 사람이 되는 것에 대한 중독은 사람들이 끊임없이 빈털터리로 지내는 첫 번째 이유다. '재정적 이해력'의 개념 자체가 정립되어 있지 않기 때문이다. 모건 하우겔은 《돈의 심리학The Psychology of Money》이라는 에세이에서 이를 탁월하게 설명했다.

"투자는 금융 연구가 아니다. 사람들이 돈을 가지고 어떻게 행동하는지 연구하는 것이다. 행동은 아주 똑똑한 사람에게도 가르치기 어렵다. 기억하기 쉬운 공식이나 스프레드시트 모델로 행동 양식을 정리할 수는 없다. 행동은 타고나기도 하며, 사람에 따라 달라지고, 측정하기 어려우며, 시간이 지나면 달라질 수도 있다. 사람은 특히 자신을 설명하는 행동에 한해서 그 행동의 존재 자체를 부정하는 경향이 있다."

"돈을 다루는 것은 우리가 알고 있는 것에 대한 문제가 아니다. 행동하는 방식에 대한 문제다. 하지만 금융에서 일반적으로 가르치거나 논의하는 방식은 아니다. 금융업계에서는 어떻게 해야 할지에 대해서만 너무 많이 이야기한다. 무언가를 하려 할 때 사람들의 머릿속에서 일어나는 일에 대해서는 충분히 이야기하지 않는다."

바로 여기에 함정이 있다. 빚더미에 시달리고 싶은 사람은 없을 것이다. 하지만 빚은 유혹적이며 자꾸 끌리게 된다. 돈을 모아 두었다가 투자해야 한다는 사실은 알 것이다. 하지만 만족 지연을 하기가 무척 어렵다. 만족 지연으로 보상을 거둘 수 있다면 좋겠지만 시간이 너무 오래 걸리고 대부분의 사람은 인내심이 부족하기 때문에 감당하기 어렵다. 내가 이 모든 과정이 간단해 보이게 하는 속임수를 쓸 수도 있다. 하지만 간단하지 않다. 정말 하고 싶은 말은 '그냥 해야 한다'라는 것뿐이다. 그러기 위해서는 행동을 촉구할 수 있도록 설득력 있게 이 개념을 설명해야 할 것이다.

허슬링의 첫 6개월이 가장 중요한 이유

복리로 돈을 벌기 전까지는 기술을 복리화하는 법을 배워야 한다. 사람들은 기업 허슬러의 여정은 아주 길고 험하며 가장 어려운 장애물이 당장 나타날 것이라고 착각하는 오류를 범한다. 대부분의 사람은 기술에 복리가 생겨 모든 것이 쉬워지는 티핑 포인트에 도달하기 직전에 그만둔다. 성공은 신비로운 것이 아니다. 오히려 체계적이다. 기술을 개발하는 데 더 많은 시간을 투자할수록, 창조적인 도약을 하게 될 가능성이 높아진다. 거듭제곱 법칙(power law) 때문이다.

세계 최고의 예술가와 사업가, 지도자들은 거듭제곱 법칙의 힘을 알고 있다. 상황이 뜻대로 되지 않는 것처럼 보이더라도 이들이 계속 버틸 수 있는 이유이기도 하다. 이들은 재능을 꾸준히 키워나가면 결국에는 폭발적인 성장에 이른다는 사실을 알고 있다.

피터 틸은 《제로 투 원Zero to One》에서 인생과 경력에 있어서 거듭제곱 법칙의 중요성에 대해 이야기한다. 그는 평범한 기술(예를 들어 '과외 활동'으로 가득 찬 몇 장짜리 이력서)을 여럿 갖추는 것으로 '다양화'하는 대신, 거듭제곱 법칙을 활용하기 위해 한 가지 분야에 집중해야 한다고 말한다. 수학을 안다면 반박하기 어려울 것이다. 하고자 하는 일에서 위대해지는 것과 관련해서 원 플러스 원은 투 이상이다.

10억 배 더 좋아지기

이 아이디어는 제임스 알투쳐의 매일 '1% 더 좋아지기'에 대한 글을 보고 떠올랐다. 거듭제곱 법칙에 따르면 하는 일에서 매일 1% 더 좋아지면 한 해가 끝날 때쯤 38배 더 유능해질 수 있다고 한다. 아주 좋은 생각이다! 이 아이디어를 유명한 '1만 시간의 법칙'과 결합해 보았다. 이 법칙은 1만 시간 동안 치열하게 노력하고 난 후에는 창의력과 기술이 더 높은 경지에 이를 수 있다고 주장한다. 매일 얼마나 많이 일하는가에 따라 다르겠지만, 1만 시간의 노력을 하는 데는 대체로 10년이 걸린다.

나는 거듭제곱 법칙에 따라 10년 동안 날마다 1%씩 좋아지는 것을 계산해 보았다. 계산기에 다 표시되지도 않을 만큼 큰 수치가 나왔다. 어처구니없을 정도의 숫자에 이를 정도로 기술을 발전시키기 위해서는 얼마나 오래 걸리는지 직접 눈으로 확인하고 싶었다. 그래서 10억이라는 숫자를 선택했다. 뭔가 짐작이 가는가? 우리가 하는 일에서 10억 배 더 좋아지기 위해서는 2,083일이 걸린다. 6년에 조금 못 미치는 숫자다.

정확한 계산일까? 그렇지 않을 것이다. 비약적인 발전에 이를 때까지 매일 같이 하는 노력에 초점을 맞추는 것의 중요성을 강조하려는 것이다. 오랫동안 매일 꾸준히 노력한다면 처음 시작한 날에 비해 본인이 가늠할 수 없는 정도의 경지에 이르게 된다는 사실을 알게 될 것이다.

마지막까지 힘내기

이 모든 말은 참 그럴듯하게 들린다. 하지만 실제로 날마다 1% 더 좋아지기 위한 시간을 마련하기 위해서는 우리 대부분이 하지 않았거나 하지 못했던 수준의 노력이 필요하다. 꾸준히 유지하는 것은 어려운 일이다. 빠른 성장을 이루기까지 수많은 좌절과 고비를 겪게 될 것이다. 일찌감치 이 사실을 인정해야 한다. 그렇지 않은 사람은 거의 항상 실패한다.

사람들은 거듭제곱 법칙의 힘을 알지 못한다. (계속 계속 계속 그리고 또 계속) 노력하는 첫 단계를 거치고 난 후에는 기술이 가파른 상승세에 오른다. 폭발적인 성장세에 도달하면 페달에 발만 올려놓아도 의심과 두려움, 걱정이 사라질 것이다. 이 책을 읽고 있는 사람은 성장 곡선의 시작 부분에 있을 가능성이 높다. 앞으로 나아가면서 얼마나 성장하게 될지 아직은 모를 것이다. 곡선의 비교적 평평한 출발 지점은 대다수의 사람이 그만두는 시기이다. 이를테면 90일 전, 6개월 전 등이다.

성장이 가속화되는 지점을 거친 후에는 상황이 더 수월해진다. 자신이 뭘 하는지 알고, 기술의 일부가 제2의 천성이 된다는 면에서 수월해진다는 것이다. 사람들은 '어렵다'라는 말의 뜻을 잘못 알고 있는데, 이 말은 원래 시간이 오래 걸린다는 뜻이다. 허슬링의 기술은 익숙해지기까지 제법 시간이 걸린다. 나는 꾸준히 일해서 진정한 재정적인 자유를 얻기까지 5년이 걸렸지만 그다지 힘들지는 않았다. 하는 일이 재미있었고, 적절한 페이스로 실행하면서 조금씩 더 유능해졌다. 이렇게 하는 것이다.

기술이 다른 기술을 낳고 복리가 생기고 더 많은 레버리지를 창출한다. 새로운 기술을 배우기가 점점 더 쉬워진다는 뜻이다. 사이드 허슬은 새로운 삶과 기술, 시간이 흐르면서 복리가 쌓이고 성장하는 은행 계좌로 진입하기 위한 완벽한 통로다.

성공적인 사이드 허슬 시작하기

직장에 다녀도 아무 문제가 없다. 직장은 안정적이다. 재미있을 수도 있다. 사업을 시작하지 않고도 직장에서 경력상의 목표를 모두 달성할 수도 있다. 그 어떤 것도 전적으로 옳고 그르지 않다. 모든 일에는 장점과 단점이 있다. 안정적인 수익이 큰 장점이긴 하지만 다시 한 번 직장생활의 단점을 훑어보기로 한다.

- 돈을 벌 수 있는 시기에 대한 통제권이 없다.
- 결과물을 늘려서 갑자기 더 많은 돈을 벌 수 없다.
- 결과물에 대한 방해 요소가 크다. 하루에 5시간에서 8시간 일해야 한다. 왜냐하면…… 누가 알겠는가?
- 가장 좋은 자리에 있어도 보상을 기다려야 한다. 내 힘으로 성과를 올렸을 때도 마찬가지다.

성공적인 사이드 허슬을 가졌을 때는 어떨까?

- 직접 만들거나 제공한 것으로 돈을 벌 때보다 더 좋은 기분을 느끼는 경우는 드물다.
- 더 많은 중복성과 안전을 확보한다. 일자리가 있고 약간의 사이드 허슬을 곁들인다면 '패가 두 개' 있는 셈이다.
- 위기가 왔을 때도 돈을 벌 수 있다는 사실을 안다.
- 혼자 힘으로 충분히 돈을 모으고 나면 사람들에게 꺼지라고 말할 수 있다.

'어떻게' 부분을 본격적으로 시작하기 전에 몇 가지 사항을 검토해 보도록 하자.

허슬링의 수많은 단계

영원히 사이드 허슬 단계에 머무르고 싶다면 그래도 좋다. 한 달에 1,000달러를 더 벌면 라이프스타일을 조금 개선할 수 있을 것이다. 1년에 추가로 1,200달러를 더 벌면 무엇을 하겠는가? 조금은 알 것도 같다. '본때를 보여주려고' 새벽 5시에 일어나 뼈 빠지게 일하면서 공황 발작을 일으키거나 발리로 떠나는 일 없이 적절한 수준에서 사이드 허슬을 추구하고 싶다면 그것도 좋다.

트위터 소개란에 사업가라고 적지 않아도 된다.(사실 그러지 않는 게 좋다) 사이드 허슬로 돈을 벌기 위해 조금씩 꾸준히 노력하여 수익을 거둘 수 있다. 거창하게 할 필요 없다. 사이드 허슬을 하는 데 있어서 중요한 것은 돈을 버는 것이 아니라, 자신이 되고자 하는 사람이 되어가는 것이다. 진정한 기업가 정신으로 가는 완벽한 행로이기도 하다. 나는 실제 기업가와 대부분의 기업 관련 코치 및 실리콘 밸리 전문가는 정반대의 충고를 하는 경향이 있다는 것을 알게 되었다.

- 위험을 무릅쓰지 마라. 사이드 허슬이라고 하는 데는 다 이유가 있다.
- 직장을 그만두지 마라. 원한다면 회사와 연결고리를 형성 하라.
- 인내심을 키우고, 너무 심각하게 고민하지 마라.
- 사이드 허슬 쪽으로 서서히 스며들다 보면 더 좋은 결과 를 얻을 수 있다.

다음부터는 돈을 벌 수 있는 몇 가지 방법을 살펴보겠다.

프리랜서 글쓰기와 디자인, 코딩과 마케팅

수많은 사람이 프리랜서를 하려고 하지만 잘못된 방식으로 접근한다. 첫째, 바닥치기 경쟁(정부의 과한 규제 완화 또는 비용 절감을 통한 개체들 간의 경쟁으로 편익이 감소하는 상황- 옮긴이) 사고 방식 때문에 쉽게 환상이 깨진다. 업워크에 등록하여 시간당 3달러에 일하는 개발자들과 경쟁한다 해도 재정적 자유로 가는 길이 열리는 것은 아니다. 전문가로서 조언하자면 프리랜서 일을 시작하기 위해 프리랜서 제조 공장에 들어가지 마라.

어떤 방법이 효과가 있는지 알고 싶은가? 오래됐지만 훌륭한 방식의 지원 활동이 있다. 포트폴리오를 작성하라. 사업체(개인보다 돈이 더 많다)에 연락을 취해 제품을 홍보하라. 누군가 수락할 때까지 홍보를 계속하면서 그 과정에서 기술을 발전시킨다.

백 통의 이메일을 보내 백 통의 답장과 세 번의 약속, 하나의 계약을 따내라. 아주 좋다. 인생의 다른 핵심적인 비결과 다름없이 열심히 노력하고 지칠 정도로 되풀이하는 것(노력하는 과정을 반복하는 것)이 효과적인 것처럼 보인다. 누가 알겠는가?

시작하는 데 도움이 되는 몇 가지 유용한 프리랜서 사이트를 소개하겠다.

- Makealivingwriting.com
- Freelancetowin.com
- Iwillteachyoutoberich.com
- Beafreelanceblogger.com

전자 상거래 사업

저렴한 간접비용으로 전자 상거래 사업을 시작할 수 있다. 재고를 처리할 필요도 없다. 전자 상거래 사업은 스스로 창조적이지 않다고 생각하는 사람들에게 잘 맞는다. 그렇게까지 창조적인 유형이 되고 싶지는 않다고 생각해 보자. 아마존(그 아마존 말이다)에서 대나무 스틱을 팔 수도 있다. 좋은 물건을 발견하여 적절히 배치한 다음 홍보하는 방식의 사업체를 소유할 수 있다. 물론 더 많이 판매하기 위해서는 관련 기술, 카피라이팅이나 광고, 제조자 대외 구매 같은 것을 배워야 한다. 하지만 창조성을 타고나야 이런 기술을 배울 수 있는 것은 아니다.

창조적인 성향이라면 전자 상거래가 더더욱 잘 맞을 것이다. 온라인에서 제품을 판매할 수 있는 잇시 같은 웹사이트가 있다. 작품을 팔기 위해 쇼피파이와 같은 플랫폼을 사용하여 저렴하고 간단한 방법으로 자체 웹사이트를 오픈할 수도 있다. 나는 우리가 원하는 것을 얻기 위한 전략을 다양한 범위에 걸쳐 간단하게 설명했다. 중요한 것은 수많은 선택지를 활용할 수 있다는 점이다.

라이프스타일 사업

라이프스타일 사업의 틈새시장을 흐리는 사람들이 많다. 라이프스타일 사업은 '60초 안에 억대 연봉 벌기'에 대한 상품 소개 페이지나 페이스북 광고를 말하는 것이 아니다. 라이프스타일 사업을 구축하는 사람들이 있기는 하다. 하지만 일부 사람들이 생각하는 것처럼 간단하지 않다. 이 과정을 간단히 설명하면 이렇다. 관심이 있는 물건에 대한 글이나 동영상 인스타그램 자료를 마련하고, 자료에 대한 팔로잉을 구축한 후, 사람들이 실제로 원하는 무언가를 찾아서 파는 것이다.

열심히 노력해야 하겠지만 재미도 있을 것이다. 사이드 허슬을 시작하는 방법에 대해서라면 내 설명은 턱없이 부족하다. 사이드 허슬 네이션과 같은 곳에서 심층적인 내용을 자세히 접할 수 있다. 사이드 허슬 시장에는 추가로 수익을 벌고, 더 편안하고 흥미로운 삶을 구축할 기회가 있다. 그런데 왜 많은 사람이 하지 않을까? 사이드 허슬을 제대로 소화하기 위해서는 기술이 필요하다. 이 기술을 얻기 위해서라도 허슬을 해야 한다. 아주 빠른 속도는 아니겠지만 그렇다고 아주 느린 속도도 아닐 것이다. 하나의 기술 위에 더 많은 기술을 쌓을수록 고객 맞춤 경력을 창출하기 위한 기회가 그만큼 많이 생길 것이다.

재능을 빌드업하라

자신에 대한 투자라고 생각하고 《거의 모든 것에 실패하면서도 꾸준히 성공하는 방법(How to Fail at Almost Anything and Still Succeed)》이라는 책을 읽어보아라. 연재만화 《딜버트(Dilbert)》의 창작자 스콧 애덤스가 쓴 책이다. 이 책에서 애덤스는 누구라도 활용할 만한 흥미로운 개념을 소개했다. 스콧에게 물어본다면 그는 자신이 기껏해야 평범한 수준의 화가라고 대답할 것이다. 재미는 있지만 아주 웃기지는 않고, 사업을 좀 알긴 하지만 워런 버핏 같은 거물은 아니며, 언어 감각이 뛰어나지만 헤밍웨이 정도는 아니라고 할 것이다.

애덤스는 다방면의 기술에 꽤 능하다. 각각의 기술 자체는 그리 뛰어나지 않지만 기술을 결합하고 나면 그는 갑자기 결합 면에서 세계 최고의 전문가가 된다. 기술 위에 기술을 쌓으면 하나의 기술이 다른 기술을 증폭시켜 '경력 자본'이 생긴다. 희소성이 있고 대체 불가능한 사람이 된다는 뜻이다. 이런 사람이 되면 몸값이 더 올라갈 수 있고 더 많은 자율성이 생기며 더 많은 기회에 접근할 수 있다. 기술은 기술을 낳고, 성공은 더 많은 성공을 불러들인다. 사이드 허슬러의 재능 쌓기 면에서 잠재력이 큰 아이템 목록을 소개하겠다.

- 글쓰기
- 마케팅
- 대중 강연
- SEO, PPC, 광고
- 제2언어
- 코딩
- 디자인
- 네트워킹

- 그림과 조각 같은 예술적 재능
- 조직력
- 대인 관계 기술

그저 돈 때문만이 아니라 가치 있는 기술에 도전하여 유능해지기 위해서라도 사이드 허슬을 시작해야 한다. 시작하고 나면 더 많은 허슬링과 실험에 도전할 수 있고, 독특한 기술 경력과 포트폴리오를 갖추게 된다.

단조로움을 깨뜨리다

온라인에 작은 쥬얼리 숍을 오픈한다고 상상해 보자. 복잡할 것 없다. 쇼피파이에 들어가 몇 시간 동안 작업을 하면 된다. 재고를 운반할 필요가 없고, 물건은 고객에게 직접 전달된다. 그저 재미로, 취미 삼아 할 수 있는 일이다. 한 달에 추가로 수백 달러를 벌 수 있다. 갑자기 차가 고장 났을 때 수리할 돈이 있다. 배우자와 무작정 주말에 여행을 떠날 수도 있다. 이런 일이 실제로 가능해진다.

시간이 흐른다. 당신은 취미를 즐긴다. 즐거우니 호기심이 생기기 시작하고 상점을 관리하는 법에 대한 글을 더 많이 읽는다. 기술을 실행한다. 상점은 커지고, 점점 더 커진다. 그러던 어느 날 상점에서 벌어들인 수익이 직장에서 버는 수익과

견줄 정도가 된다. 직장에 계속 다니면서 추가로 돈을 벌거나 사업의 규모를 확장할 수 있다.

이 사례에서 배울 점은? 선택권이 생긴다는 것이다. 사이드 허슬링을 하라. 창조적인 실험을 해 보고, 경력과 접목하면 선택의 폭이 넓어진다. 이것이 가장 큰 장점이다. 뭔가 하라고 강요하거나, 기업가 과정을 판매할 생각은 없다. 삶과 은행 계좌에 여유가 생기게 해줄 저위험 벤처를 시도하라는 아이디어를 알려주기 위함이다. 많은 사람이 사이드 허슬을 하고 싶다는 것을 안다. 생존 경쟁과 단조로운 일상에 어느 정도 지쳐 있다는 것도 안다. 그렇다면 한 번 시도해 보는 게 어떻겠는가?

다시 한 번 짚고 넘어가겠다. 이번 장에서 하고 싶은 말은 적합한 사업이나 사이드 허슬을 시작하는 방법의 절차를 설명하려는 것이 아니다. 이 개념을 이해하는 것이 중요하기 때문에 입문 과정 삼아 이야기한 것이다. 책의 후반부는 여러분이 기업가로서의 여정을 추구할 수 있도록 이끌 것이다.(대문자 E와 소문자 e 양쪽 모두 해당된다) 하지만 사업 자료 자체에 관해서는 탁월한 온라인 강의와 웹상의 공간(무료와 유료 양쪽 다)이 있어 무엇을 해야 할지 가르쳐 줄 것이다. 분명 유용하겠지만 직접 해 보는 것이 중요하다.

이 책은 아주 긴 편은 아니다. 며칠 만에 다 읽을 수도 있다. 하지만 책에서 배운 내용을 실천하는 데는 몇 달에서 몇 년,

정복하기에는 평생이 걸릴 수도 있다. 자기 계발의 과정은 험난하다. 돈을 벌기도 여간 어려운 일이 아니다. 어떤 책도 이 어려움을 해소할 수는 없을 것이다. 알겠는가? 좋다.

첫째, 강점을 파악하라. 둘째, 사이드 허슬을 시작하라. 그런 다음 구불구불한 길을 건너 아무것도 아닌 사람에서 대단한 사람이 되어라. 이를 실천하기 위해서는 올바른 리스크를 감수하는 방법을 이해해야 한다. 이것이 우리가 가장 두려워하는 일이다. 그렇지 않은가? 결과가 불확실한데 생계와 자아, 미래를 걸어야 한다. 다음 장은 리스크를 그리 많이 감수하지 않으면서 '은밀한 계획'을 성사시키는 방법에 대해 다룰 것이다.

10

큰 위험을 무릅쓰지 않고도
성공할 수 있다.

"고난은 우리 안의 천재성을 깨운다."

- 나심 니콜라스 탈레브

'리스크가 있다'라는 말에는 여러 가지 의미가 있다. 첫째, 사람들은 이 말을 제대로 이해하지 못한다. 둘째, 특정한 결과를 원할 때는 리스크라는 말의 의미가 달라질 수 있다. 문맥이 중요하다. 마지막으로 사람들은 이 말을 반대의 뜻으로 받아들이는 경우가 많다. 이들은 안전 속에 진정한 위험이 있고, 위험 속에 진정한 안전이 있음을 안다.

나는 나심 탈레브에게서 이런 개념의 대다수를 접했다. 탈레브의 인세르토 시리즈는 모두 위험을 이해하는 문제에 초점을 맞추고 있다. 제일 좋아하는 책은 《안티프래질: 불확실성과 충격을 성장으로 이끄는 힘(Antifragile: The Things That Gain From Disorder)》이다. 위험도가 낮은 삶을 사는 동시에 행운에서 이익을 얻는 법에 대해 설명한 책이다. 우리는 안티프래질로 살아가는 법을 학습해야 한다. 안티프래질은 사람들을 오랫동안 좌절에 빠뜨릴 수많은 위험을 무릅쓰지 않고도 삶이 주는 보상을 얻을 수 있는 비결이다. 이 책의 전반부에서 행운과 기회가 인생에서 큰 비중을 차지한다고 이야기했던 것을 떠올려 보아라. 안티프래질이 되면 동시성을 끌어당길 준비를 하는 것이다.

《안티프래질》에 따르면 상태에는 세 가지 유형이 있다.

- 프래질 – 가변성을 싫어한다.
- 강건함 – 가변성과 상관이 없다.
- 안티프래질 – 가변성으로부터 이익을 얻는다.

프래질한 것의 대표적인 예는 유리 꽃병이다. 돌은 강건하다. 하지만 가변성으로부터 이익을 얻는 것은 무엇인가? 우주 자체가 가변성으로부터 탄생했다. 생태계 역시 가변적이다. 자연처럼 우리가 제대로 이해하지 못하는 시스템의 상당수는 아무 상관 없어 보이는 사건으로부터 서서히 창발했다. 진화는 고요하고 질서정연하며 고통이 없는 방식으로 진행되지 않는다. 시스템의 많은 부분이 단계적으로 사라진 반면, 시스템 자체는 생존하고 발전한다. 외식 업계를 예로 들어보자. 많은 레스토랑이 오픈하는 가운데 몇몇은 문을 닫고 최고의 레스토랑은 살아남는다. 시스템을 구성하는 개개인이 항상 이기는 것은 아니지만 시스템 자체는 번성한다.

안티프래질이 되고 싶다면 무작위성의 상승 국면에 자신을 노출시키면서 위험으로부터 자신을 보호해야 한다. 상승 국면이 따르는 작은 도전을 수차례 해 보라. 어떤 것은 실패하고, 어떤 것은 성공할 것이다. 하지만 이런 행동이 결합하여 가져다주는 전체적인 보상은 엄청날 수 있다.

안티프래질한 경력의 좋은 사례는 작가가 되는 것이다. 높은 판매고를 올리는 책에 참여하거나, 소수의 매니아 독자층을 형성할 기회는 수없이 많다. 이에 더해, 혼란스럽고 우연한 상황이 경력에 불을 지피기도 할 것이다. 《그레이의 50가지 그림자(50 Shades of Grey)》를 생각해 보라. 좋기도 하고 나쁘기도 한 무작위 언론이 책의 성공에 크게 이바지했다. 안티프래질하다는 것이 반드시 무작위성으로 혜택을 입는다는 뜻은 아니지만, 그럴 가능성이 생기기는 한다. 크게 인기를 끈 책들과 언더그라운드의 고전 중 일부는 별점 5개의 리뷰를 받는 책들이 아니다. 부정적인 리뷰와 긍정적인 리뷰가 반반으로 갈리는 책들이다. 하지만 부정적인 견해 때문에 오히려 책을 읽어보고 싶다는 생각이 들기도 한다.

책을 쓸 때는 부정적인 측면도 알아야 한다. 부정적인 책을 팔 수는 없다. 하지만 노력에 행운을 더하면, 베스트셀러를 쓸 수도 있다. 더 많은 책을 쓰고 글쓰기 실력이 좋아지고, 출판계에서 꾸준히 '타석'에 서면 위대한 경력을 쌓을 준비를 할 수 있다. 이 개념이 아직 잘 이해가 되지 않는다면 프래질한 라이프스타일은 어떤 모습을 하고 있는지 살펴보기로 하자.

당신은 칠면조인가?

"칠면조에게 매일 먹이를 준다고 생각해 보자. 매번 먹이를 줄 때마다 정치가들이 말하는 것처럼 '최대 이익을 추구하는' 인류의 친근한 구성원들이 매일 먹이를 가져다주는 것이 보편적인 규칙이라는 칠면조의 믿음이 확고해진다. 그런데 추수 감사절을 앞둔 수요일 오후, 칠면조에게 예기치 않은 사건이 발생한다. 이 사건으로 칠면조의 믿음이 수정된다."

– 나심 니콜라스 탈레브

책의 이 비유는 칠면조 문제라고 불리는 현상을 설명한다. 오랫동안 잘 풀리던 일이더라도 아무런 경고 없이 순식간에 잘못될 수 있는 상황에 처할 때 칠면조 문제가 발생한다. 2008년의 부동산은 칠면조 문제의 대표적인 사례다. 경기가 좋을 때는 집을 살 돈이 없어도 대출을 받아 집을 마련할 수 있다.

여기에서 핵심은 호황일 때도 프래질해질 수 있다는 것이다. 지금 어떤 일이 잘 풀린다 해서 반드시 좋은 결정이라고 할 수 없으며, 계속 안정적인 상황을 누릴 수 있는 것도 아니다. 잘 못된 안전 감각에 사로잡혀 있는 것이다.

대부분의 시기에는 빚을 지는 것이 심각한 재정적 위기에 처할 만한 시나리오가 아니다. 하지만 상황에 따라 어떨 때는 전부를 잃고, 어떨 때는 일부를 잃을 수도 있다. 빚을 지는 자체가 나쁘다는 것이 아니라 빚을 지고도 잘 살 수 있으려면 모든 것이 순조롭게 흘러가야 한다는 뜻이다. 일자리를 잃거나 경기가 나빠질 때는 대출 때문에 갑자기 큰 어려움을 겪을 수 있다. 하지만 이 이야기의 논점은 집을 사는 것을 문제가 아니다. 프래질한 라이프스타일의 완벽한 사례 중 하나를 들었을 뿐이다. 안티프래질리티의 핵심 철학 중 하나는 '파산하지 말라'는 것이다. 누구나 자신을 완전히 파멸시킬 수 있는 일, '치명적인 사건'에 맞닥뜨리는 일은 피하고 싶을 것이다. 분에 넘치는 집을 구매하거나 막대한 빚을 지는 것은 수십억 개의 탄창이 달린 권총으로 러시안룰렛을 하는 것이다. 99%의 경우는 괜찮지만, 한 방의 총알로 죽음에 이를 수 있다. 오늘날 평범한 사람들은 칠면조의 삶을 살고 있다.

- 평범한 미국인에게는 가계 부채를 비롯한 약 3만 8천 달러의 개인 부채가 있다.
- 39%의 미국인만이 천 달러의 비상사태를 감당할 수 있

다.

- 현재 학생 융자 대출과 연체율은 현재 주택 거품과 그 수치가 맞먹는다.

나는 경제학자가 아니다. 하지만 프래질한 라이프스타일이 어떤 것인지는 애써 이해하려 할 필요가 없다. 일상에 갑작스럽게 실질적인 피해를 초래할 수 있는 상황은 모두 프래질하다. 다른 사람을 위해 일하고 하나의 수입원에만 의존하는 것은 프래질하다. 사업은 잘 나가다가 갑자기 망할 수 있다. 수십 년 동안 잘 버텨온 사업도 예외는 아니다.

직장을 다니는 것도 마찬가지다. 사람들은 큰 빚을 지고 저축한 돈이 거의 없는 상태로 해고당한다. 그들의 삶은 수십 년 동안 '안정성'을 누린 뒤 한순간에 파괴된다. 이런 상황을 쉽게 극복할 수 있다고 말하지는 않겠다. 하지만 스스로 물어보라. 궁핍한 상황에서 얼마나 멀리 떨어져 있는가? 일을 그만두게 할 정도의 큰 부상, 심각한 의학적 사고, 이혼과 실직, 경기 침체는 우리를 파탄시킬 수 있는 아주 실질적인 원인이다.

과연 내가 모든 사람이 대문자 E 기업가가 되어야 한다고 생각하는 것일까? 절대로 아니다. 하지만 추가 수입원을 확보하면 덜 프래질해질 것이다. 그 돈을 저축하고 빚을 청산하면 더 강건해진다. 올바른 사이드 긱이나 사이드 비즈니스를 선택하라. 그렇게 하면 큰 도약에 이를 수 있는 안티프래질한 환경이 조성된다. 물론 추가 수익도 확보할 수 있다.

안티프래질한 라이프스타일

책을 쓰는 일은 안티프래질하다. 하강 국면의 위험은 작고, 상승 국면의 가능성은 아주 크기 때문이다. 인터넷 사업 역시 안티프래질하게 접근할 수 있다. 쇼피파이에서는 한 달에 30달러의 비용으로 전자 상거래 스토어를 개시할 수 있다. 단 하나의 코드를 쓰거나 주문을 진행하거나, 물품을 포장하거나 선적할 필요도 없다. 드랍쉬핑을 활용하면 재고를 확보하거나 운반하지 않아도 된다. 누군가 당신의 웹사이트에서 주문을 했을 때 제품을 선적할 공급업체를 찾으면 된다.

화가가 되고 싶다고 해 보자. 이번에도 부정적인 측면은 잘 알 수 있다. 미술 관련 학위를 따기 위해 빚을 지는 대신(프래질하다) 돈을 저축해서 물감과 캔버스를 산다. 작품을 팔기 위해 웹사이트를 만든다. SEO를 하는 법을 배우고, 페이스북 광고를 운영하고, 이메일 리스트를 구축한다. 저렴한 웹 호스팅과 유튜브 동영상으로 마케팅을 무료로 배우고 나면 자원에 쓸 돈이 충분치 않은 사람도 이런 일을 할 수 있다.

이런 것도 완전히 실패한다 해도 큰 타격이 되지 않을 유형의 사업이다. 그러면서도 삶을 바꿀 가능성이 있다. 요청이 있을 때만 일을 하는 프리랜서가 될 수도 있다.(프리랜서의 잘 알려진 단점이기도 하다) 최악의 경우에는 의뢰인이 돈을 주지 않을 수도 있다. 그렇게 되면 의뢰인을 위해 프로젝트를 진행하느라 시간을 낭비한 셈이 된다. 무척 짜증 나는 일이기는 하지만 그렇다고 삶이 끝장나는 것은 아니다.

안티프래질한 라이프스타일의 또 다른 장점은 정신을 번쩍 차리게 한다는 점이다. 거리에 안전 표지판이 너무 많으면 오히려 사람들의 운전 실력이 나빠진다고 한다. 안전에 대한 환상이 생기기 때문이다. 안전 표지판이 적은 거리에서는 집중해야 해서 사람들이 운전을 더 잘하게 된다. 이 비유는 혼자서 사업에 종사하거나 프리랜서 일을 하는 데도 적용된다. 수익이 월급처럼 '안정적'이지 않기 때문에, 일을 더 열심히 하고 일에 대한 자각도 더 커진다. 혼자서 일을 할 때는 '설렁설렁(coast)' 할 수 없다. 더욱 의식적으로 결정을 내리게 된다는 뜻이다. 이 초민감 상태는 우리를 더욱 유능하고 민감한 사람으로 만든다. 유능하고 민감한 사람은 기회를 잘 포착한다. 물론 어떤 상황에서도 위험이 전혀 없는 삶이 있다고는 장담할 수 없다. 하지만 안티프래질한 라이프스타일은 적어도 이 사실을 인지할 수 있게 한다.

낡은 아메리칸드림은 사라졌다. 40년 동안 '회사 인간'으로 일하고, 금시계를 차고 연금을 받으며 단 하나의 수입원으로 가족을 부양하는 시대는 오래전에 막을 내렸다. 이미 알고 있는 사실일 것이다. 뉴스에서 어떤 소식이 들려와도, 우리는 새로운 아메리칸드림의 세 번째 타석에 서 있다.

그렇다면 어떻게 해야 할까?

직장에 계속 다녀라. 우리에게는 직장이 필요하다. 안정적인 수입은 좋은 것이며, 부업을 하거나 새로운 경력으로 전환하려 할 때도 힘을 실어준다. 일반적인 믿음과는 달리 기업가들은 리스크를 싫어한다. 창업가들에게 물어보면 대부분 직장에 계속 다니면서 사이드 프로젝트를 시작했다고 대답할 것이다.

대부분은 현금이 충분히 모일 때까지 직장을 그만두지 않으며, 현금 유동성이 안정적일 때까지 다닌다. 나 역시 6개월 동안 생활할 수 있는 현금을 모으고, 사업으로 버는 월수입이 직장에서 버는 돈의 두세 배가 된 후에도 그 수준을 6개월 동안 유지할 때까지 기다렸다. 직장에 다닐 때 나는 '집어치워!(fuck you)' 펀드를 시작했다. 이 시기에는 조금씩 돈을 모아 두어야 한다. 그래서 충분한 돈이 생기면 다시는 그 누구의 말을 듣지 않아도 된다. 그때까지는 내키지 않더라도 다른 사람이 시키는 대로 해야 한다.

한 달에 추가로 1,000달러를 벌게 하는 사이드 비즈니스를 시작하라. 그런 다음 삶이 얼마나 달라지는지 느껴보라. 나는 사람들이 사이드 비즈니스를 시작해서 한 달에 1,000달러를 추가로 벌 수 있다고 생각한다. 당신도 할 수 있다는 뜻이다.

사이드 비즈니스를 취미생활로 유지하라. 아주 열심히 일하거나 대단한 노력을 할 필요도 없다. 추진력이 생길 때까지 버티기만 하면 사이드 긱으로 일주일에 단 몇 시간만 투자해서 한 달에 1,000달러를 벌 수 있다. 사이드 비즈니스를 하고 싶지 않다면 정말 원하는 일로 전환하여 돈을 더 많이 버는 방법을 배우고 추가로 돈을 저축한 다음 투자하는 것도 좋다.

최종 목적지는 존 굿맨의 〈갬블러(Gambler)〉에 나오는 인물이 탁월하게 설명하고 있다.

"잠에서 깨지. 돈이 무진장 많아. 아무리 멍청해도 뭘 해야 할진 알겠지. 너에겐 25년 된 지붕과 깨지지 않는 일본제 화장실이 딸린 집이 있지. 돈의 3%에서 5%는 시스템에 세금으로 내. 이게 기본이야. 무슨 말인지 알겠어? 그게 빌어먹을 고독의 요새야. 그게 평생 동안 널 엿 같은 상황으로 몰아갈 테지. 어떤 사람은 네가 뭔가 하길 바라지만 닥치라고 해. 상사는 널 엿 먹일 테지. 닥치라고! 집이 있어야 해. 은행에 몇백은 저축하고. 술 마시지 마. 사회적 지위가 어떻든 해줄 말은 이게 전부야."

'집어치워'라고 말할 수 있을 때까지는 프래질한 것이다. 하는 일이 싫으면서도 살아남기 위해 해야 한다면 프래질하다. 스트레스와 혼란을 감당할 수 없다면 프래질하다. 안티프래질하다는 것은 동기 부여를 하기 위한 재미있는 개념 같은 것이 아니다. 파멸을 막는 해독제다. 어떤 형태로든 반드시 안티프래질한 메커니즘을 삶에 도입해야 한다. 안티프래질한 라이프 스타일은 돈과 경력, 사업을 넘어 멀리 뻗어나간다. 삶의 여러 가지 측면을 돌아보고, 발전할 수 있는 건강한 가변성에 자신 을 노출시켜라. 어떻게 하는지 설명하겠다.

안티프래질한 삶을 사는 법

그렇다면 어떻게 안티프래질한 삶을 살아갈 수 있을까? 선 택지를 넓히고 기회를 선호하는 상황을 만들어야 한다. 프래 질한 라이프스타일과 안티프래질한 라이프스타일을 우리가 쉽게 이해할 수 있는 사례를 통해 상상해 보자. 그것은 바로 휴가다.

어떤 휴가가 더 재미있을까? 엄격하게 짜인 활동과 일정, 관광 명소, 줄을 서느라 허비하는 시간으로 가득한 휴가일까? 아니면 관광객이 모르는 장소에 아무 계획 없이 가서 그 지역 을 둘러보는 데 시간을 보내는 휴가일까?

디즈니랜드에 가서 예정대로 돌고래 쇼를 보고 돌아와 근 사한 휴가 이야기를 들려줄 수 있는 사람은 없다. 흥미진진한 여행담은 언제나 그 지역 사람들과의 에피소드, 인적이 드문 장소, 위험과 모험, 실험으로 가득 차 있다. 사실 철학에서도 마찬가지다.

치밀하게 계획을 세우면 프래질한 휴가를 보낸다. 계획에는 기대치가 다르다. 목적지 중 한 곳이 계획한 것만큼 재미있지 않다면, 특히 여행이 끝나갈 무렵에 그런 일이 생긴다면 여행 전체가 별로인 채로 끝날 수도 있다. 그 반대는 플라뇌링이다. 원하는 곳에 가서 원하는 일을 하는 것을 뜻하는 탈레브의 용어다. 플라뇌링을 할 때는 익숙한 세계에서 벗어남으로써 생기는 장점이 커진다. 이런 방식의 라이프스타일에는 훨씬 더 많은 활동이 가능하다.

파티에 참석하기

'네트워킹 회의'에 참석한 적이 있다. 네트워킹이라는 이름과는 정반대의 결과가 나왔던 자리였다. 이런 자리에는 미리 계획을 다 짜 놓은 휴가와 같은 문제가 있다. 아무 이익이나 변수도 없는 분위기에서 자연스럽게 즐기는 것보다 억지로 재미를 강요한다. 이 회의를 파티, 특히 일적인 관계를 목적으로 삼지 않는 파티와 비교해 보자.

네트워크 회의에서보다 평범한 모임에서 열 배 더 많은 사업 기회가 창출된다. 파티는 좀 더 유기적이다. 사람들의 자연스러운 개성이 분위기에 녹아든다. 사람들이 경계하거나, 가장 뛰어난 전문가적인 자아를 보여주려고 애쓰지 않기 때문이다. 그저 즐길 뿐이다. 사람들은 호감이 가지 않는 사람과 함께 일하고 싶어 하지 않는다. 억지로 애쓰지 않고 자연스럽게 더 많은 사람을 만나는 것은 진정한 우정을 키우고 네트워크를 구축하는 최고의 방법이다.

목표 없는 취미

사람들이 억지로 하려고 애쓰는 운동이나 저축, '시간 관리' 같은 일을 떠올려 보라. 해야 한다고 생각하는 일을 하기는 항상 더 어렵다. 오로지 탐구심과 즐거움에 힘입어서 하고 싶은 취미를 찾으면 원하는 결과뿐 아니라 그 이상 가는 것을 얻을 수 있다.

일정 기간 금속 운동 기구를 억지로 들어 올리려 '헬스장에 다니는' 대신, 하이킹을 하거나 암벽 등반을 하거나 산책이나, 아이들과 자전거 타기 같은 것을 할 수 있다. 건강해지려고 노력하지 않아도 건강해질 것이다. 이런 유형의 운동이 창의성을 높이는 데도 도움이 된다는 사실이 증명되었다. 산책할 때는 마음껏 자연을 느끼고 경치를 즐길 수 있다. 위대한 통찰력은 일부러 얻으려고 하지 않을 때 더 자주 찾아오는 법이다. 더욱 개방적이고 자유로운 라이프스타일은 동시성으로의 초대이기도 하다.

취미는 기묘한 방식으로 우리가 추구하는 일에 도움을 주기도 한다. 자주 언급되기는 했지만 내가 좋아하는 일화가 있다. 스티브 잡스는 대학에 다닐 때 그저 취미로 서예 수업을 들었다. 수십 년 후에 이 수업에서 접한 통찰력이 아이폰의 기호를 떠올리는 데 유용한 역할을 했다. 간혹 취미 자체가 사업으로 전환될 때도 있다. 데릭 시버스는 CD 베이비라고 하는 수백만 달러 가치의 사업을 시작했다. 그는 음악가였고, 인디 뮤지션들이 CD를 팔기 어렵다는 사실을 알고 있었다. 그는 웹사이트를 만들어 자신의 CD를 사이트에서 팔았다. 친구들의 CD도 추가했다. 친구들이 부탁했기 때문이다. 사업을 시작하려고 노력한 것이 아니다. 시간이 흐르면서 더 많은 사람이 그에게 CD를 팔 수 있게 해 달라고 부탁했고, 숫자가 점점 더 늘어나 완전한 사업의 형태를 갖추게 되었다. 그는 재미가 있어서 컴퓨터 프로그래밍으로 이런저런 시도를 해 보았고, 마침 음악가였기 때문에 두 가지 취미가 서로 '케미스트리'를 일으켜 회사가 출범했다.

다른 목적 없이 그 자체를 위해 무언가를 만들고 경험하는 것은 삶에 동시성을 끌어들이기에 좋은 방법이다. 안티프래질리티에서 가장 중요한 자세이기도 하다. 우리는 좀처럼 이해할 수 없는 복잡한 세상에서 살고 있다. 무엇이든 '이해하려' 노력하는 대신, 상처를 입히지 않으면서도 삶을 바꾸는 이익을 모색할 수 있는 방식에 적극적으로 파고들어야 한다.

더 많이 읽어라

그렇다. 자기 계발 저자들은 책을 더 많이 읽으라고 강조한다. 나도 책 이야기를 해야겠다. 책 속에 안티프래질한 기회가 가장 많기 때문이다. 나는 책을 많이 읽는다. 가장 많이 읽은 분야는 대단히 감동적이지는 않지만 세상을 바라보는 방식을 완전히 바꾸게 해준 다음과 같은 책들이다.

- 《안티프래질(Antifragile)》
- 《메디테이션(Meditations)》
- 《행운에 속지 말라(Fooled by Randomness)》
- 《부자 아빠 가난한 아빠(Rich Dad Poor Dad)》
- 《최고의 나를 꺼내라(The War of Art)》
- 《제로 투 원(Zero to One)》

나는 위의 책들 전부를 한 번, 두 번, 아니, 세 번 이상 읽었다. 책을 읽는 사이 내 삶이 계속 달라졌기 때문에 읽을 때마다 새로운 통찰을 얻고 다른 방식으로 경험했다. 어떤 교훈은 우리가 준비될 때까지 모습을 드러내지 않는다. 책을 읽고 기억하는 기간은 짧기 때문에 잊어버리거나 미처 빠뜨린 부분도 있을 것이다.

내가 성공한 데는 독서의 힘이 무척 크다. 돈이나 희망, 네트워크나 기회가 하나도 없을 때 수많은 책을 사서 읽었고, 도서관에서 무료로 읽기도 했다. 책은 글쓰기에 대한 관심도 더

욱 발전시켰다. 같은 책을 읽은 사람들끼리는 유대관계가 형
성될 수도 있다. 책 속의 사소한 정보나 아이디어는 어려운 시
기에 힘이 되어준다.

책에도 80 대 20의 원칙이 적용된다. 가끔은 다이아몬드를
찾기 위해 진흙 속에서 헤매야 한다. 나도 같은 이유로 수많
은 책을 쓸 작정이다. 작업에 노력을 아끼지 않겠지만 어떻게
하면 잘할 수 있는지는 아직 모르겠다. 이를 삶에 적용해 보자
면, 사실 누구도 미래를 알 수는 없다. 그러므로 두 가지 선택
이 있다. 비슷비슷한 사고방식으로 살아가며 하강 국면으로
고생하거나, 아니면 안티프래질이 되어 무작위성의 행운에 맞
닥뜨릴 가능성을 키우는 것이다.

거의 항상 유리하게 작용하는 방정식

삶에는 많은 하강 국면이 있기 마련이다. 자기 계발 전쟁의
절반은 어리석은 행동을 피하는 데 있다고 해도 과언이 아니
다. 이 문제가 해결되면 진행 과정에 전부를 걸지 않고도 인생
을 발전시키는 데 도움이 되는 기회를 찾는 데 집중할 수 있
다. 너무 어렵게 생각할 필요는 없다. 이번 장의 모든 내용이
높은 상승 국면의 가능성이 존재하는 하강 국면이라는 단순
한 개념을 다루고 있기 때문이다.

자기의식이 높아진 상태에서 항상 안티프래질한 기회를 모

색하며 살아가고 싶은가? 아니면 칠면조처럼 안전과 보안에 의지하다가 뒤통수를 맞을 것인가? 당신의 선택에 달려 있다.

아직 무슨 이야기인지 잘 모르겠는가? 성공적인 삶을 살기 위해서는 최고의 자리에 오르거나, 용감하고 대담해지는 것이 중요한 것이 아니다. 우리의 생각을 끊임없이 실행하면서 성공에 대한 정확한 인식을 갖추는 것이 중요하다. 또한 좋은 삶을 살 가능성을 높이기 위해 할 수 있는 일을 해야 한다. 그 무엇도 장담할 수 없기 때문이다.

먼저 우리에게 주어진 도구와 기회를 잘 사용하는 것이 중요하다. 하지만 자신에게 없는 것에 집중해 봤자 아무 소용이 없다. 실패자들이나 하는 일이다. 우리는 성공하기 위해 이 자리에 있다. 다음 장에서는 어떻게 하면 성공할 수 있는지 이야기할 것이다.

11

이길 수 있는 게임을 하라

"당신이 있는 자리에서 시작하라. 낮은 가지에 매달린 열 매도 높이 매달린 열매처럼 달콤하다."

- 비쉑 슈클라

　부모님께서 우리에게 원하는 것은 뭐든 할 수 있다고 하신 말은 거짓말이다. 자신의 한계를 인정하고(예를 들어 나는 NBA 에서 뛸 수 없다는 것을 안다) 현실적인 자세를 취해도 기대에 부 응할 만한 멋진 성공을 거둘 수 있다. 일반적인 사람은 자기 를 너무 과소평가하기 때문에 플러스의 인생만 살아도 대단 한 성공을 누리는 셈이다. 책의 전반부에서 설명했듯이, 성공 으로 가는 몇 가지 길은 우리에게는 거의 불가능하다. 굳이 그

불가능해 보이는 길을 가려 애쓸 필요 없다.

그렇다면 어떻게 해야 하는가?

타고난 재능과 강점을 파악하고 프로젝트와 사업을 시도해서 스스로 할 수 있는 일을 결정하는 방법에 대해 이야기했다. 이번 장은 자기 계발 전략에 곁들이는 장식과 같을 것이다. 우리의 목표는 세상을 깜짝 놀라게 할 만한 성공이 아니다. 충분히 이룰 수 있으면서도 자신에게는 감격스러운 성공을 이루는 것이다. 스스로 이룰 수 있는 성공의 토대를 구축하는 핵심 원칙은 다음과 같다. 이길 수 있는 게임을 하는 것이다.

사람들이 흔히 생각하는 것과는 달리 나는 무척 게으르다. 책 3권과 5년 동안의 블로깅, 프리랜서 글쓰기 일을 전부 합치면 아마 수백만 단어는 썼을 것이다. TED 강연도 했고, 강연 연습을 위해 1주일에 3번은 지역 토스트마스터 스피치 클럽에도 참석한다. 직장을 그만두기 전에는 매일 아침 다섯 시에 일어나 출근하기 전에 글을 썼다. 하지만 나는 내가 게으르며, 별로 대단하지 않다고 생각한다. 왜일까? 한 번도 내가 '할 수 있는 범위' 이상으로 성공한 적이 없기 때문이다. 그렇게 해야겠다고 결심한 적도 없다. 글쓰기나 의사소통과 관련이 없는 목표는 하나같이 내게 잘 맞지 않았다. 내 강점에 맞지 않는 돈 벌기 전략도 여러 번 시도했지만, 죄다 실패했다.

사회는 우리가 강점이 아닌 약점에 집중하기를 바란다. 그리고 수많은 전문가는 성공이 실제보다 훨씬 더 복잡하게 보이기를 원한다. 우리는 화려하고 눈부시지만 달성할 수 없는 목표를 이루고 싶어 할 뿐, 환경과 상황이 우리 앞에 놓아준 길은 보지 못한다.

억만장자나 성공한 기업가, 유명한 예술가, 영화 속 주인공 같은 존재가 되지 않아도 우리가 갈 수 있는 삶의 길은 무수히 많다. 앞으로 언급할 사례는 내가 의도하는 바를 정확히 보여줄 것이다.

누구나 할 수 있는 단순한 성공 전략

"세계 최고의 테니스 선수가 되겠다는 꿈을 갖고 테니스를 시작할 수는 있지만 이내 그 꿈을 이루기 불가능하며 다른 사람들에게 얻어터지고 만다는 사실을 깨닫게 된다. 하지만 배미지Bemidji 최고의 배관 공사 계약업자가 되기를 꿈꾼다면 아마 여러분 중의 3분의 2는 해낼 것이다. 의지력이 있어야 한다. 머리도 좋아야 한다. 하지만 어느 정도 시간이 흐르면 배미지Bemidji의 배관 사업을 속속들이 알게 되고 기술에 숙달할 것이다. 이 목표는 충분한 훈련을 거치면 달성할 수 있다. 체스 시합에서 이겨본 적이 없거나 유명한 테니스 대회에서 코트에 서 보지 않은 사람은 일정 수준의 능력을 서서히 개발해야 제대로 할 수 있다. 일부는 타고나고, 일부는 연습을 통해 꾸준히 개발해 온 결과라고 할 수 있다." - 찰리 멍거

지금 자신이 배미지Bemidji에서 가장 뛰어난 배관공이거나 캔자스 위치토 제일가는 부동산 중개업자이거나, 1년에 7만 달러를 버는 작은 도자기 가게 주인이거나, 전업으로 글을 써서 돈을 버는 프리랜서 작가거나, 세 개 주에 프랜차이즈를 소유한 잔디 관리 업체 사장이라고 상상해 보자.

할 수 있는 범위 내에서 꾸준히 노력하기만 하면 이룰 수 있으면서도 근사하고 수익성이 좋은 일은 얼마든지 많다. 나는 작가들을 대상으로 이 책의 다른 버전을 준비하고 있다. 그 버전에 넣을 한 가지 충고는 성공하기 위해서는 일정 수준의 재능이나 소질이 필요하다는 것이다.

한 설문조사에 따르면 사람들의 81%는 글을 쓰고 싶어 한다. 나는 81%의 사람들 모두가 작가가 될 수 있는 재능이나 능력을 타고나지는 않았다고 확신한다. 지금 당장 아주 잘해야 한다는 뜻이 아니다. 어차피 그럴 수도 없다. 하지만 내가 알기로 모든 성공한 작가들은 글을 어떻게 써야 하는지에 대한 기본 감각이 존재하는 것처럼 보인다. 내 최초의 블로그 글은 실패로 돌아갔다. 하지만 그 글은 블로그 포스트나 에세이의 일반적인 구조를 갖추고 있었다. 나는 실력이 부족했지만 그 정도는 알고 있었다. 당신을 실망시키려고 하는 말이 아니다. 오히려 그 반대다. 스스로 잘할 수 있는 것 같은 일을 시도함으로써 지독한 고통과 두통을 피할 수 있다. 앞뒤가 맞지 않는 말처럼 들릴 수도 있다. 앞의 2장에서 새로운 강점과 능력을 시험하는 데 개방적인 태도를 갖추어야 한다고 이야기했기 때문이다.

그런데 왜 이제 와서 새로운 일을 시도하지 말라고 이야기하는 것일까? 이유는 간단하다. 새로운 일을 뭐든지 하지 말라고 말하는 것이 아니다. 단, 능력과 적성에서 벗어난 것처럼 보이는 일에는 도전하지 말아야 한다. 이런 '일'의 대부분은 애초에 어렵기도 하다. 애초부터 어려운 일을 잘해 보겠다고 일부러 장애물을 만들 필요는 없다. 누구에게나 본능적인 감각이나 재주가 있다. 한 가지 이상을 타고 난 사람들도 가끔 있다. 하지만 한 사람의 유전자와 개성이라는 울타리 아래 서로 연결되는 종류의 것들이다. 자기에게 딱 맞는 틀을 찾으면 얼마든지 승승장구하며 살아갈 수 있다. 하지만 타고난 성향을 거부하고 지위나 돈, 명성만을 추구한다면 분명 실패할 것이다. 너무 복잡하게 생각하지 않아도 된다. 내가 무슨 이야기를 하는지 알 것이다.

(일부러) 중복되는 설명을 반복하고 있으니 이미 어떤 식으로든 인생에서 무엇을 원하는지 알았을 것이다. 그래도 두려울 것이다. 하지만 방향 감각이 전혀 없으니 '길을 잃더라도' 많이 헤매지는 않을 것이다. 이것은 두려움이 우리에게 하는 말이다. 자신에게 적합한 평범 이상의 목표를 달성하기 위해서라도 두려움을 극복해야 한다. 제법 시간이 걸릴 것이다. 나역시 '타고난 재능'이 있었음에도 전업 작가가 되기까지 5년

이 걸렸다.

경험상, 강점에 기반을 둔 삶은 부자나 세계적으로 유명한 사람이 되지 않더라도 목표로 삼을 수 있는 최선의 선택이다. 자신만의 '배미지Bemidji 최고의 배관공' 시나리오에 대해 생각해 보라. 이 시나리오는 놀라운 인생 역전극도 아니고, 궁극적인 천복을 누리게 하지도 않을 것이다. 너무나 많은 책에서 이런 삶을 이야기하지만 실제로 그 목표에 도달하는 사람은 지극히 드물다. 부자가 되는 방법에 대한 이야기는 잠시 접어두고, 삶을 눈에 띄게 변화시켜 현실적인 성공을 거두는 데 집중해 보자. 풍요로운 삶을 구축하고, 선택지를 넓히는 방법에 대한 이야기이기도 하다. 조용한 절망 속에 사는 삶과 스티브 잡스처럼 사는 삶에는 아주 큰 차이가 있다. 스티브 잡스와 같은 삶의 백 분의 일만 누려도 충분히 행복해지고, 다른 모든 사람보다 한참 앞설 수 있다.

다음은 평범 수준의 지능을 갖춘 사람이 '능력의 범주'에서 시간과 노력, 인내심으로 달성할 수 있는 목표다.

- 사이드 허슬을 시작하여 추가 수익 벌기
- 자신의 기술을 기반으로 사업을 구축하고 나서 직장을 그만두거나, 재능과 적성, 강점에 부합하는 새로운 일자리 찾기
- 재정적인 자유 확보하기. 고용주의 노예가 되지 않기 위해 충분히 돈을 버는 것을 말함.

- 비참한 상태 벗어나기
- 시간과 자유, 분별력 확보하기

위와 같은 목표를 달성하기 위해서는 각 개념을 충분히 이해하고, 적용해야 한다.

능력의 범주

꼭 하고 싶은 말이 있다. 그렇게 자랑스럽지는 않다. 사실 좀 창피하기까지 하다. 예전에 비트코인을 산 적이 있다. 2018년 비트코인 열풍이 불 때였고, 당시 가격이 점점 치솟고 있었다. 원래 나는 비트코인이 무엇인지 전혀 몰랐다. 하지만 수십 개의 기사를 읽고 나자 '비트코인 전문가'가 되었고, 밝히고 싶지 않은 액수의 돈을 '투자했다.' 지금도 블록체인이 뭔지 잘 모른다. 그런데 놀라운 일이 생겼다. 뭔지 아는가?

돈을 벌었다는 사실이다. 나는 (비교적) 저렴하게 사서 비싸게 팔았다. 하지만 여기에서의 교훈은 성공적인 결과를 얻었다고 해서 좋은 결정이 되지는 않는다는 점이다. 아주 끔찍한 결정이었다. 비트코인 자체의 좋고 나쁨 문제가 아니라, 잘 모르는 것에 돈을 투자했기 때문이다. 레이먼의 용어에 따르자면 이런 행동은 어리석다. 능력의 범주를 벗어난 것으로 알려진 유형의 행위이기도 하다. 이 용어는 워런 버핏과 찰리 멍거를 통해 배웠다. 이들의 투자 전략에는 간단한 절차가 따른다.

- 업계에서 자신이 이해할 수 있는 현명한 사장들이 이끄는 사업체를 파악한다.
- 가격보다 가치에 초점을 맞추는 사업을 모색한다.
- 주식을 사거나 현금으로 해당 업체를 산다.
- 기업체가 성장하고 가격이 오를 때까지 가만히 앉아서 기다린다.

이 놀랍고도 멋진 전략이 버크셔 헤서웨이를 세계에서 가장 성공적인 기업 중 하나로 만들었다. 이들의 사업은 첨단 기술이나 친환경 에너지, 실험용 약물 같이 유행을 타는 주식을 사서 형성된 것이 아니다. 다시 한 번 말하지만, 이런 유형의 주식 자체가 나쁘다는 뜻이 아니다. 주식에 대해 잘 알지도 못하는 사람이 주식을 사기 때문에 좋지 않다는 것이다.

이 안타깝고 제한적인 접근법으로 큰 성공을 거둘 수는 있지만 무척 지루하다. 사람들은 매력적인 길과 매력적인 삶을 원한다. 나도 아마존 드립 쉬핑 스토어를 구축하는 방법이나 페이스북 광고 전문가가 되는 법, 요즘 인기가 있는 다른 체계를 배우고 싶었지만 글쓰기와 의사소통 등에 대한 글을 쓰는 데서만 돈을 벌었을 뿐이다. 내게 주어진 목표에서 눈을 뗄 때마다 돈을 잃고 퇴보했다. 글쓰기에 대한 노력을 지속하면서 이를 기반으로 사업을 구축하자, 능력도 발전했고 성공에 점점 더 가까워졌다. 지난 5년 동안 이와 같은 능력의 범주에 있었고, 남은 평생 동안 넓혀갈 계획이다.

능력의 범주 안에 머문다고 해서 새로운 일을 시도할 수 없는 것은 아니다. 하지만 제대로 이해하기 전까지는 새로운 일에 너무 많은 투자를 해서는 안 된다. 사람들은 종종 한 가지 영역에서 전혀 다른 영역의 일로, 한 가지 유형의 사업에서 전혀 다른 유형의 사업으로 넘나든다. 실패할 가능성이 높은 전략이다. 과거에 얻은 지식을 활용할 수 있는 분야를 찾아야 한다.

나는 내 능력의 범주가 글쓰기와 마케팅 분야 전반에 속한다는 사실을 알고 있었다. 시간이 흐르면서 프리랜서 글쓰기와 블로깅, 자체 출판과 이메일 마케팅, SEO와 소셜 미디어 마케팅 등에 대해 새로운 측면을 배우고 통합시키면서 이 범주가 성장했다. 유사한 범주의 기술에 머무를 때는 하나의 기술 위에 다른 기술을 쌓기 시작해야 한다. 서로 연관되어 있기 때문이다. 한 가지 분야에 숙달한 후에 다음 분야로 이동하라.

나는 앞으로 본격적으로 투자자가 되기 위해 노력할 것이다. 투자 분야의 책을 읽으면서 업계에서 뛰어난 사람들을 주의 깊게 관찰하고 있다. 하지만 당분간 내 투자 행위는 인덱스 펀드에 투자하는 것처럼 '설정하고 나서 잊어버린다'라는 전략에서 크게 벗어나지 않을 것이다.

지적으로 겸손해질수록 크게 손해 볼 일도 줄어든다. 성공은 아주 똑똑해지는 것보다 크게 손해 보지 않는 것에서 비롯되는 경우가 더 많다. 성공으로 향하는 매력적인 길은 우리가 그동안 접해온 수많은 신화 중에서도 가장 허황된 신화일 것이다.

현명한 사람들이 피해 가는 성공 신화

인스타그램 인용 카드나, 록키 주제가를 배경 삼아 유명인의 목소리가 흘러나오는 유튜브 편집 영상물에 이르기까지 우리는 그동안 성공에 대한 잘못된 개념을 수도 없이 접했다. 인간은 반복적으로 접하는 주장이 진실이라고 착각한다. 나도 수없이 많은 자기 계발 공식을 믿었다. 하지만 나 자신의 성공 방정식을 찾은 후에는 성공에 대한 그럴듯한 개념 대다수가 진실이 아니라는 것을 깨닫게 되었다. 적어도 내게는 아니었다. 여러분에게도 그럴 것이다.

다시 한 번 오로지 내 경험만을 바탕으로 이야기한다고 강조하는 바다. 그래도 방법만 알고 실제로 결과를 증명하지 않은 사람보다는 직접 경험한 사람의 말을 듣는 것이 더 좋을 것이다. 우리가 주야장천 들어온 신화의 일부를 검토해 보고, 왜 진실이 아닌지 밝혀내어 있는 그대로의 진실로 바꾸어 보도록 하자.

빨리 실패하라

나는 실패하는 것이 싫다! 누구든 그럴 것이다. 실패는 고통스럽다. 명예 훈장 같은 것도 아니다.

'빨리 실패하라' 운동의 기원 중 하나는《린 스타트업(The Lean Startup)》이라는 책이다. 창업과 혁신을 다룬 이 책에서는 매우 기본적인 단계의 제품을 만들어서 시장에 출시하고 점차 제품을 개선해나가라고 이야기한다. 표면적으로 나쁜 개념은 아니다. 무언가를 창조하기 전, '최소한의 실행 가능한 제품'에 대해 생각해 보라는 아이디어에 근간을 두고 있기 때문이다. 원래는 좋았던 메시지가 무엇이든 자꾸 시도해 보고, 많이 실패하고, 성공하기 위해서는 일부러 실패해야 한다는 버전으로 왜곡되었다. 그만두는 것을 막을 수 있는 확실한 방법이라는 것이다. 하지만 실패하기 위해 준비하고 시도해서는 안 된다. 어리석은 짓이기 때문이다.

'거절당하기 연습'을 하는 사람들이 명품 매장에 가서 "안 돼요"라는 말을 듣기 위해 80%의 할인을 요청한다면 이는 핵심을 완전히 놓친 것이다. 그렇다. 실패도 성공의 일부다. 그렇다. (나름대로 의미가 있는) 거절을 극복하는 것은 중요하다. 하지만 그렇다고 가능성이 무척 낮은 일에 도전해서 반드시 거절을 당해야 하는 것은 아니다. 인생의 목표를 성취하는 과정에서 실패도 감수해야 할 때가 있다는 의미다. 승리에는 가능성이 낮은 일에 도전하는 일도 포함된다. 많은 사람이 가능성이 낮다는 이유로 너무 두려워서 엄두도 못 내기 때문이다. 예를 들어보자. 지금보다 훨씬 더 많은 사람이 사업가가 될 수 있는데도 대부분의 사람이 도전을 하지 않는다.

목표 자체가 말도 안 되게 어렵거나(로켓 과학자가 되는 일) 비이성적이기 때문에(루이뷔통 매장에서 80% 할인을 요청하는 것. 가능하겠는가?) 가능성이 턱없이 낮아서는 안 된다. 어렵긴 해도 강점과 개성, 환경에 적합해서 성공할 가능성이 있는 일에 도전해야 한다. 부단히 노력해야 하고 험난한 길을 거쳐야 한다. 하지만 우선 그 여정 자체가 가능한 범위 내에 있어야 한다.

허슬에 대한 환상

내가 존경하는 몇몇 사람은 게리 베이너척에 대한 부정적인 기사를 썼다. 게리 베이너척이 누구인지 모르는 사람을 위해 설명하면 그는 사업가이자, 사람들에게 '허슬'을 하도록 독려하는 동기 부여 강연자다. 자신의 책에서 새벽 3시까지 일하고 아침 9시에 일어나야 사업을 구축할 수 있다고 말한 것으로도 유명하다.

다른 저자들은 허슬 자체를 위한 허슬을 높이 사는 발상이 잘못된 것이라고 지적했다. 물론 열심히 노력해야 하지만 어떤 분야에서 성공하기 위해 지나치게 자신을 혹사해야 한다면 그 분야에 재능이 없을 수도 있다. 2년 동안 단 하나의 판매고도 올리지 못했다면 사업을 접어야 할 때일지도 모른다.

세스 고딘은 《딥(Dip)》이라는 책에서 이 개념에 대해 설명한다. 모든 프로젝트는 벽에 부딪히는 지점에 이른다. 도약의 막바지에 있기 때문에 힘든 것인지, 프로젝트가 맞지 않거나 완전히 나쁜 아이디어라서 그런 것인지 판단해야 한다. 사람들은 본능적으로 답을 알면서도 잘못 행동할 때가 많다.

어떤 사람들은 그냥 게으를 뿐이며, 너무 쉽게 포기한다. 착각에 빠진 사람도 있다. 그래서 고딘이 말하는 핵심을 놓치고, 내가 이 책에서 강조하려는 것도 놓칠 것이다.

성공과 일, 성공하기 위한 실패를 떠받드는 시각을 따를 필요는 없다. 현실적이면서도 낙천적일 수 있다. 백만 달러를 버는 것처럼 무언가에 도전하는 데는 비현실적인 방법과 현실적인 방법 모두 가능하다. 목적이나 결과는 전혀 문제가 되지 않는다. 결과에 대한 관계와 적성이 차이를 만들어내는 것이다.

나는 제법 열심히 일하지만 번아웃을 겪지는 않는다. 내가 하는 일을 좋아하고 즐긴다. 게다가 추진력도 생겼다. 눈에서 피가 날 때까지 허슬할 필요는 없다. 즐길 수 있는 일을 찾고, 자신감을 키우기 위한 초기의 추진력을 얻은 다음, 오랜 시간 꾸준히 기술을 갈고 닦으면 된다.

일과 삶의 균형

일과 삶의 균형이라는 말은 애초에 성립이 안 된다. 일과 삶에 50대 50으로 평등하게 각자의 비율이 존재한다는 주장에는 두 가지가 별개의 산물이라는 의미가 함축되어 있다. 자신이 즐기는 일을 한다면 삶의 다른 부분과 분류하거나, '균형을 맞추려' 할 필요가 없다. 성향에 잘 맞고 스스로 즐기는 일을 하고 있으므로 총체적인 삶을 살게 된다. 일이 따분하고 지루하게 느껴지지 않을 때는 일 역시 다른 모든 활동처럼 일상의 한 부분일 뿐이다.

삶에 조화롭게 스며드는 유형의 일이나 취미를 선택하면 '열심히 일하기'가 훨씬 더 쉬워진다. 평균 이상 수준의 성공을 이루기 위해서는 평균 이상의 시간과 노력을 투자해야 한다. 이 자리에서 비결을 소개한다. 자신이 하는 일을 좋아한다면 그 일이 일처럼 느껴지지 않을 것이다. 그렇다고 원치 않는 일을 절대 하지 말아야 한다는 뜻은 아니다. 모든 여정이나 경력에는 처리해야 하는 시시하고 지루한 일거리가 있다. 하지만 여기에서 소요되는 노력은 '일과 삶의 균형'을 이루는 데 필요한 노력과는 전혀 다르다.

일과 삶의 균형이 필요한 사람들은 번 아웃 상태의 사람들이다. 일에서 받는 스트레스가 심하여서 삶에서 위로를 얻으려 한다. 하지만 모든 스트레스가 다 나쁜 것은 아니다. 유스트레스(eustress)라는 스트레스가 있다. 가치 있는 일에 열중하면서 느끼는 스트레스다. 나는 책을 쓰면서 유스트레스를 받곤 한다. 책을 쓰는 일을 좋아하긴 하지만, 책을 쓰는 일은 원래 어렵다. 하지만 이런 유형의 스트레스는 번아웃이 아니라 즐거움을 가져다준다.

스스로 즐기는 일을 할 때는 전통적인 의미에서 '열심히 일할' 수 있을 뿐 아니라, 오랜 시간 그렇게 할 수 있다. 일주일에 70시간씩 싫어하는 일을 할 때와 같은 번아웃은 오지 않는다. 내게 있어 열심히 일한다는 것은 하고 싶지 않은 일을 하느라 억지로 에너지를 끌어내는 것을 말한다. 나는 네 시간 동안 쉬지 않고 글을 쓸 수 있다. 정신적인 에너지가 상당히 많이 필요하지만 '열심히 일했다'라는 느낌은 들지 않는다. 그냥 글을 쓴 것뿐이다. 내 삶은 통합되어 있다. 나는 어떤 사람이 보기에는 무절제하다 싶을 정도로 열심히 일하지만, 그럴 수 있는 이유는 일을 하면서 지치지 않기 때문이다. 열심히 일함으로써 삶 전체에 가치가 더해지고, 일이 아닌 다른 영역도 더 즐기게 되었다.

성공하기 위해서는 가족들을 저버리고 '항상 사무실에 있어야 하며' 집에서 배우자와 부모 역할을 할 수 없다는 것을 풍자한 만화는 그야말로 어처구니없다. 돈을 벌기 위해 고든 게코(영화 월스트리트와 머니 네버 슬립스에 등장하는 기업 사냥꾼- 옮긴이)가 될 필요는 없다. 일론 머스크와 같은 성공을 거두기 위해 1주일에 80시간에서 100시간 일해야 하는 것도 아니다. 번아웃을 겪지 않고도 1주일에 40시간 이상 일할 수 있다. 일 자체가 아니라 영혼을 잠식시키는 일이 사람을 지치게 하는 것이다.

모든 일을 잘하는 사람 치고 하나라도 제대로 하는 사람이 없다.

숙달과 전문성, 제너럴리스트와 박식가 사이에서 흥미로운 논의가 전개되고 있다. 숙달과 전문성에 관한 주장은《아웃라이어(Outlier)》와《마스터리의 법칙(Mastery)》, 그리고《피크(Peak)》와 같은 책에 나온다. 이 책들은 그 유명한 1만 시간의 법칙을 탄생시킨 자료이기도 하다. 기억을 상기하는 차원에서 설명하면 마스터가 되려면 성공하기 위해 1만 시간 동안 철저한 연습을 투자해야 한다. 성공한 사람들 대다수는 천재이지만, 그들 역시 타고난 재능 덕분이 아니라 오랜 시간의 철저한 훈련 덕분에 숙달을 달성할 수 있었다.

타이거 우즈와 베토벤, 윌리엄스 자매 모두 아주 어렸을 때부터 훈련을 시작했다. 10대와 20대 초반에 '도달(arrive)'했을 때, 이미 1만 시간을 투자한 것으로 보인다.《마스터리의 법칙(Mastery)》의 저자 로버트 그린은 고전의 반열에 오를 책을 쓰는 것을 목표로 삼았다. 가장 최근작인《인간 본성의 법칙(The Laws of Human Nature)》을 쓰는 데 5년이 걸렸다고 한다. 한 권의 책을 쓰기 위해 수백 권의 책을 읽었고, 두꺼운 책을 읽고도 단 한 줄이나 한 가지 개념만을 사용할 때도 많았다. 철저한 연습과 숙달(위대해지고, 고전으로 남을 작품을 만들고, 최고 중의 최고가 되는 것)에 대해 짚고 넘어가야 할 점이 있다. 제너럴리스트의 주장에 의하면 전문화도 좋지만, 전문적으로 다루는 분야가 시의성이 있을 때만 그렇다. 금방이라도 뒤처질 분야의 기술에 1만 시간을 쏟아붓는 것은 두통과 고통을 불러일으킬 처방일 뿐이다. 그리고 Ibm의 중간급 관리자였던 사람에게 한 바구니에 달걀을 모두 담는 전략의 문제점에 대해 물어보라. 이제 사람들은 너 나 없이 박식가, 르네상스적 인간, 현대의 다빈치가 되는 것의 장점을 내세운다. 전혀 다른 기술을 더 많이 습득할수록 성공할 가능성이 더 높아진다. 제너럴리스트는 다양한 기술 조합 덕분에 희귀하고 대체 불가능한 존재가 된다. 한 회사에 고용되지 않고 직접 회사를 차리거나 여러 다른 회사의 계약업자가 되는 긱 이코노미gig economy의 세계로 깊이 파고들수록 더욱 방대한 기술 조합을 갖출 기회도 늘어난다.

그렇다면 답은 무엇일까? 한쪽만 옳다고 보는 사고는 그릇된 것이다. 어느 한쪽을 따르겠다는 대답 역시 옳지 않다. 내가 존경하는 사람들은 이 주제에 대한 탁월한 견해를 제시했다. 제임스 알투쳐는 다방면의 기술을 적당히 잘하는 데 1만 시간의 규칙을 적용한 다음, 여러 기술의 교차지점에서 최고가 되라고 말했다. 냇 엘리아슨은 사람들이 제너럴리스트가 되겠다는 아이디어를 핑계로 삼는다고 주장했다. 무언가를 잘하기 위해 열심히 노력하고 싶지 않기 때문이라는 것이다. 두 사람 다 각 분야에서 인정받고 있으며, 아주 열심히 일하고, 오랜 세월 동안 경력을 쌓아왔다. 이것이 직통선이다. 1만 시간의 법칙을 이야기하는 사람들은 숙달로 향하는 여정에 있거나, 무언가를 시작하지 않기 위한 핑계로 이것을 사용한다. 제너럴리스트는 무엇이든 숙달하기 위해 전념하는 것을 두려워하기도 한다.

답은 제법 단순하다. 특정 분야에서 특정 수준까지 기술을 쌓은 다음 완전히 다른 분야로 이동하거나, 새로운 기술과 결합시키면 된다. 스페셜리스트든 제너럴리스트든 어떤 결과를 얻기 전까지 노력을 기울여야 할 때는 어떤 형태로든 두렵기 마련이다. 이건 선택의 문제가 아니라 두려움에 대한 문제다. 그만 극복해라. 그만 망설이고 너의 자리에서 그냥 그 일을 시작하라.

자신의 자리에 머물러라.

사람들은 자기 자리에 머물러 있고 싶어 하지 않는다. 우리는 엄청난 성공을 꿈꾸며 들뜨다가 자존감이 밑바닥으로 곤두박질치는 상태를 오락가락한다. A+에서 F를 넘나드는 일은 그만두어라. B가 되어라. 자신에게 의미가 있는 수준의 성공을 달성하는 방법은 단순하다는 사실이 자못 분명해 보인다. 당신도 자신의 한계지점 근처에도 못 갔다는 사실을 알 것이다. 그러면서 말도 안 되는 헛꿈을 꾸고 있다는 사실도 알 것이다. 자신에게 있는 재능이 무엇이든 그것을 활용하고, 오랜 시간 꾸준히 노력해야 원하는 성공을 얻을 수 있다는 것을 우리는 알고 있다. 확률을 높이려면 자신만의 '삶의 여정'에 있는 다양한 틈과 간극 사이를 오가며 경험을 쌓되 자신의 강점이 발휘되는 자신의 자리는 박차지 말아야 한다.

작가가 되고 싶다는 것을 알았다면 여러 가지 형태의 글을 쓰되, 항상 글을 써라. 로버트 그린은 이렇게 했다. 그는 저널리즘에서 대본 작업으로 넘어갔다가 마침내 책을 쓰게 되었다. 색다른 업종에서 일하기도 했지만 항상 기록과 관찰을 했다. 어느 날, 무려 20년 후 모든 일이 맞아 들어갔다. 하지만 그가 글쓰기와 그림, 소매업과 조경 사이를 오갔다면 아무 일도 일어나지 않았을 것이다. 이제 무슨 말을 하는지 알 것이다. 온라인 사업에 착수하고 싶다면 파고들어갈 수 있는 작은 틈새가 많다. 하지만 제 자리를 지키는 것은 잊지 마라. 전자 상거래를 통해 다양한 제품을 팔아보려 시도할 수도 있다. 하지만 이때 전자 상거래 게임을 마스터하는 것이 중요하다. 여러 다른 제품으로 제휴 마케팅을 할 수도 있다. 이런 경우에도 전반적인 제휴 마케팅의 원리를 마스터하라.

어느 분야든 전문성이 필요하다. 사람들은 이곳저곳 옮겨 다니는 것을 좋아한다. 무언가에 숙달하기 위해서는 끊임없이 자신의 약한 면을 마주해야 하기 때문이다. 하나의 관심 분야에 많은 시간을 투자해야 한다. 물론 보상을 받기 전에 오랜 시간을 투자하기는 어렵다. 자기 자리에 머무르며 타고난 재능을 연마하기 위해 시간을 바치는 일은 단순해 보이지만, 실천하기는 무척 어렵다. 훈련과 실험, 끈기를 비롯한 모든 것이 필요하다. 하지만 자신의 자리에서 싸워야 이길 수 있다. 자신의 자리에서 싸워야 더 쉽다. 자신의 길을 찾고, 두려움에 숨어버리지 않고, 어리석은 허세에 남들의 성공을 따라 쫓지 않고 자신의 자리를 지키며 다양한 시도와 노력을 기울이다 보면 어느새 상상도 못 할 혜택을 경험하게 될 것이다. 은행 계좌에서처럼 기술에 복리가 붙어 갑자기 기술을 '완성'하게 될 것이다. 노력하는 과정도 점점 더 쉬워진다. 평생 동안 쌓아갈 수 있는 토대를 마련하는 것이다. 하지만 우선 시작해야 한다. 자신이 뭘 원하는지 어디에 강점이 있는지, 내가 시작할 내 자리가 어디인지 알았다면 이제 앞으로 나아가라. 이길 수 있는 게임을 시작하는 것이다.

12

행복의 이분법

반대론자들을 위한 짧은 테스트가 있다. 물어보지 않았
으면 하는 질문이 무엇인가?

– 마지막 정신과 의사(The Last Psychiatrist)

지금까지 성공을 향한 정면 승부를 하기 위한 새로운 여정
에 갖추어야 할 사고방식에 대해 이야기했다. 이 사고방식의
상당 부분은 성공으로 가는 여정에서 자신을 대하는 방법과
관련이 있다.

가끔은 문제 자체가 아니라 이 과정에서 자신을 대하고 자
신에게 이야기하는 방식이 걸림돌이 될 때가 있다. 수많은 사
람이 재능이 부족해서가 아니라 노력하는 과정에서 에너지와

분별력을 유지하기 어려워서 실패한다. 이럴 때 자기 관리가 필요하다. 오랜 시간 꾸준히 자기 관리를 해야겠지만, 자기 관리의 개념 자체가 함정에 빠지기 쉽다.

자기 관리는 수많은 사람과 관련이 있다. 자기 관리 전문가, 명상 권위자, 불교계 유명 인사, '자신을 대접하기' 실행가들이 나선다. 이들의 목표와 주장은 일반적인 자기 계발 전문가들과는 다르다. 이들은 자기 힘으로 해내라고 말하는 대신 자기 힘이라는 것이 존재하지 않는 것처럼 행동한다. 성공하지 않으면 나약하다고 말하는 대신 성공하지 않아서 강하다고 말한다. 일주일 내내 하루 24시간 허슬하라고 말하는 대신 아무것도 하지 않는 것으로 자기 자신에게 보상하라고 말한다. 지나치게 열심히 하라는 것도 문제지만, 아무것도 하지 말하는 것도 문제다. 동전의 양면 모두 그릇된 것이다. 대부분의 상황에서 그렇듯이 답은 그 중간지점에 있다.

행복의 이분법

행복에는 두 가지 유형이 있다. 기억을 통한 행복과 경험을 통한 행복이다. 기억으로서의 행복은 '지금까지 어떤 삶을 살아왔는가?'라는 질문에 대한 답이다. 과거에 자신감을 높여주는 경험을 했다면 가치를 일깨워주고 성공한 사람이라는 정체성을 확인시켜 줄 것이다. 기억으로서의 행복에 만족할 수 있다면 앞으로의 성공에도 더욱 힘이 실릴 것이다.

반대의 경우도 마찬가지다. 성취한 것이 적다면 자존감이 낮아질 뿐만 아니라 스스로 만족스럽다는 느낌이 드는 수준의 자기 관리에 도움이 되지도 않을 것이다. 나는 날마다 명상하고 일기를 쓰고 건강하게 먹으며 나 자신을 관리하지만 내게 의미 있는 목표를 위해서도 열심히 일한다. 목표를 달성하겠다는 욕구를 없애기 위해 마음 챙김을 활용하겠다는 생각은 잘못된 것이다. 달라이 라마처럼 이런 일에 능한 사람도 있겠지만 평범한 사람들에게는 평생 이루지 못한 욕구에 대한 안타까움이 따라다닐 것이다.

스스로를 관리한다는 개념 자체를 공격할 생각은 없다. 하지만 삶의 중요한 부분인 성취를 이루지 않고도 온전한 삶을 누릴 수 있다는 견해에는 반대다. 여기서 말하는 성취란 수백만 달러를 버는 것이 아니다. 자신이 중요하다고 생각하는 무언가를 이루는 것이다. 나는 자기 관리 열풍이 사람들이 단기적으로는 자신에게 만족하도록 현혹하면서 의미 있는 삶에 이바지하는 장기간의 목표를 저버리게 할까 봐 우려가 된다. 왜곡된 버전의 자기 관리는 "당신은 그 자체로 훌륭하며, 높은 자아존중감을 가질 자격이 충분하다"라고 말한다. 또한 어떤 상황이더라도 만족해야 한다고 주장한다. 하지만 이런 주장이 정말 옳은 것일까?

솔직하게 대답해 보자. 우리가 더 생각해야 할 문제는 무엇일까? 경험으로서의 행복이 우연히 찾아오는 순간? 과거에 대한 끊임없는 회상(다르게 했더라면 얼마나 좋았을까 하는 일), 미래에 대한 끊임없는 공상(원하고 바라고 하고 싶지만 자꾸 미루기만 하는 일)? 하지만 이런 생각을 아무리 떨쳐내도 뇌리에서 떠나지 않을 것이라 장담한다.

자기 관리는 목표를 달성하는 것과 병행될 때 자신감을 높일 수 있다.

항상 목표를 좇기만 하고 삶을 온전히 누리지 못하는 사람이 되고 싶지는 않을 것이다. 하지만 끊임없이 진화하는 데 초점을 맞추면 자연스럽게 자기 관리를 하게 된다. 성장하는 동안 더욱 감사하게 되고 솔직해지며 자존감이 충만해진다. 이상적으로 보면 우리는 그 자체로 자존감이 높아야 하지만 실제로는 아무런 성과 없이 자존감이 높아지기 어렵다. 발전 자체가 진정한 만족에 이르게 하는 계기가 된다. 이것을 정반대의 경우와 나란히 놓고 생각해 보자.

"자기 자신을 관리하라," "휴식을 취하라," "순간을 즐겨라", "번아웃을 피하라." 이런 말들은 가치 있는 목표를 위해 전력투구 하고 있는 사람에게 도움이 될 말이다. 번아웃에 대해 말하자면, 대부분의 사람은 번아웃이 될 정도로 많은 노력을 하지 않는다. 물론 꿈을 이루기 위해 시간을 투자하다가 정말 지쳤다면 재충전이 필요할 때다. 하지만 잘못된 방향으로 노력하기 때문에 번아웃이 오는 경우도 많다. 사소하고 무의미한 유흥과 쓸데없는 일에 너무 많은 에너지를 쏟거나, 자신의 삶이 얼마나 힘든지 잘 모르기 때문이다.

경험으로서의 행복을 추구하며 사는 사람은 절대 마음속에서 들려오는 욕망의 목소리를 억누를 수 없다. 더군다나 자기를 속여서 억지로 사랑하고 존중하게 할 수는 없다. 노력해서 얻어야 한다.

자기 관리로 해결할 수 없는 문제들

삶은 힘든 것이다. 고통이 따르게 마련이다. 누구든 억압당하고 어려움을 겪는다. '누군가' 어떤 식으로든 훼방을 놓는다. 지위 숭배 성향, 아름다움에 대한 표준, 사회적 기대, 다른 사람들의 시선 등 어느 쪽에 책임을 전가하든 그 이야기들의 교훈은 동일하다.

"당신의 잘못이 아니다. 운명을 피해갈 수는 없다. 노력의 가치는 과장되어 있다. 당신은 쉴 자격이 있다."

특히 '자격이 있다'라는 말을 강조하고 싶다. 자기 관리 열풍의 전체적인 목표를 설명해주기 때문이다. 사람들은 우리가 더 기분이 좋아질 자격이 있다고 생각하기를 원한다. 더불어 자신을 존중하라는 말은 노력해서 얻는 결과가 아니라 기본적인 인간의 권리가 되었다. 부정직한 겸손으로 얻은 자격과 희생, 우월하다는 느낌으로 잠시 동안은 기분이 좋아질지도 모른다. 하지만 이 자격은 인간 본성에 깊이 내재된 문제를 해결하지 못한다.

우리를 우울하게 만드는 근본 원인

거짓 자기 관리는 '질병을 해결하지 않고 증상을 치료'하는 전형적인 방식이다. 통증 의학은 위독한 사람의 고통을 완화시켜 줄지는 몰라도, 제대로 된 방법으로 치료받지 않으면 환자가 죽을 수도 있다. '자기 관리'로 불만과 불안을 어느 정도 해소할 수 있을지도 모른다. 더군다나 이 방법은 애초에 우리를 자기 관리가 필요한 상태로 만든 원인을 해결할 수도 없다.

삶이 실제로 우울하기 때문에 우울감에 사로잡히는 경우도 많다. 자기가 싫어하는 일을 하고 얄팍한 관계를 형성하고 삶의 의미를 느끼지 못하며 건강 상태도 나쁘고 원하는 것을 얻지도 못한다면(이 모든 것은 삶 전반에 대한 불안감을 드러낸다) 우울할 수밖에 없다. 그렇지 않은가? 감정은 우리의 정체성을 보여주는 외부적인 신호다. 삶의 상태 그 자체에 우리가 삶을 어떻게 느끼는지가 반영될 때가 많다.

몇 년 전 내 삶은 아주 엉망진창이었다. 그때의 슬픔과 좌절에서 나는 어떻게 빠져나왔을까? 어떤 상황에서든지 스스로에게 긍정적이 되라고 말하는 것? 상황이 좋아지게 만듦으로써 극복할 수 있었다. 돈 한 푼 없이, 전기가 안 들어오고 벽에 생쥐가 기어 다니는 아파트에서 살면 전혀 행복하지 않다. 그런데 어떻게 해서 행복해질까? 명상하고, 소유를 단념하면서? 아니다. 경력을 재창조하고, 더 많은 돈을 벌고, 생활 수준을 개선함으로써 행복해질 수 있다. 벌만큼 버는대도 엉망진창이라면 돈만 버느라 의미 있는 삶도 그런 것을 함께 이야기할 사람도 없기 때문일 것이다.

사회나 다른 사람들이 나를 어떻게 보는가는 중요하지 않다. 내가 나를 어떻게 생각하는지가 중요하다. 나는 당신을 모른다. 당신을 판단하지 않는다. 하지만 직접 자신을 판단해 보기 바란다. 어떤 대답을 하더라도 솔직하기만 하면 괜찮다. 지금 상황에서 어떤 방법이 더 효과가 있을까? 마음속으로 긍정적인 자기 이미지를 상상하는 것일까? 아니면 자신을 바라보는 방식을 변화시킬 구체적인 행동을 하는 것일까?

답은 자신만이 알 것이다. 내게는 여러 가지 자기 관리 루틴이 있지만, 다른 모든 루틴은 진정한 자기 관리를 보완할 뿐이다. 진정한 자기 관리란 열심히 일하고, 사랑하는 일을 하고, 내게 의미가 있는 삶을 만들어가는 것이다.

"아직 뭔가 부족해" 의 숨은 뜻

그렇다. 우리 모두에게 강요되는 성공 비결, 사회에서 정한 표준, 우리의 불안을 이용해 수익을 얻는 미디어에 일부 책임을 전가할 수는 있다. 하지만 우울한 감정의 가장 강력한 원인이자, 조금 전 언급한 모든 요소보다 더욱 치명적인 원인이 있다. 우리는 한 번씩 우울하다는 느낌에 빠진다. 실제로 현실이 우울하기 때문이다. 꾸준히 실행을 통해 무언가에 능숙해져야 한다. 우리 앞에 놓인 문제와 장애물을 해결해야 한다. 이런 과정을 통해 무언가를 정복할 수 있다.

끊임없이 목표를 정복하고 문제를 해결하면서 차차 정복자가 되어간다. 자기 자신의 과제를 극복하고 두려움과 마주하며 실패를 이겨내고 지속하는 사람으로 바라볼 수 있게 된다. 자신의 새로운 정체성을 구축하고, 진정한 기억으로서의 행복을 쌓을 수 있다. 자존감이 높아지면 스스로 가치 있는 존재라는 확신이 생긴다. 노력과 행동, 일 말고는 다른 무엇도 빈자리를 채울 수 없다.

"대외적 성공"의 문제

왜 대외적인 성공에 초점을 맞추지 말라고 하는지는 나도 안다. 야망 역시 우리를 힘들게 할 수 있기 때문이다. 잘못된 목표를 추구하는 바람에 진정한 삶의 의미를 추구하지 않고 사회적 지위를 높이려 하다 헛되이 시간만 낭비할 수도 있다. 하지만 세속적인 성공은 다른 사람들 뿐 아니라 우리가 스스로를 평가하는 잣대이기도 하다. 세속적인 성공을 배제하고 세상이 돌아가는 방식을 설명할 수 없다.

수많은 미디어와 광고, 전문가 집단이 사라진다고 해도 우리는 끊임없이 다른 사람과 나를 비교할 것이다. 그리고 여전히 다른 사람들을 부러워할 것이다. 겉보기에만 화려한 성공인지, 실제로 자신의 길을 가는 사람인지, 그 사람이 어떤 길을 가는지는 중요하지 않다. 그리고 계속 다른 사람들이 어떻게 생각할지에 대해서도 신경 쓸 것이다.

본성을 거스리기보다 자신에게 유리한 방식으로 활용하기 시작하면 내 삶은 훨씬 더 좋아진다. 질투를 느끼지 않으려 노력하는 대신, 나보다 더욱 성공한 사람들의 전략을 역설계(reverse engineer)하기 위한 연료로 사용할 수 있다. 다른 사람들이 나를 어떻게 생각하는지 신경 쓰지 않는 척하기보다 나의 여정을 최대한 확장하려고 노력한다. 더 많은 돈을 원하지 않는 척하기보다 더 많이 돈을 벌어 더 좋은 삶을 만드는 데 재투자할 수 있다. 그 돈을 창조적인 프로젝트에 사용하고 건강을 개선하는 데 투자하면, 이로 인해 더 많은 돈과 자유를 얻는다.

누구든 계급 구조에서 오르락내리락하는 자신의 모습을 끊임없이 지켜보고 있을 것이라고도 짐작한다. 왜 더 높이 올라가려 하지 않는가? 그럴 수 있다는 확신이 없기 때문일 것이다.

사회의 마술 묘기

1장에서 사회는 우리가 성공하기를 원하지 않는다고 이야기했다. '누군가 우리를 억누르려' 하는 현실의 '거대한 음모' 같은 것은 없다고도 설명했다. 그런 것은 없다. 사회가 우리의 주의를 산만하게 하고, 순응주의자로 몰아가며, 빚을 잔뜩 진 채 분노하고 무기력한 상태로 만들려 하는 것은 오로지 유인 Incentive 때문이다. 자기 관리에도 같은 법칙이 적용된다.

돈이라는 유인 The Money Incentive

우선 자기 관리로 돈을 벌 수 있다. 빈틈을 채워줄 상품들이 있기 때문이다. 도브가 자사 제품으로 차분하게 거품 목욕을 즐기라고 우리에게 말하는 이유는 무엇일까? 우리를 걱정하기 때문일까? '아름다움의 표준으로 불안정성을 약화시켜라'라고 말하는 왜곡된 광고 문구일 뿐이다. 우리는 아주 훌륭하고 가치 있고 돌봄을 받아야 할 존재이기 때문에 '온전히 순수한(all natural)' 바디 스크럽을 사야 한다. 광고업자들이 판매하는 자기 관리 브랜드로 우리가 더 좋아지는 데 실제로 도움이 될 것이라고 생각하면 오산이다. 자존적인 성향이 강해질수록 시류에 영합하는 제품과 자기 관리를 내세운 제품에 덜 의존하게 될 것이다. 두 가지 제품은 같은 에너지에서 비롯된 다른 주파수나 마찬가지다. 우리에게 문제가 있으며, 실질적인 노력이 아닌 다른 무엇으로 빈틈을 채워야 한다고 말한다. 미디어가 사회적 표준을 지배한다고 생각하는 사람은 스스로 사고하는 능력이 없다고 인정하는 셈이다. 실제로 사회는 우리가 그렇다고 인정하기를 바란다. 이런 식으로 동전의 양면은 우리의 불안정성에서 이익을 얻는다.

컨디션 유인The Conditioning Incentive

자기 관리 산업이 우리가 좋아지는 것, 다시 말해, 자신을 관리하고 더 나은 자아로 거듭나는 데 실질적으로 기여한다면 나는 적극적으로 응원할 것이다. 하지만 자기 계발 업계를 활성화시키는 원동력은 우리가 무기력하다는 생각이다. 우리가 사는 사회에 의식이 깨어 있고 자존감이 높은 사람들만 가득할 수는 없다. 공공연히 성공에 대한 혐오를 드러낼 수도 없다. 너무 노골적이기 때문이다. 우리에게는 암호로 되어 있고 미묘하며 반복되는 메시지가 필요하다.

- 우리는 [x]를 얻을 자격이 있다. - 전혀 노력을 하지 않았는데도 무언가를 얻을 자격이 있다. 그저 얻기를 기다리거나 사버리면 된다. 누군가 항상 어딘가에서 빈틈을 채워줄 것이다.

- 우리 잘못이 아니다. - "상황이 아무리 어렵더라도 사형 선고는 아니다"라는 명확한 메시지를 전달하는 사람은 거의 없다. 그렇지 않다. 그 무엇도 우리 잘못이 아니며, 변하지 않을 것이라는 메시지를 전하기가 더 수월하다. 공허한 축복과

위안에 기대는 것도 마찬가지다.

- 우리는 억눌려 있고, 무기력하다. – 우리는 분명 인류 역사상 가장 부유한 시대에 살고 있으며, 무료 교육과 자원도 한없이 누릴 수 있다. 그런데도 우리의 상태는 엉망진창이고 삶은 고통스럽기만 하다. 불안을 해소하기 위해 명상 휴식처로 오라. 비용은 1,997달러다.

자아의 유인The Ego Incentive

모든 마케터와 카피라이터, 설득론자들은 우리의 기분을 맞추는 것이 물건을 파는 최선의 방법임을 알고 있다. 말도 안 되는 헛소리로 설득하려 할 때는 더욱 그렇다. 우리가 무기력하고, 나약하고, 지쳐 있고, 부당하게도 성공을 거두지 못하고 있으며, 더 나은 삶을 누릴 자격이 있다는 것은 전부 우리의 자아에 호소하는 메시지다.

우리의 자아는 자아실현을 돕기 위해 존재하는 것이 아니다. 감지된 유해(perceived harm)로부터 우리를 보호하기 위해 존재한다. 더 많이 노력해야 한다는 주장을 아무것도 할 필요 없다는 생각으로 바꾸기 위해 자아는 기꺼이 발 벗고 나설 것이다. 하지만 자아가 아무리 애를 쓰더라도 불만과 불안, 삶에서 더 많은 것을 얻기를 바라는 욕망을 지울 수는 없다. 그렇다면 우리는 어떻게 해야 할까?

자신을 관리하기 위해 해야 할 일

진정으로 자신을 관리하고 싶다면 더 좋은 삶을 살기 위해 최선을 다해야 한다. 열심히 일하고, 스스로 도전하고, 두려움을 마주하고, 고통을 승리로 바꾸어야 한다. 어째서? 진정한 자기 관리는 힘든 일을 극복하는 데서 비롯되기 때문이다. 행동이 부족한데 몸이 건강해질 수는 없다. 운동처럼 긍정적인 유형의 스트레스를 통해 원하는 바를 성취해야 한다. 어려움을 회피하면서 정신적으로 건강해질 수도 없다.

이해를 돕기 위해 간단한 정신적 이미지를 활용해 보겠다. 어느 쪽이 더 기분이 좋아지겠는가? 집에 앉아 아무것도 하지 않으면서 '자신을 대접하기' 위해 맥주나 와인 한 잔을 마시는 것?

아니면 두 시간 동안 열심히 정원 일을 하고 땀을 흘린 다음 보상으로 차가운 맥주 한 잔을 즐기는 것? 모스카토 와인을 마시기 전에 소설 초고부터 끝내면 어떨까?

자기 관리는 보상으로 주어져야 한다.

삶을 개선하기 위해 열심히 노력한 다음 보상으로 자신을 관리한다면 죄책감이 아니라 성취감을 느끼면서 이를 즐길 수 있을 것이다. 진심으로 쉴 자격이 있다고 생각하기 때문에 편안한 휴식을 누릴 수 있다. 노력이 부족한데도 자기 관리 차원에서 자신에게 보상을 한다면 부정적인 유인 Incentive을 창출하는 것이다. 잘못된 행동에 보상을 주면 정체하는 것이 아니라 후퇴하게 된다. 이번에도 잣대는 개개인의 몫이다. 하지만 기본적인 원리는 모두에게 동일하게 적용될 것이다.

자기 관리는 처방에 우선한다.

조단 피터슨의 책 《12가지 인생의 법칙(12 Rules for Life)》에 나오는 규칙 중 하나는 '자신을 돌볼 가치가 있는 사람처럼 대하라/ 당신 자신을 도와줘야 할 사람처럼 대하라'이다. 저자는 약물 치료가 필요한 사람을 예로 든다. 주변에 약물 치료로 관리해야 할 대상, 반려동물이나 어린아이가 있다면 당신은 한 번도 빠뜨리지 않고 약을 먹일 것이다. 하지만 사람들은 정작 자신에게는 신경을 덜 쓴다. 약 먹는 것을 자꾸 잊어버려 건강을 망치기 일쑤다. 저자는 장기 이식 환자 중에 거부 반응으로 고생하는 이가 많은데 대부분은 환자가 약을 제대로 먹지 않기 때문이라고도 언급한다.

우리는 자기 자신을 덜 돌본다. 자기에 대해서는 뭐든지 알고 있기 때문이다. 결점도 알고, 모든 실수와 온갖 부정적인 생각도 안다. 뭐든지 다 알기 때문에 다른 사람에게 대하는 것보다 자신에게 더 엄격해진다. 자주 언급되는 사례는 혼자 대화를 나눌 때는 절대 친한 친구와 대화하는 방식처럼 이야기하지 않는다는 것이다.

자기 자신을 도움이나 조언을 바라는 외부자로 대한다면 스스로를 돕는 일에 열중할 것이다. 합리화에 안주하지도 않을 것이다. 자신의 가장 열성적인 코치이자 팬, 치어리더가 되어 진정한 원인을 해소하고, 삶을 긍정적인 방향으로 인도할 수 있는 목표를 달성하기 위해 노력할 것이다.

잠재력에 훨씬 못 미치는 삶을 살면서 어떻게 자신을 관리한다고 말할 수 있겠는가? 이성적으로 생각해 보면 그럴 수 없다는 사실을 알 것이다. 하지만 인간은 비이성적이다. 대부분의 경우 자기 계발이 최선의 처방이지만 우리는 계발보다는 위로에 초점을 맞추라고 자신을 설득한다.

우리는 어떻게 해야 하는가?

지금까지 설명한 내용을 보고 어떻게 느끼든, 그것은 당신의 느낌이다. 여기까지 읽고 나서 어떤 느낌이 드는가? 반박하고 싶은가? 그렇다면 이유는 무엇인가? 내가 틀렸다고 생각하기 때문인가, 아니면 마음 깊은 곳에서 내가 옳다는 것을 알기 때문인가? 알고는 있지만 듣고싶지 않은 진실에 귀를 기울인다면 더 나은 삶으로 향하는 지름길이 나올 것이다. 이 진실을 세세하게 분석하여 자기만의 것으로 가다듬어야 한다.

내 말이 맞는 것 같지만 다소 혼란스럽고, 동기 부여가 되기에는 부족한 감이 있는가? 노파심에서 말하면 나는 '조용한 절망' 속에 살아가며 오랜 시간을 낭비했다. 게으름과 우울, 정처 없는 방황 모두 겪어보았다. 평생 이렇게 살 것 같다고 생각한 적도 있다.

지금 이렇게 느낀다면 아직 끝난 게 아니라는 사실을 깨달아라. 이 책에서 제시한 전략이 당장 효과를 발휘하지 않을 수도 있다. 하지만 충분히 오랜 시간 동안 노력한다면 효과가 있을 것이다. 진정한 자기 관리를 실천하고 싶다면 자기 자신을 더 잘 돌보아야 한다. 진정으로 자기 자신을 돌보고 가장 우선순위에 두고 다른 무엇보다 중요시한다면 누군가는 이기적이라고 할 수도 있다. 내버려 두어라. 다음 장에서는 어떻게 우리의 '이기적'인 태도가 실제로 주변에 있는 사람들의 삶을 나아지게 할 수 있는지 이야기할 것이다.

13

빈 잔으로 따르지 마라

"자신을 소중히 여기지 않는 사람은 그 무엇도, 그 누구
도 소중히 여길 수 없다."

- 아인 랜드

가스라이팅이 무엇인지 아는가? 잘 모를 것이라 확신한다.
우리를 혼란스럽거나 주의 산만한, 심지어는 미치게 만들기
위해 어떤 사람이나 조직이 하는 거짓말이다. 가스라이팅과
거짓말의 차이점은 무엇일까?

가스라이팅은 우리가 믿는 것을 믿기 때문에 미쳐가고 있
다는 확신을 주려 한다. 그래서 우리를 갈팡질팡하게 한다. 한
가지 사례는 우리가 가장 절망적이고 어지럽고 혼란스러운

시대를 살아가고 있다고 확신하게 하려는 미디어다. 하지만 실제로 통계에서는 정반대로 나타난다. 미디어는 온갖 수단을 총동원해 정반대의 그림을 그려야 한다. 본질적으로 삶이 괜찮은 것처럼 보이기 때문이다. 삶이 완벽하지 않다고 말하는 것은 끊임없는 위험에 처해 있다는 이야기처럼 효과적이지는 않다.

우리가 들어본 가장 심한 거짓말, 어쩌면 지금도 믿고 있을 거짓말은 성공하기 위해 노력하는 것이 이기적이라는 말이다. 이 모든 그릇된 주장에는 목적이 있다. 우리가 파우스트식 거래를 하게 만드는 것이다. 죄책감을 불러일으켜 지금의 상태에 안주하게 한다. 대체로 부정성은 우리가 제대로 된 길을 가고 있다는 신호다. 자신의 삶에 초점을 맞추는 데 죄책감이 들거나 죄의식에 사로잡힌다면 더욱 단호하게 밀어붙여라. 잘하고 있는 것이다.

결국 가장 중요한 것은 우리의 삶이다. 자기 자신에게 열중하며 많은 시간을 쏟다 보면 자신을 돌보지 않는 것이 어리석다는 생각이 들 것이다. 언제나 삶의 이야기 한 가운데 자신을 놓게 된다고 말하고 싶어질 것이다. 적어도 내가 주인공이 된다는 말이다. 진정한 자기 계발의 여정을 시작하면 존재의 출발점에 이른다. 이는 무엇보다도 우리에게 미칠 영향을 고려하여 판단을 내려야 한다는 것을 말한다.

다른 사람들이나 사회가 '이기적'이라고 비난할지도 모른다. 사람들이 불안을 숨기는 동시에 무의식적으로 누군가를 공격하려 할 때 꺼내 드는 가장 큰 합리화가 바로 이기심이다. '아이들 때문에라도' 현실적인 생활방식을 따라야 한다는 말을 듣는다. 현실적으로 살아야 하는 이유가 아이들 때문인 것처럼 말이다. 평범하고 온순하게 살아야 하며, 문제를 일으키지 말고, 성공하려고 너무 안달복달하지 말라는 말도 듣는다. 그런데 진실은 무엇일까? 우리 자신, 가족과 친구들, 사회를 위해 할 수 있는 가장 관대하고 이로운 길은 더욱 이기적으로 살아가는 것이다.

비행기에 탔는데 선실 압력에 문제가 생겨 산소마스크가 지급된다면 아이에게 마스크를 씌우기 전에 자신의 마스크부터 쓰라는 지침을 들을 것이다. 더욱 '이기적'으로 살아가야 하는 이유, 자기 자신을 관리하고 우선순위로 생각해야 하는 이유는 얼마든지 많다. 주변에 있는 모든 사람의 삶까지 더 좋아지게 된다.

종종 자신의 삶을 감당할 수 없어서 다른 사람에게 더 많이 집중하는 사람을 본다. 열심히 노력했는데도 원하는 결과를 얻지 못할까 봐 두렵기 때문에 자신의 욕구를 우선시하지 않는다. 그래서 다른 사람들에게 집중하는 것으로 그들이 바라는 인정을 얻는 동시에, 자신의 두려움에 대한 핑곗거리를 찾아낸다.

이들은 "아이들 때문이 아니라면 X를 했을 텐데(X는 항상 존재하게 마련이다)", "너무 많은 책임감 때문에 X를 할 수가 없어." "그래, X도 좋긴 하지만 그런 건 비현실적인 사람이나 하는 일이지"와 같은 말을 한다.

스스로 대단히 바쁘고 쓸모 있는 존재라고 상상할수록 자신의 삶에 대한 실질적인 책임은 덜 감당한다. 그래서 결국은 불안정을 느끼며 이를 다른 사람에게 투사한다. 부모야말로 다른 누구보다 더 이런 일을 자주 한다.

"아이들을 위해 꿈을 포기했어"라는 거짓말

> "부모의 못다 한 삶보다 자식들에게 더 큰 심리적 영향을
> 끼치는 것은 없다."
>
> - 칼 융

이번 장의 한 부분을 부모에게 할애했다. 부모는 관대한 득점 기록원의 전형적인 사례이기 때문이다. '아이를 낳고 나서 인생을 포기해야 한다'라는 논리는 우리 문화에서 하나의 규범으로 자리 잡았다. 물론 아이가 생기면 삶이 달라지기는 한다. 아이가 생기기 전처럼 자유 시간이 많지는 않을 것이다. 아이에게 맞추기 위해 일정을 바꾸어야만 한다. 작은 인간이 삶 속에 들어오면 의무가 10배는 더 늘어날 것이다. 하지만 그

렇다고 해서 꿈을 포기하고 살 필요는 없다.

그런데 사람들은 그렇게 한다. 그리고 스스로 피하려던 것과 정확히 같은 결과를 빚어낸다. 아이들을 위해 삶을 희생하려 애쓰면서 그런 자신의 절차를 되풀이하도록 강요할 뿐, 아이들이 받아야 하는 선물을 마련해 주지 않는다. 이 선물이란 충만한 삶을 살아가며 꿈을 좇고, 사회의 기준에 꿰맞추는 대신 자신으로 드러나 살아가는 것을 말한다. 부모들은 대체로 아이들에게 자신의 불안정성을 투사한다. 그래서 아이들에게 부정적인 유산을 남기고, 한 세대에서 다음 세대로 이어지는 제2의 자기충족적 예언을 만들어낸다. 누군가 이 고리를 끊지 않으면 계속될 것이다.

내게는 세 살 된 딸이 하나 있다. 딸이 청소년기에 접어들어 '삶에 대해서 생각할' 나이가 될 때까지 아빠는 십여 권 이상의 책을 쓰고, 전 세계를 돌아다니며 강연하고 스스로 바라는 것을 기반으로 구축한 삶을 살아갈 것이다. 나는 딸에게 무언가를 하라고 강요하지 않을 생각이다. 열심히 하라고는 하겠지만 그 애가 좋아한다고 생각하는 일에 한해 그렇게 하라고 말할 것이다. 아이가 관심을 보이는 것들 쪽으로 조심스럽게 넛지할 생각이다. 딸이 내게 도움을 청하러 와서 무언가를 본격적으로 해 볼 작정이라고 말할 때, 우리는 함께 전력 질주할 것이다.

가끔 딸이 서커스 학교에 가고 싶다고 해도 보내주겠다는 농담을 하기도 한다. 실은 농담이 아니다. 나는 눈 한 번 깜짝하지 않고 딸을 서커스 학교에 보낼 것이다. 펜 앤 텔러(미국의 마술 및 코미디 듀오- 옮긴이)도 거기서 시작하지 않았던가. 무슨 일이 생길지는 아무도 모른다. 나는 왜 우리 딸의 '경력'에 대해 무심해 보이는 태도를 취하게 되었을까? 경력은 아무짝에도 쓸모없기 때문이다. 나는 딸이 자신의 소명을 찾도록 도울 것이며, 아이가 살아가면서 뭘 하는지는 중요하지 않다는 사실을 받아들이려 할 것이다.

이쯤에서 찰스 슐츠의 말을 빌려보겠다.

"다섯 살 때, 엄마는 행복이 삶의 열쇠라고 말했다. 학교에 들어가자 선생님들이 앞으로 커서 뭘 하고 싶으냐고 물었다. 나는 '행복'이라고 적었다. 선생님들은 내가 숙제를 제대로 이해하지 못했다고 말했고, 나는 선생님들이 삶을 제대로 이해하지 못했다고 대답했다."

나는 딸아이의 삶에도 이와 같은 신념을 불어넣을 것이다. 하지만 아이보다 먼저 '행동으로 보여주는' 삶을 살아야만 그렇게 할 수 있을 것이다. 아이들은 바보가 아니다. 매우 직관적이며, 의식적인 수준에 미치지 않더라도 부모가 자아실현을 이루었는지 아닌지를 알 수 있다. 부모가 자신을 존중하고 가치 있게 여기는지 느낄 수 있으며, 부모의 본보기가 아이들의 삶에도 스며들게 될 것이다. 부모는 어떤 식으로든 아이들에게 삶을 살아가는 가장 중요한 본보기가 될 것이기 때문이다.

악순환을 깨뜨리기 위해서는 내가 자신의 삶에서 가장 중요한 인물이 되어야 한다. 모순적인 말처럼 들릴 수도 있겠지만 여러분은 모든 면에서 최선의 자아가 될 때까지 여러분이 무언가를 주고 싶어도 대부분을 줄 수 없을 것이다. 빈 잔에서 따를 수는 없는 법이다.

자신을 우선시할 때 생기는 놀라운 기적

자신을 2순위에 두었을 때 주변의 모든 것에 얼마나 부정적인 영향을 미치는지 생각해 본 적이 있는가? 시간이 부족하고 너무 많은 책임감에 시달리기 때문에 운동을 하지 않는다. 그래서 일상 속의 업무를 수행하기에도 무기력하고 비효율적인 상태가 된다. 건강해지면 책임을 다하는 일도 더욱 수월해진다.

'시간이 없기 때문에' 사이드 비즈니스를 위해 노력하지 못한다. 그래서 자신과 가족들이 부수입으로 확보한 자유와 자원, 즐길 수 있는 시간을 누리지 못한다. 단기간의 '빠져나갈 구실'을 찾으려다 장기간의 보상을 놓쳐버린다. 그러는 사이 내내 자신의 일부를 희생해야 한다. 자신의 정신적·물리적·영적 욕구를 우선시하면 애초에 꿈꾸던 수많은 성과를 얻게 된다. 주변 사람들이 우리를 더욱 잘 받아들일 것이며, 결과 역시 모두에게 더 바람직할 것이다.

텔레비전 시트콤에 나오는 아빠는 집에 들어와 넥타이를 풀고 소파에 누워 맥주부터 들이킨다. 손을 주머니에 찔러 넣은 채 저녁 식사를 기다린다. 이런 아빠가 아니라 가족들과의 시간을 즐기면서 그들에게 집중하는 아빠가 될 수도 있다. 가족을 볼 때 에너지와 의욕이 충만하기 때문이다. 순교자라도 된 것처럼 가족을 위해 온갖 일을 도맡는 전형적인 엄마가 되는 대신, 항상 모든 집안일을 책임지는 사람이 되기를 그만두고 파트너가 제 몫을 하게 이끌 수도 있다. 이기적으로 살아가는 것으로 자신과 배우자 모두 이득을 얻는다. 두 사람 다 자신을 돌보는 데 더 많은 시간을 투자하고, 상대방의 느슨해진 부분을 보완해 준다. 모두가 이기는 방법이다. 혼자 아이를 키우는 사람은 해결책을 찾기가 쉽지 않다. 하지만 단기적으로 자신을 우선시해야 장기적으로 이익을 취할 수 있다는 주장이 있다.

싱글맘이 되었다고 상상해 보자. 분명 아주 고통스러운 상황이기는 하다. 아이 보는 사람 찾기, 아침에 일찍 일어나 부업을 위해 노력하고, 현실을 개선하기 위해 야간 학교에 다니는 일 등으로 인해 상당히 힘들 것이다. 단기적으로 볼 때 아이와의 관계도 어려워질 수 있다. 하지만 단기간의 고통으로 장기간의 보상을 거둘 것이다. 자신을 우선시하는 것은 길게 볼 때 결국 아이를 우선시하는 것이다.

만약 실패하면 어떻게 될까? 부모가 실패하는 모습을 아이가 보게 된다. 그럴 때는 훌훌 털고 다시 시작하여 제대로 한다. 이 과정은 부모로서 아이에게 줄 수 있는 가장 중요한 교훈 중 하나다. 어리석은 목표는 엄청나게 부유하지만 아이와 보낼 시간이 전혀 없는 부모가 되는 것이다. 이것은 또 하나의 어리석은 거래일뿐이다. 우리가 알아야 할 것은 자아실현의 힘과 이 힘이 가까운 사람들에게 미치는 영향이다.

아이가 없고 미혼인 사람에게는 변명할 여지가 없다. 물론 이런 사람도 가족과 친구에게 의무를 다해야 한다고 느낄 수도 있다. 하지만 생각해 보라. 주변 사람들이 잘되지 않을 때 스스로 그들에게 변화를 모색하게 하는 본보기가 될 수도 있다. 자신을 개발하려고 노력하면서 그저 말로 다른 사람에게 함께 하자고 설득하기는 어렵다. 하지만 누군가는 배우고 싶다고 생각할 수도 있다. 잘 되는 모습을 보면서 자극을 받기 때문이다. 물론 대부분의 친구들은 그렇지 않을 것이다. 당신이 이기적이라고 생각할 것이다.

이런 모습을 통해 관계의 진실에 대해 알아야 할 전부를 알 수 있다. 외로운 늑대가 되라는 말은 아니다. 하지만 우리는 상황에 따라 간단히 깨질 수도 있는 관계에 너무 많은 비중을 둔다. 이것이 삶의 냉혹한 현실이다. 우리는 번번이 뼛속 깊이 혼자가 된다. 이기적이 되지 않고서는 자신을 돌볼 수 없다. 아무 의심 없이 온전히 믿을 수 있는 유일한 사람이 자신뿐이기 때문에 자신을 우선시해야 한다. 더욱이 우리는 자신에 대해 걱정하느라 너무 많은 시간을 허비한다. 대단히 비생산적인 방식이다. 점수를 따고 싶어서, 기분이 좋아지고 싶어서 도움을 잘 주는 관대한 존재가 되려는 것이다. 허울만 좋을 뿐이며, 효과가 있더라도 얼마 가지 못할 것이다. 자기를 제외한 모두를 보살피는 것에서 비롯되는 불안정한 계획은 빠르고 혹독하게 실패하게 마련이다.

나는 여러분의 삶이 어떤지 모른다. 그 어떤 답도 쉽지는 않을 것이다. 하지만 스스로 자신을 위해 충분히 노력하고 있는지 자문해 보라. 지금 자신이 살아가는 모습이 주변 사람들의 욕구를 충족시키고 있는가?

에너지와 분별력, 삶의 의미가 고갈되었는데 어떻게 다른 사람들에게 최선의 모습을 보일 수 있겠는가? 그럴 수 없다. 꾸준히 밀고 나갈 사명을 찾고, 건강한 습관을 받아들이고, 자기 자신을 가장 먼저 챙기는 여유를 확보하려는 노력은 우리가 진정 관대한 사람이 될 수 있도록 도울 것이다.

더욱 '이기적으로' 살아라.

'이기심' 유인Incentive은 관대함으로 나아가는 길을 마련한다. 내가 1년을 투자해 이 책을 썼는데 무료로 배포하려 할까? 절대로 하지 않을 것이다. 나 역시 가능한 좋은 책을 쓰고 열심히 홍보하려 노력한다. 나의 이기적인 유인Incentive 덕분에 사람들에게 도움이 되는 책을 쓸 수 있다. 책 자체가 도움이 된다는 사실이 내 유인Incentive을 충족시킬 가능성이 크기 때문이다. 물론 별로인 책을 써도 반응을 얻을 수 있겠지만 좋은 책을 쓰려 노력한다면 유인Incentive을 충족할 가능성이 더욱 커진다. 유인Incentive이 어떻게 작동하는지 알겠는가?

한때 가면 증후군에 시달린 적이 있다. 성공하고 싶다는 이유로 다른 사람들의 것들을 훔치고 있다고 생각했다. 하지만 더욱 '이기적'으로 변할수록, 오히려 사람들을 더 많이 도울 수 있게 되었다. 근근이 생계를 이어가는 문제에 대해 걱정하지 않아도 되었기 때문에 평범한 사람들보다 돈으로 스트레스를 받는 일이 줄어들었다. 돈 때문에 스트레스를 받지 않으면 분별력을 유지하고 사람들과 좋은 관계를 맺을 수 있으며 창의성을 키우는 데에도 도움이 된다. 아직도 무료로 글을 쓸 생각은 없지만, 성공하기 위해 책을 쓰지는 않아도 된다. 책이 내 주요 수입원이 아니기 때문이다. 더욱 뚜렷해진 단상을 정리하기 위해 글을 쓰는 일을 좋아할 뿐이다. 절박한 상태에서 시류에 영합하거나 마음에도 없는 소리를 하지 않아도 된다. 돈이 있기 때문이다.

지난 5년간 다른 무엇보다도 내 사명을 이루려 노력했다. 항상 올바른 노력을 했던 것은 아니다. 가끔은 지나치게 무리했고, 부모로서의 의무에 짓눌리기도 했다. 다시 한 번 기억하기를 바란다. 나는 절대 이분법적이고, 사탕발림이나 하고 정직하지 않은 버전의 현실을 이야기할 생각이 없다. 그런 일에는 항상 대가가 따른다.

지금 나는 더 생기 있고 깨어 있으며 삶의 모든 면에 더욱 깊이 몰두하고 있다고 느낀다. 모든 일이 어떻게 돌아가는지 파악하기 위해 머리를 쥐어짜지 않기 때문이다. 열심히 일하지만 조바심이 나지 않는다. 딸과 함께 보내는 시간도 더 많아졌다. 더욱 자유로워졌기 때문에 더 좋은 아빠가 되었다. 거래는 삶의 일부다. 실패할 위험이 전혀 없는 삶은 없다. 그러니 문제가 있어도 그냥 받아들여라. 문제를 어떻게 다룰 것인가는 자신에게 달려 있다.

몸과 마음을 관리할 수 있게 되면서 다른 사람들에게 더욱 친절하게 대하기 시작했다. 이런 문제를 바로잡기 전에 나는 스트레스에서 유발된 분노로 날카롭게 굴곤 했다. 돈이 많아지고, 건강해지고 사고방식을 관리하게 되자 사회 전반에 부담을 전가하는 일도 줄어들었다. 건강관리 비용을 더 적게 내기 때문이다. 실용적인 측면에서 다른 누구보다 자기 자신을 잘 돌보는 것은 모두에게 좋은 일이다. 이 과정은 이치에 맞지 않는 것처럼 보이며, 기본적으로 지금까지 들어왔던 모든 이야기와도 맞지 않을 것이다. 사람들은 돈과 성공, 성과와 노력, 이 모든 것을 두고 거대한 감정의 사각지대에 둘러싸여 있다. 이런 합리화가 때로는 우리를 오랜 저주에 빠뜨린다. 원하는 바를 얻으려 노력하지 않아서 얻지 못하는 것이다. 그러면서 자신에게 없는 것을 원하지 않는 척한다. 하지만 마음속 깊이는 원하고 있으며, 이 욕망이 상당히 부정적이고 비생산적인 방식으로 표출되기도 한다. 자신을 우선순위에 두거나, 거짓된 희생 속에 살아가거나. 이 두 가지 시나리오에는 각각의 단점이 있다. 하지만 전자는 적어도 우리에게 한쪽 끝까지 가볼 투쟁의 기회를 제공한다. 결국 무언가를 보여줄 수 있게 한다.

당신은 어떤가? 관대한가, 아니면 관대한 척하고 있는가? 자기 자신은 돌보지 못하면서 주변 사람들은 잘 돌보고 있는가? 어떤 버전의 자신이 주변 환경에 더 좋은 영향을 미칠지 생각해 보라. 자아실현을 이룬 사람일까, 아니면 관대한 점수 기록원일까?

나는 답을 모른다. 하지만 당신은 알 것이다. 그 답에 귀를 기울여 보아라. 삶에서 가장 좋은 것을 취하는 태도를 갖추어야 한다. 그렇다고 자기 계발에 대해 떠벌리고 다니지는 마라. 밝게 빛나되, 주변을 무색하게 해서는 안 된다. 그렇게 되면 걸어 다니는 모순의 표본이 될지 모른다.

한편으로 우리는 진정한 자아가 되어가고 있다. 하지만 다른 한편으로는 인간의 본성을 이해하고 자아실현을 하는 사람으로서 어떻게 '게임을 하는지' 이해해야 한다. 누구도 자신의 100%에 이를 수는 없다. 지나친 욕심이다. 내면의 상태를 발전시키면서도 다른 사람을 대할 때는 순진하고 천진난만하게 행동하는 것, 동시에 관찰자가 되는 것에 힘이 있다.

다음 장에서는 일상적인 의사소통을 하면서 어떻게 행동해야 하는지에 관해 이야기할 것이다. 다른 이들이 우리를 방해하거나 좌절시키려 하는 난관을 거세하고 여정을 계속하는 방법에 대해서도 다룰 것이다. 변함없이 빠르게 돌아가는 세상 속에서 어떻게 사업을 추진할지도 살펴볼 것이다.

14

자아실현, 부름에 응답하라

"꿈이 생긴다…… 꿈을 지키려 한다. 사람들은 자기도 못하면서 당신에게 할 수 없다고 말하고 싶어 한다. 무언가를 원한다면 가서 얻어라. 아주 중요한 사실이다."

- 크리스 가드너, 《행복의 추구(Pursuit of Happiness)》 중에서

이번 장에서 모두 우리를 방해하려고 하니 꿈을 잘 지켜야 한다는 진부한 말을 되풀이하게 될지도 모르겠다. 맞는 말이지만 진부하다는 표현으로는 실제 상황이 어떤지 온전히 설명하기에 부족하다.

탈레브는 이렇게 말했다. "삶은 아인 랜드의 소설 같다. 아

주 잘 쓰였다는 점이 다를 뿐이다." 아인 랜드의 책들에서 주인공은 사회의 평범한 사람과 모든 것을 정반대로 바라보는 아웃라이어에 가깝다.

《마천루(The Fountainhead)》의 주인공 하워드 로워크를 예로 들어보자. 하워드는 혁신적이고 미적으로 완벽한 건물을 지으려고 노력하는 건축가다. 그가 지은 건축물은 번번이 사람들의 조롱을 사지만, 사람들은 내심 그의 작품 속에 담긴 장인 정신과 독창성을 부러워한다. 주인공과 맞서는 인물인 피터 키팅은 전형적인 성공을 거둔 인물이다. 역시 건축가인 그는 규칙을 잘 따르고 위대한 인물들에게 경의를 표하며 '도서 작업'도 언제나 훌륭하게 소화한다. 순조롭게 출세 가도에 오르며, 굽실거리기도 잘한다. 사다리의 높은 곳에 올라 원하는 모든 것을 얻는다. 하지만 그는 불행하다. 하워드에게서 자기가 할 수 없는 모든 것을 본다. 그는 가끔씩 자기혐오에 빠져 하워드에게 조언을 구하러 온다. 하워드는 아무 거리낌 없이 솔직하게 조언한다. 하워드의 이런 모습에 피터는 더욱 화가 치솟는다. 사회적 로봇과 완벽하게 대조되는 인물을 마주할 때면 화가 날 수밖에 없다.

책에서 랜드는 이렇게 말한다. "인간은 열정을, 모든 위대한 열정을 혐오한다. 헨리 카메론은 큰 실수를 범했다. 자신의 작품을 사랑했다. 그래서 그렇게 고통받았던 것이다. 그래서 길을 잃었다."

하워드의 멘토인 헨리 카메론은 하워드에게 과감하게 독창성을 추구하면서 일을 진정 사랑하는 길을 가서는 안 된다고 거듭 당부한다. 위대함과 독창성, 탁월함과 유명세를 갈망하지 않더라도 규칙에서 조금이라도 벗어난다면 사회적 배척과 거부라는 위험을 무릅써야 하기 때문이다. 이때의 문제는 그저 격렬한 비판에 시달리는 정도가 아니다. 수많은 천사와 사람들에게서 '난도질' 당하는 것이나 다름없는 상황에 처할 것이며, 소명을 향해 나아가는 동안 더욱 거센 저항에 부딪힐 것이다. 당신을 사랑하는 사람들 역시 당신을 비난할 것이다.

어머니께 일을 그만두겠다고 말했을 때 어머니의 실망과 우려를 느낄 수 있었다. 직장에 다닐 때보다 5배나 많은 돈을 번다는 사실도 중요하지 않은 것 같았다. 이런 상황은 말없이 악화될 것이다. 이를 헤쳐나가려면 우리를 비난하는 사람들도 어쩔 수 없다는 사실을 이해해야 한다. 사회 전체도 마찬가지다. 이 점을 이해한다는 것은 무척 중요하다. 커다란 음모는 없지만, 사소하고 다양한 변수(인간의 본성, 지위, 집단적 사고방식 등)가 예측할 수 있는 동일한 상황을 만들어낸다. 하나하나 따지고 보면 사소해 보일 수도 있지만 대처할 준비가 되어 있지 않을 때 이런 일들이 한꺼번에 밀려오면 커다란 위협이 될 수 있다. 그럴 때는 자신이 기승전결이 있는 이야기를 끌고 나가는 주인공이라고 생각하는 것도 한 방법이다.

눈에 띄지 않는 구간

이야기 속에서 주인공은 흔히 눈에 띄지 않는 존재로 출발한다. 스파이더맨의 피터 파커는 얼간이었다. 해리 포터는 괴롭힘당하는 고아였다. 헝거 게임의 캣니스 에버딘은 12구역에서 자기 문제에만 빠져 있는 냉담한 소녀였다. 왜 주인공은 별로 볼일이 없고 하찮은 존재로 설정되는 것일까?

우리가 이런 사람에게 가장 공감하기 때문이다.

우리는 스스로 주인공이라고 생각하지 않는다. 우울하거나, 대단히 불행하다는 뜻이 아니다. 그저 영화 속의 조연처럼 느낄 뿐이다. 자신이 특별하다고 생각하지 않는다. 우리가 하는 일을 대신하거나 우리처럼 사는 사람들이 수도 없이 많다고 여긴다. 그래서 평범한 사람이 비범한 사람으로 탈바꿈하는 여정의 기승전결을 접하는 것이 무척 호소력 있게 다가온다. 우리가 바라는 일이기 때문이다. 피터 파커는 초능력을 얻고, 해리 포터는 최고의 마법사가 된다. 캣니스는 진정한 전사가 된다.

이런 이야기들의 또 다른 주제는 겉으로는 나약해 보이는 주인공의 특성을 나중에 활용할 수 있게 된다는 점이다. 온순한 성격은 주인공을 더욱 통찰력 있고 이해심 있는 사람으로 만든다. 어려운 과제와 장애물을 헤쳐나갈 때나, 지원군을 확보할 때도 요긴하게 쓰인다. 이런 점을 인생에 어떻게 적용할 수 있을지 생각해 보자. 지금 당장은 자신이 강하다는 생각이

들지 않을 것이다. 하지만 과거의 부정적인 특성이 장차 주인공이 되는 데 도움이 될 수도 있다.

나의 경우만 해도 과거에 그토록 어려움을 겪지 않았다면 지금처럼 이야깃거리가 풍부하지 않았을 것이다. 직접 실패해 보지 않았다면 실패자라고 느끼는 사람들을 이해할 수 없었을 것이다. 나의 메시지에는 온갖 잡음을 뚫고 나가는 힘이 있다. 고난을 겪어보지 않고 글을 쓰기 시작한 여느 전문가들과는 달리 아무 거짓과 위선 없이 이야기하기 때문이다. 자신의 평범함이야말로 특별한 능력이라는 사실을 깨닫게 될 것이다. 눈에 띄지 않는 존재에서 주인공이 되면 시작부터 순조로웠던 사람보다 훨씬 더 감동이 클 것이다.

부정적인 측면을 거꾸로 뒤집어서 주인공처럼 유용하게 활용할 방법에 대해 생각해 보라. 소심하고 겁이 많은가? 소심하고 겁이 많은 사람을 돕는 방법을 배워라. 《콰이어트(Quite)》의 작가 수잔을 생각해 보라. 내성적인 사람들이 자신을 편안하게 받아들일 수 있도록 돕지 않았던가? 자신에 대한 의심이 많은가? 그렇다면 자신에 대한 의심이 많은 사람을 위해 본보기가 되어라. 자주 도가 넘게 행동하고, 너무 밀어붙이는가? 사교성 덕분에 더욱 빛날 수 있는 영역을 찾아라.

부름에 응답하라.

벤 삼촌은 총을 맞고 목숨을 거두기 직전에 피터에게 말한다. "큰 힘에는 큰 책임이 따른다." 해리는 호그와트로 초대받는다. 캣니스는 여동생과 자리를 바꾸어 헝거 게임 속으로 들어간다. 눈에 띄지 않던 주인공이 '부름에 응답한다.' 우리 삶 속에서도 이와 같은 부름의 순간이 있다. 이미 한 번 이상 들었겠지만 그 부름에 응답할지 말지는 각자의 선택에 달려 있다. 내 부름에 대해서는 이미 이야기했다. 친구가 그의 웹사이트에 글을 써 달라고 부탁했을 때였다.

가끔 부름은 초대의 형태로 찾아온다. 가끔은 고통과 상실로 나타난다. 부름을 알아차리고, 이에 응답하는 것이 중요하다. 장차 일하고 싶은 업계에서 자원봉사를 하게 되거나 멘토가 될 사람과 커피를 마시는 것처럼 겉보기에는 사소한 기회의 형태로 올 수도 있다. 마흔이 되어서야 지난 20년 동안 엉뚱한 업계에 종사했다는 사실을 알게 되거나, 파트너와 잘 맞지 않아 고생했다는 것을 알게 되는 경우처럼 위기의 형태로 올 수도 있다. 삶을 혼란 속에 밀어 넣지만 실수가 되지는 않을 위험을 감수하면서 부름에 응답할 수도 있고, 시간을 '질질 끌면서' 최대한 오래 이런 감정을 억누를 수도 있다.

부름에 응답하려 할 때는 항상 주인공들이 여행을 어떻게 시작하는지 기억하라. 그들은 무슨 일을 하려는지 잘 몰랐다. 시작 부분에서는 서투를 수밖에 없다. 실수도 할 것이다. 하지만 '여행이 끝날' 무렵에는 주인공이 되어 있을 것이다. 삶은 끊임없는 진화의 과정이기 때문에 진정한 종착지란 없다. 하지만 가끔 삶에서 기승전결이 있는 것처럼 느껴지는 기간을 거치기도 할 것이다. 내가 글쓰기에서 그랬던 것처럼 삶을 위한 핵심적인 기둥을 새로 세울 때 기승전결을 겪게 될 것이다.

주인공은 가끔 마지못해 부름에 응답하기도 한다. 항상 열정에 가득 차 있지는 않다. 새로운 삶을 시작하기에 앞서 자신감에 가득 차 있지 않더라도 성공하지 말라는 법은 없다. 처음부터 왕성한 의욕을 발휘하지 않아도 된다. 하지만 어쨌든 시작은 해야 한다.

수많은 과제

우리를 괴롭히는 악당은 언제나 저항이다. 저항은 다양한 형태를 취하며, 여정을 진행하는 동안 과제를 제시한다. 욕망이나 미적 욕구, 아름다움에 대한 주인공의 나약함을 반영하는 사이렌의 매혹적인 목소리를 듣게 될 것이다. 사이렌의 부름에 응답하여 '황금 수갑'을 차고, 반짝거리고 근사하지만 무의미한 물건을 사들이는 사람들을 생각해 보라. 간혹 과제가 내면의 악마로 표출되기도 한다. 해리 포터에게도 작품 속의 사악한 존재인 볼드모트 같은 면이 있었다는 점을 떠올려 보라.

우리 안의 악마, 결점과 악함이 시도 때도 없이 우리를 불구덩이에 빠뜨리려 한다. 어떻게 극복할 것인가?

이야기가 진행될수록 주인공에게 자신감이 생긴다. 삶에 대해 통제력을 더 많이 행사할수록 더욱 자신감 있게 행동하게 될 것이다. 이런 계기를 맞이하기 위해서는 먼저 시작을 해야 한다. 일단 시작하면 조금씩 최종 목적지를 가늠할 수 있게 될 것이다. 처음에는 비틀거리다가 점차 성공을 경험하면서 추진력을 얻게 된다. 추진력을 얻은 후에는 더 큰 그림이 보이고 악마와도 맞서 싸울 수 있게 된다.

내 경우에는 글쓰기를 실제로 시도할 수 있다는 사실을 깨달으면서 나를 괴롭히는 문제들이 서서히 사라져갔다. 술과 약물을 완전히 끊었다. 조금씩 체계적으로 사는 법을 배워나갔다. 게으름과 지연의 문제도 줄어들었다. 그럴 만한 이유가 생겼기 때문이다. 활기가 생기고 자신감이 커진다. 하지만 어려움은 계속될 것이다. 주인공이 그랬듯이 진전과 중단의 시기도 겪을 것이다. 아슬아슬하게 마무리하게 될 수도 있다. 모든 것이 끝장났다는 느낌이 드는 순간도 올 것이다. 주인공들이 끝까지 밀어붙일 수 있도록 이끌었던 원동력은 무엇일까? 이들은 더 큰 목적을 위해 일한다는 것을 알고 있었다. 주인공들은 어느 시점부터 그들이 겪는 문제가 개인의 문제가 아니라 세상에 무엇을 줄 수 있는가의 문제임을 깨닫는다.

여러 가지 다양한 측면에서 준비하고 주인공이 될 수 있다.

그저 도시에서 제일가는 자동차 판매원이 되는 것이 아니다. 가족들이 즐거운 모험을 떠나면서 안전할 수 있도록 돕고, 청소년이 생애 첫 자동차로 온전히 세상에 진입하도록 도우며, 수많은 사람이 생계를 유지하는데 도움이 될 핵심적인 욕구의 대상을 제공하는 것이다. 컴퓨터 프로그래머 역시 마찬가지다. 지구 전체를 운영하는 디지털 인프라를 구축하도록 돕고 있다. 작가 역시 그냥 작가가 아니다. 용기를 북돋아 주고 잔인한 세상에서 숨을 돌릴 탈출구를 제공하며 인간됨의 조건을 재조명하여 진정한 위안과 성찰을 불러일으키는 이야기를 들려준다.

삶에서 어떤 길을 택하든 이를 사명으로 받아들이는 것은 절대 진부한 일이 아니다. 반드시 해야 하는 일이다. 과제에 직면했을 때 승리할 수 있는 유일한 방법이기도 하다.

클라이맥스와 마지막 결투, 그리고 귀향

마침내 목적지에 '도달'하는 단 한 순간이란 존재하지 않는다. 하지만 특정한 목표를 향해 고군분투하며 성공하려 노력하는 시기에 소소하게나마 기승전결을 경험할 수 있다. 그리고 결국 원하는 것을 얻게 될 것이다.

2년 동안 야간 학교에 다니며 패스트푸드 가게에서 아르바이트한 후, 새롭게 배운 분야에서 일자리를 얻고 수익을 2배로 늘린다. 2년 동안 애써서 온라인 사업체를 마련하고, 드디어 일을 그만둔다. 몇 년이라는 시간과 100파운드를 투자한 후에 자신이 하는 일들을 즐기게 된다. 그곳에 이르기 전에 여정을 마무리하기 위한 일종의 결정적 순간을 맞닥뜨리게 된다. 원하는 것을 얻기 직전에 가장 큰 두려움이 찾아오는 법이다. 우리는 실패를 두려워하는 것만큼이나, 성공도 두려워한다.

나는 추진력을 얻어 임계점 바로 근처까지 올라갔다가 갑자기 꺾여서 사라지는 작가들을 여럿 보았다. 나 역시 그런 과정을 겪었다. 이런 순간에는 나는 아무래도 성공할 자격이 없는 것 같다는 야릇한 느낌에 사로잡힌다. 너무 좋아서 현실이라고 믿기 어렵다. 언제라도 전부 사라져버릴 것 같다.

좋은 점도 있다. 이 지점을 견디면 승리한다. 어떻게? 자신감과 의미를 발견하여 끝까지 밀어붙이지 않고서는 불가능한 경지에 이르게 된다. 지평선 너머에 있는 놀라운 지위를 느껴보라. 다른 사람들에게는 놀랍지 않겠지만 우리 자신에게는 그렇다. 무엇이든 자신이 하고 싶은 일을 해내면 그 사람에게는 지금까지와는 다른 광채와 멋이 생긴다. 설명하긴 어렵지만 분명 성취할 만한 가치가 있다.

그 후에는 새로운 모험을 시작하게 된다. 삶은 종착지가 없는 여행의 연속과도 같다. 한번 승리하고 주인공이 되는 것으로는 한참 부족하다. 또다시 올라가고 싶어진다. 이 모든 과정은 그저 게임과 같다. 재미있고 어지러우며 골치 아프고 혼란스럽지만 즐거운 게임이다.

다른 사람인 척하라

나는 자기주장이 강한 편이다. 진지한 주제에 대해 토론하고 싶어 하며, 대부분의 통념에 반대한다. 하지만 강력하게 의견을 피력할 때마다 어려움을 겪곤 한다. 이 문제는 다른 사람들의 부족함을 그들에게 투영하는 문제로 귀결된다. 대화를 망치기에 가장 쉬운 방법 중 하나는 상대방이 멍청하다고 느끼게 만드는 것이다. 인간으로서의 정체성의 연장인 가치 체계에 어긋나는 의견을 주장하는 것도 효과적인 방법이다. 민감한 주제인 경우 왜 그렇게 열띤 논쟁으로 이어진다고 생각하는가? 신념 체계에 관해 주장하는 것은 한 사람의 인간으로서의 가치에 반대하는 주장을 하는 것이다. 실제로 이렇게 하는 것은 아니지만 상대는 그렇게 받아들인다.

가끔 실수하기도 하지만 나는 사소한 대화를 즐기고 날씨와 연예 뉴스처럼 일상적인 이야기를 하는 쪽이 더 낫다는 것을 깨달았다. 그리고 다른 사람들과 잘 어울리기 위해 최선을 다한다. 진지한 주제에 관해 이야기하고 토론하며 전략을 공유하려 하는 사람들도 있다. 이런 사람들을 소중히 여겨라. 이들과 더 자주 소통하라. 결국 우리 주변에 더 오래 남을 사람이다. 관심사를 공유할 수 있기 때문이다. 그렇지 않을 때는? 그냥 입을 다물고 있어라.

나는 진심으로 공유하고 싶어 하는 주제는 미디어의 몫으로 남겨둔다. 이런 주제에 대해 듣고 싶어 하는 사람들이 있다는 사실을 알기 때문이다. 발전하려는 욕망이 있는 사람만이 자기 계발 관련 책이나 기사를 읽는다. 그럴 때조차 경계심을 늦추지 않고 읽기 시작할 때가 많다. 긍정적인 사람들에게도 냉소적인 태도가 기본 정서인 경우가 많다. 사람들에게 자기 계발을 하라고 설득해봤자 소용없다. 서로 돕자는 것이 그 취지라고 해도 나 역시 글쓰기의 톤을 조절해야 한다. 자신의 견해를 강요하는 것은 아무에게서 아무것도 얻지 못하는, 그야말로 최악의 방법이다. 대화로 할 때는 더욱 그렇다. 첫째, 짧은 시간에는 효과가 없다. 아무도 '진지한 주제'에 대해 이야기를 나누고 나서 곧장 변하지는 않을 것이다. 둘째, 아무리 호의에서 이야기하더라도 거만하고 자기주장만 내세우는 사람처럼 보일 것이다. 마지막으로 사람들은 대체로 변하겠다고 결심할 정도로 자기 계발에 관심이 없다. 앞으로도 그럴 것이다.

다른 사람을 구하려 하지 마라. 그 사람도 누가 구해주기를 바라지 않는다. 그냥 그렇게 살도록 내버려 두어라. 매정할 수도 있지만 더 현실적으로 세상을 살아가는 방식이기도 하다. 이 사실을 깨닫기까지 오랜 시간이 걸렸다. 자기 계발에 몰두하면서 발전하고 싶은 사람들에게 둘러싸여 있고 '일상적인' 행위에서 자기 계발을 적용하는 데 초점을 맞추고 있다면 누구나 자기 계발을 하고 싶다고 믿는 시점에 이른 것이다. 그렇지 않다. 진심으로 더 나은 삶을 살고 싶어 하는 사람이 수백만은 된다. 하지만 전체 인구에 비하면 적은 수치다.

사람들은 대체로 현 상태를 유지하면서 지금처럼 살아가고 싶어 한다. 다들 자아실현은 접은 지 오래다. 이런 사람들을 구할 수는 없다. 노력조차 하지 마라. 그들의 구원자가 되고 싶을 것이다. 하지만 믿지 않는 사람에게 신이 무슨 소용인가? 그냥 내버려 두어라.

애써 사람들에게 인정받으려 하지 마라.

이제 쓰디쓴 진실을 짚고 넘어갈 차례다. 전통적인 관점에서 이해되지 않는 방식으로는 큰 성공을 거두어도 전통적인 방식을 고수하는 사람들은 우리가 기대하는 만큼 대단하게 생각하지 않을 것이다.

다음 두 가지 시나리오를 살펴보자.

첫 번째 시나리오: MIT나 존스 홉킨스 대학, 하버드 법대에 들어가 엔지니어나 의사, 변호사 된다. 칭찬 세례에 휩싸인다. 가족의 자랑거리이자 주위 사람들에게 질투의 대상이 된다. 수억대의 연봉을 받으며 고용 먹이 사슬의 정상에 오른다. 동

료들과 지역 공동체에서 존경을 받는다.

두 번째 시나리오: 대학 학위가 없다. 4년 동안 십만 달러를 쏟아부으며 학교에 다니는 대신, 고등학교를 나와 일자리를 구하고 온라인에서 서투르게 작업을 시작한다. 전자 상거래 사이트를 개발하는 법을 배우고 드랍쉬핑 전문가가 되어 혼자 힘으로 수십억대의 수익을 창출한다. 자신의 사업으로 도시 최고의 배관 전문가가 되어 변호사나 의사보다 10배는 더 많은 돈을 번다. 오로지 금전적인 관점에서 봤을 때는 의사나 변호사보다 더 크게 성공했다고 생각하며 존경을 받을 것이라 기대하지만 착각에 지나지 않는다. 일반적인 사회의 각본에 맞지 않기 때문에 점수를 얻지 못한다.

다시 이야기 구조를 통해 살펴보자. 주인공은 가끔 가면을 쓴다. 아무도 주인공이 누군지 모른다. 주인공도 본인을 인정하지 않는다. 전통적인 유형의 성공에서는 모두 성공한 사람을 칭찬한다. 이는 사이렌의 유혹과도 같다. 인정을 갈망하고 중독되는 것이다. 이럴 때의 전략은 자기 자신, 자신의 일, 자신의 사명을 스스로 인정하는 법을 배우는 것이다. 다른 사람으로부터의 인정은 실은 존재하지 않는다. 아무도 우리를 인정할 수 없다. 옷에 남들이 '인정받았습니다!'라고 쓰인 스티커를 붙여주는 것도 아니지 않는가. 그저 인정받았다고 느낄 뿐이다. 다른 사람의 반응을 어떻게 해석하는가는 자신에게 달려 있다.

자신을 즐겁게 하는 방법을 알기만 하면 더 이상의 인정은 필요 없다는 뜻이다. 세상은 절대 우리의 성과를 온전히 알아차릴 수 없을 것이다. 문제는 누구를 위해 이런 성과를 이루는가에 있다. 나 자신인가 아니면 세상인가? 마르쿠스 아우렐리우스는 분별력이란 "행동에 정체성을 결합하는 것"이라고 말했다.

결국 중요한 것은 성공이나 돈, 존경이나 지위, 인정이 아니다. 우리의 여정에서 중요한 것은 분별력이다. 마음속에 성과로 단단히 구축된 안전한 은신처를 마련하는 것이다. 다른 목적 때문이 아니라 거울을 바라보면서 거울 속 내 모습에 만족하기 위해서다. 우리는 삶에서 진정으로 즐거움을 느끼는 지점에 이르고 싶어 한다. 이 지점에서는 너무 즐거워서 다른 사람과 함께 나누고 싶다는 욕구도 생기지 않을 것이다. 처음 두 권의 책이 나왔을 때 모든 페이스북 친구들에게 그 사실을 알렸다. 칭찬받고 싶기 때문이었다. 이번 책도 홍보하겠지만 개인적으로 아는 사람들에게는 하지 않을 것이다. 어차피 사지도 않을 사람들이다.

자기 계발의 여정을 계속해 나가는 사람은 온라인에 사진을 올려 자랑하지 않고도 휴가를 즐길 것이다. 은행 계좌에 수백만 달러가 있어도 롤렉스나 람보르기니를 사고 싶지 않을 것이다. 물건을 사는 이유는 그 물건이 좋기 때문이다. 어떤 일을 하는 이유는 그냥 하고 싶기 때문이다. 현명한 사람이라면 성공 가도에서 더 높이 올라갈수록 절박함과 인정 추구 욕구도 줄어들 것이다. 그리고 재미있는 일이 생긴다. 다른 사람들을 지켜보면서, 그들이 얼마나 타인의 인정을 간절히 바라는지 느끼게 된다. 소셜미디어상의 모든 자기과시와 잡담, 지위 신호와 바라지도 않는 쓸데없는 물건을 사들이는 행위 모두 인정받기 위해서다. 혼자 조용히 웃게 된다. 하지만 안타깝게 생각하지는 않는다. 그저 게임의 본성을 이해하게 될 뿐이다. 우리는 세상이 어떻게 돌아가는지, 그 안에서의 우리의 역할이 무엇인지 안다. 알아야 할 것은 이것이 전부다.

제3부

전진하기
:
시스템 구축하기

여기까지 책을 읽은 사람들의 앞날이 기대된다. 대부분 사람은 시간을 들여 삶을 바꿀 책 한 권 전체를 읽지도 않는다. 이것이 사회의 현실이자, 그 안에서 살아가는 개인의 현실이다. 하지만 여러분은 다르다. 지금까지 이 책을 잘 따라왔다면 성공이 어떻게 작동하는지 이해했을 것이며, 삶에서 올바른 변화를 일으키는 데 필요한 전략도 세웠을 것이다. 그렇다면 다음 단계는 무엇일까?

3부는 여러분에게 생각할 거리를 제공할 것이다. 노력하고 추진력을 얻으려는 사람들을 위한 충고이기도 하다. 사고방식을 바꾸고 강점을 파악하고 계획을 세운 다음에는 본격적으로 시작해야 한다. 이 책의 3부는 시작하는 기간에 집중력을 유지하는 것을 도우면서, 장차 기대하는 바가 무엇인지 알게 할 것이다.

노력을 시작해서 정말 열심히 하면 세계관이 바뀔 것이다. 현실감각 자체가 달라진다. 희박해진 공기 속에 머물게 될 것이다. 대다수 사람은 절대로 일정 기간 노력을 지속하지 못하기 때문이다, 절대로.

충분히 오랜 기간 노력하고 나면 3부의 첫 장에서 설명할 지점에 도달할 것이다. 스스로 이렇게 말하게 될 것이다. "맙소사, 정말 해낼지도 모르겠어." 그리고 진화를 거듭할 것이다. 끊임없는 진화가 바로 우리의 목표다. 앞으로 다시는 자기 계발서를 그냥 읽기만 하고 끝내지 않을 것이다. 책 속의 충고를 직접 실행에 옮기고, 더 원대한 목표로 나아가게 될 것이다. 좋다.

15

'작은 프로젝트'로
나의 제국 만들기

"계속 물 위에 떠 있으려고 해봐. 알겠어? 퍼프 말처럼 바
쁘게 움직이고 일하는 거야. 그게 제일 중요해. 정상을
유지하려면 그게 제일 중요하다고. 모든 일을 첫 프로젝
트에 임할 때처럼 대하는 거야. 무슨 말인지 알겠어? 오
늘이 첫날인 것처럼, 인턴이었을 때로 돌아간 것처럼. 굶
주린 듯이 모든 일을 처리할 때처럼 하는 거야."

- 노토리어스 B.I.G (Jay Z의 노래 My 1st Song 가사 일부- 옮긴이)

1부와 2부는 삶의 새로운 여정을 시작하기 위해 필요한 토
대를 구축하는 데 초점을 맞추었다. 일주일 동안 잠시 해 보다

가 그만두었다면 그것은 시작한 것이 아니다. 진정한 시작에는 일정 기간 이상의 노력이 필요하다. 정확한 숫자를 말하자면 90일 이상, 가급적 6개월 이상 '여정을 이어나가는' 노력을 했을 경우를 말한다. 입문 단계 후에는 중급 및 그 이상의 단계로 이동해야 한다. 최종 목적지는? 자신의 제국을 건설하는 것이다.

제국을 건설한다는 것은 삶의 목적에 따라 구축된 분별력과 만족감의 성채를 일컫는다. 시간을 자유롭게 쓸 수 있고, 매일 원하는 일을 하고, 아침에 일어날 때마다 겪게 될 일에 설렐 때 제국을 이루었다고 할 수 있다. 어떻게 하면 그곳에 이를 수 있을까?

입문 단계의 목표는 추진력이다. 중급 및 그 너머 단계의 목표는 기회를 포착하는 것이다. 이 단계에서는 무엇에든 "좋아"라고 대답해야 한다. 모든 기회가 똑같이 중요해서가 아니라, 어떤 기회가 좋고 나쁜지 아직 잘 알지 못하기 때문이다. 테스트를 해 보며 배워나가야 한다. 나는 여러 군데의 웹사이트에 글을 쓰며 어느 쪽에서 반응이 좋고, 어느 쪽이 그렇지 않은지 파악했다. 가장 반응이 좋은 글을 알아보기 위해 다른 제목과 문체를 시도해 보기도 했다. 독자들이 늘어나자 직접 선호도에 대한 질문을 한 다음 그들이 원하는 글을 쓰려 노력했다. 돈이 되는 글을 쓰기 위한 여러 가지 방법을 배웠고, 직접 써 보기 시작했다.

파장을 일으켜라

장기적인 시각으로 씨를 뿌릴지 판단하려면 다소 비중이 있는 일을 해야 한다. 작가라면 자신이 쓴 글에 대해 돈을 받는 일이 될 것이다. 단 1달러라도 좋다. 사업가 지망생이라면 첫 판매고를 올리는 것이다. 이직을 원한다면 인터뷰를 성사시키거나 신입 단계의 일을 얻는 것이 된다. 자신이 하려는 일에서 보상을 얻을 수 있는지에 대한 증거를 찾아라. 그런 다음 다시 하고, 다시, 또다시 하라.

이 단계에 이를 때까지 버티기 위해서는 애초에 왜 모든 일을 시작했는지 기억해야 한다. 왜 이 책을 샀는지 기억해 보라. 마법의 해결책 같은 것은 없다. 하지만 실질적인 노력을 하지 않으면서 삶을 바꾸는 방법에 대해 이야기하는 것을 듣는 데 지쳤을 것이다. 나는 이 전환 단계에서 자신이 원하는 일을 계속하기 위한 추진력을 얻는 사람들을 많이 보았다. 이런 사람들의 한 가지 공통점이 무엇일까? 멈추지 않는다는 것이다. 추진력은 최고의 친구다. 멈추지 마라. 하루를 놓쳤다면 이날을 멀리건(최초의 샷이 잘못돼도 벌타 없이 주어지는 세컨드 샷-옮긴이)으로 삼고, 다음 날로 넘어가라. 장애물이나 잘 안 풀리는 날을 새로운 도전이 실패했다는 것에 대한 핑계로 삼지 마라. 홀홀 털어버려라. 굳건해져라. 집중하라. 이것이 내가 여러분에게 바라는 전부다.

다음 단계를 향해

첫 번째 단계에서 성과를 거두려 노력하고 있다면 어색하고 서투르다는 느낌을 받았을 것이다. 그다음 단계는…… 좀 덜 어색하고 덜 서툴러진다. 내가 첫 책으로 10점 만점에 2점을 받았다고 한다면, 두 번째 책으로는 10점 만점에 5점을 받았다. 크게 한 걸음 내디디고, 그 경험에서 배우고, 또 한 번 커다란 도약을 하는 과정은 장기간의 시야를 갖추는 데 필요한 이해의 폭을 마련해 준다. 그러면서 점점 더 스스로 "전부 이해되지는 않지만 참을성 있게 버티면서 숙달하는 데 집중해야 한다는 것만큼은 알겠어."라고 혼잣말을 하게 될 것이다.

나는 두 권의 책을 낸 후 기술을 꾸준히 개발해 왔고, 책을 쓰며 배운 내용을 다른 사람들과 공유하기 시작할 정도로 자신감도 커졌다. 다른 작가들의 코치 역할도 시작했다. 도구 벨트에 더 많은 기술과 제휴 마케팅 같은 수입원도 추가했다. 이때가 전자 상거래 스토어를 확장하고, 더 많은 작품을 만들어 이를 공유하며, 더 나은 직업을 알아보거나 인상을 요구하고 고객을 늘리는 등의 일을 해야 할 시점이다. 이 단계의 최종 목적지는 자신이 그만두지 않는다는 사실을 아는 것이다.

물러설 수 없는 지점

1년 전쯤 모종의 깨달음 같은 것을 느꼈다. 나는 절대 그만두지 않는다. 우여곡절이 따른다는 것은 알지만 지금까지 많이 노력하고 배웠기 때문에 내가 절대 그만두지 않을 것이라고 확신하게 되었다. 이런 지점은 종종 돈과 같은 확실한 증거를 보기 시작할 때쯤 찾아온다. 하지만 자신의 분야에서 편안해졌다는 느낌을 받거나, 결정적인 창의력의 돌파구를 맞이하거나 더 많은 독자층을 확보했을 때 찾아오기도 한다. 주변 사람이 마침내 우리가 무언가를 해냈다는 것을 알고, 진지하게 그 길을 추구한다는 것을 깨닫는 지점이기도 하다. 우리 앞에 더 넓은 미래가 보이며, 꿈을 이루는 것이 가능하다고 믿게 된다.

수익이나 팬, 목표 달성과 사람들의 새로운 반응 등의 형태로 피드백을 받을 것이다. 주변 공기가 달라졌다는 느낌도 들 것이다. 삶에서 무언가를 성취했다고 느끼는 사람들에게 감지할 수 있었던 바로 그 공기다. 두려움이 사라지는 것은 아니지만 이제 '프로가 되었다.' 취미로 즐기던 태도에서 사업 소유주의 태도로 완전히 전환하게 되었다는 뜻이다.

심화 단계

몇 달 전 한 독자가 내게 연락해서 내가 글에 쓴 '나는 당신이 누구인지, 무엇을 손쉽게 잘하는지도 모른다. 당신의 비결을 가르쳐 주기 바란다.'라는 대목을 언급했다. 나는 미소를 지었다. 일단 일에 착수하면 모든 일이 더욱 쉬워질 뿐 아니라, 다른 사람들이 당신을 알아보기 시작한다. 그냥 일을 하고 있을 때는 아무도 당신이 누구인지 모른다. 하지만 '목적지에 도달'하기 시작할 즈음에는 당신이 불쑥 어딘가에서 튀어나온 존재처럼 보이게 된다. 하룻밤 사이에 이룬 성공의 주인공이 된다. 나의 글은 꽤 오랫동안 정상에 머물렀다. 5년 사이에 내 글은 조회 수 0에서 100만으로 훌쩍 뛰어올랐다. 이 자리에서 부나 명예를 약속하지는 않겠지만, 이런 수준에 이르면 '새로운 표준(new normal)'을 경험하기 시작할 것이다. 과거에는 상상도 못 한 목표를 달성하게 될 것이다.

입문 단계에서는 추진력이 생기는 것에 대해 불안을 느낄 것이다. 심화 단계에서는 자신이 하는 일을 확장하기 위한 아이디어와 방법이 끝도 없이 떠올라서 불안해진다. 세상 전체가 열려 있는 듯한 느낌이 든다. 재능이나 경로, 사업이나 일에 대해 몇 년간은 노력해야 '무엇이든 가능하다'라고 믿는 경지에 이를 것이다. 이런 믿음이 생길 때는 여기까지 오기위해 쏟은 노력을 돌아보게 된다. 같은 수준이나 그 이상의 노력을 할 수 있다고 느낄 것이다. 현재의 모습을 위해 5년 동안 노력하여 이렇게 멀리 왔는데 지금 갖춘 모든 기술로 또 다른 5년 동안 얼마나 많은 것을 성취할 수 있을지 상상해 보라.

더 많은 성공을 경험할수록 열심히 노력하기가 더 쉬워진다. 근면한 노력이 거두는 보상의 진정한 가치를 알기 때문이다. 마음 한구석에 늘 이 생각을 간직하라. 목표를 달성한 후에 책의 이 부분을 다시 참고하라. 내가 한 말이 무슨 뜻인지 알게 될 것이다.

난 여기서 그냥 멈출 수도 있다. 내 경력에 만족하고 있다. 하지만 예전보다 몇 배 더 열심히 노력한다. 끝나지 않는 여정의 마지막 단계인 숙달에 이르고 싶기 때문이다. 책의 전반부에서 숙달과 다방면의 기술을 갖추는 것 사이의 논의에 관해 이야기했다. 둘 다 할 수 있다. 한 가지의 주요한 기술이 제국의 중심축이 될 것이다. 내게 있어 그 기술은 글쓰기다. 주요 기술에서 얻은 자본을 활용하여 제국에서 좀 더 작은 저장고를 만들 수 있을 것이다.

나는 다양한 주제를 망라하는 여러 책과 유튜브와 팟캐스트 같은 새로운 미디어 채널, 온라인 상품, 새로운 코치와 멘토링 프로그램, 대중 강연, 행사 등으로 나만의 작은 제국을 건설하는 데 집중하고 있다. 전반적으로 최대한 많은 사람과 내 작품을 공유하려 애쓴다. 이번에도 글쓰기가 그 토대다. 먼저 글쓰기 분야를 갈고 닦지 않으면 제국을 확장해 나갈 시간도, 돈도, 에너지도 없을 것이다. 추진력을 확보하라. 그런 다음 성장하라. 이 여정이 끝나는 지점은 존재하지 않는다. 숙달이 마지막 단계지만 이는 평생 동안 계속될 것이다. 베스트셀러 작가들이 왜 계속 새로운 책을 낸다고 생각하는가? 수십억을 버는 기업가들이 이미 잘나가는 부자인데도 새로운 기업을 창설하는 이유가 무엇인지 아는가? 책과 기업이 게임을 사랑하여 만든 부산물이기 때문이다.

숙달은 진정한 성공을 추구하는 사람이 끊임없이 진화해 나가는 상태다. 숙달보다 더 좋은 일이란 존재하지 않기 때문이다. 남은 평생 동안 죽을 때까지 달성할 수 없는 이상을 추구해 나가라. 이것이야말로 진정한 목표다.

16

힘들 때마다 되새기는 문장

"우리는 일어난 일이 아니라 일어난 일에 대한 자기 생각
때문에 걱정한다."

- 에픽테토스

꿈을 이루려 노력할 때는 장애물과 좌절에 부딪힌다. 꿈을
이루려 노력하지 않아도 장애물과 좌절에 부딪힌다. 그것이
삶이다. 머릿속에서 나는 아직 한참 멀었다고 속삭이는 목소
리가 들린다. 이 목소리는 우리의 모든 결점을 꼬집고 무엇이
문제인지 하나하나 따지면서 해결책은 절대 내놓지 않는다.
무슨 일을 하든 평생 동안 이 목소리와 싸워야 할 것이다. 부
정적인 생각과 상황에 대처해야 할 때마다 내가 혼자 떠올리

는 문장이 있다.

"지금은 여기가 내 자리야. 이 문제를 극복해야 해."

지금 여기에서 부딪힌 문제를 피하고 싶어 다른 곳으로 이동하면 그 다른 곳에서도 얼마간 시간이 지나면 동일한 지점에서 형태만 다를뿐 본질이 같은 문제에 부딪힌다. 그 피하고 싶은, 혹은 해결될 것 같지 않은 문제는 사실 내 한계에 관한 문제이기 때문이다. 그 문제를 어떤 방식으로든 극복한다는 것은 내 역량이 커지고 내 한계를 한 단계 넓혀내는 과정이다. 성공은 결국 내 성장치만큼 따라온다. 내 성장치만큼의 성공은 견고하고 지속된다. 그렇게 일군 작은 성취는 다음 단계로 나아가는 밑거름이 된다. 대부분은 일들은 자신이 열정을 바쳐 일해도 어느 지점에서 도무지 갈피를 잡지 못하는 순간이 온다. 일정정도의 성과는 달성했지만 그곳을 답보하며 앞으로 나가지 못하거나 다양한 사건으로 무너져버릴 것 같은 순간 말이다. 그런데 도무지 해결책은 보이지 않는다. 혹은 내 능력 밖의 일처럼 보이기도 한다. 이럴 때 대부분의 사람은 자신이 피하고 싶어서가 아니라 무의식적으로 이게 내 한계인가보다, 나랑 맞지 않나 보다 하며 다른 곳으로 눈을 돌린다. 이 지점에서 큰 성공과 작은 성공이 갈린다. 그 지점은 어떤 사람이든, 어떤 일이든 모든 큰 도약 앞에서 마주치는 지점이기 때문이다. 쉽다면 만만하다면 모두 피할 이유가 없다. 어려우면 어려울수록 막막하면 막막할수록 도약은 크고 값지다. 내가 피하고 싶다면 그건 큰 도약 앞에 있다는 것을 기억하면 된다.

"자신에게 일어난 일을 통제할 수는 없지만 어떻게 반응할지는 통제할 수 있다."

피할 수 없다고 생각하면, 아니 피해서는 안 된다고 생각하면, 인간은 어떻게든 방법을 찾아낸다. 장애물을 극복하기 위해 가장 피해야 할 것은 장애물이 사라지기를 바라는 마음이다.

과거에 대한 미련에 얼마나 자주 시달렸는가? 또 얼마나 자주 현재를 불평하고 있는가? 얼마나 많은 시간을 미래에 대한 걱정으로 흘려보냈는가?

삶의 목적과 개인적인 생활 양쪽에서 내가 앞서 말한 제국을 건설하는 동안 몇 번이고 혼란을 겪게 될 것이다. 혼란이 찾아올 때마다 두 손 들고 항복하지 마라. 그동안 했던 모든 발전이 수포로 돌아가게 하지 마라. 지금 자기가 있는 자리를 받아들이고, 일어난 상황을 인정하고, 앞으로 나아가라. 언제나.

꾸준히 노력하는 것과 더불어 항상 자신의 삶을 더 높은 곳에서 조망해야 하는 태도를 갖추어야 한다. 한발 물러서서 그만두는 것이 어떤 결과를 가져올지 생각해 보는 것만으로도 그만두지 않게 될 테니 말이다.

넘어져도 괜찮다. 다시 일어서면 된다.

나심 니콜라스 탈레브는 다음 구절에서 이 점을 명확히 설명했다.

"나는 미국 성인 10명 중 1명이 프로작과 같은 항우울제를 복용하고 있다는 사실에 분노와 절망을 느낀다. 실제로 감정의 기복이 심하면 왜 약물치료를 받지 않는지 해명해야 한다. 병이 심각하다면 약물을 복용해야 하는 타당한 이유가 있다. 하지만 우울과 슬픔, 근심은 지능의 2차적인 요소이다. 어쩌면 1차적인 요소일 수도 있다."

삶의 목적을 세우고 그 길을 따르기 위해서는 꾸준히 밀고 나갈 기술과 능력을 개발하는 것 못지않게 감정을 조절하는 것이 중요하다. 삶이 감정에 좌지우지되어서는 안 된다. 가끔은 감정을 활용할 수도 있다. 여정을 지속하다가 실망감에 사로잡히면 유리한 방향으로 전환시키는 것이다. 감정이 뭔가를 이야기하려 하는 것일 수도 있다. 감정은 그 순간을 수용하고 받아들여야 한다는 신호일 때가 많다. 그 순간을 인정하고 이에 따르는 노력을 하지 않았기 때문에 좌절한 것이다. 현재를 올바로 살아가고 있지 않은 것이다. 이를 인정하고 받아들여야 한다. 언제나.

"지금 여기가 나의 자리다"라는 말을 자주 되풀이하게 될 것이다. 몇 번이고 실패할 것이기 때문이다. 유감스럽게도 1주일 동안 4시간 일하는 미래가 금세 다가오지는 않을 것이다.

그러기 위해서는 노력을 해야 한다. 실은 많이 노력해야 한다. 처음부터 대단히 만족스럽게 해낼 가능성은 아주 낮다. 할 수 없기 때문이 아니다. 물론 할 수 있다. 하지만 솔직하게 장애물을 마주할 때까지는 성공할 수 없을 것이다. 삶의 매 순간이 우리에게 "지금 여기가 나의 자리다. 이 문제를 극복해야 한다."라고 이야기할 기회다. '내면의 힘을 포용하라'라는 주문을 이야기하는 것이 아니다. 우리에게는 오직 두 가지의 선택뿐이다. 온전히 받아들이거나, 합리화하는 것이다. 어느 쪽을 선택할지 결정하는 것이 삶에 중대한 영향을 미칠 것이다. 항상 이 점을 명심해야 한다. 어떤 결정을 내리는가가 곧 삶이다. 자신이 삶을 살아가는 방식을 객관적으로 바라보고 계속 전진하고 싶은지 아닌지 판단하는 쪽이 더 현명하다. 사실 이 문제는 하나도 복잡하지 않다. 하지만 실천하기는 대단히 어렵다.

우리는 자기 자신에게 거짓말을 잘하기 때문이다. 정직한 자기반성은 고통스러우며, 나약해진다는 느낌이 들게 하기 때문이다. 우리가 올라가야 할 언덕이 가파르기 때문이다. 그럼에도 삶이라는 어려운 과제를 어떻게 풀어갈지는 전적으로 우리 자신의 선택에 달려 있다. 우리에게는 아직 살아내야 할 삶이 있다. 실패를 잘 다루면 어떤 일이든 잘 다룰 수 있다. 대부분 사람은 절대 실패를 정면으로 마주하지 않는다. 그러면서 그 결과에 고통스러워한다. 그런 사람이 되지 마라.

17

자신의 삶을 살기 시작하라

"동기 부여는 오래 지속되지 않는다. 샤워도 마찬가지다.
그래서 매일 하라고 하는 것이다."

- 지그 지글러

얼마 전에 재미있는 일이 있었다. 나는 자기 계발 오디오북을 켰다. 예전에 수십 번은 들은 책이었을 것이다. 하지만 나는 2분 동안 듣다가 꺼버렸다. 나는 혼자 중얼거렸다. "나는 괜찮아." 나는 괜찮다. 더 이상 그 책을 들을 필요가 없다. 시간이 흐르면서 차차 내게 필요한 중요한 가르침을 깨닫게 되었다. 그리고 지금은 더 미묘한 주제에 대해서 읽고 더 잘 이해하는 방법을 배우고 있다. 여전히 부족하고 실수도 많이 하지만 가장 기본적인 부분은 감당할 수 있다. 나 자신과 나의 미래에 대해 기본적인 수준의 자신감은 갖추었다. 제법 생산적이다. 동기 부여도 잘 된다. 어떻게 목표를 세우고 이루는지도 안다.

스스로 치유가 된 것일까? 그렇지 않다. 자기 회의와 불안은 없는가? 아니, 전혀 그렇지 않다. 하지만 수없는 반복을 거친 후에 여러 정보를 상황이 어려울 때도 적용할 수 있는 습관과 전략으로 바꾸었다. 오랜 시간 명상을 실천했으며 지나치게 몰두하여 헛된 연습에 그치게 하는 대신, 부정적인 사고 패턴을 관찰하여 이를 바로잡는 데 도움을 받았다. 금욕주의에서 배운 교훈 덕분에 흥분하기 쉬울 때에도 침착하고 차분한 상태를 유지한다. '친구를 얻고 사람들에게 좋은 영향을 주게' 되었다. 여러분이 이 지점에 도달하기를 바란다. 평생 동안 자기 계발에 대한 블로그 글이나 책을 보고 싶지는 않을 것이다. 도움이 필요하지 않다면 더 이상 내 책도 읽지 않기를 바랄 정도다.

여러분이 자신의 삶을 살아가기를 바란다.

악순환의 고리를 깨뜨리는 사람이 되어라. 자기 계발에 푹 빠져 허우적거리며 끊임없이 이를 소비하는 사람이 되지 않기를 바란다. 스스로 얻은 통찰력을 활용하여 더 이상 다른 사람, 특히 나의 도움을 받지 않기를 바란다. 그렇다면 어떻게 이 모든 것을 이루어낼 것인가?

첫째, 이 책에서 말한 대로 하라. 재능과 강점에 대한 장을 읽었는데 아직 파악하지 못했다면 그 장으로 돌아가 직접 해보라. 자신이 따라야 할 길을 선택한 다음 토대를 마련하지 않았다면 그렇게 하라. 이 책을 가끔 참고자료로 활용할 정도로 충분한 정보를 갖추어야 한다. 앞으로 6개월 동안 새로운 길을 찾기 위해 노력하는 것이 가장 이상적이다. 추가로 사소한 동기 부여가 필요하거나, 사고방식 및 전략의 일부를 점검하고 싶을 때 이 책을 다시 읽게 될지도 모른다. 일이나 사업에서 더 심층적인 조언을 얻고 싶을 때는 해당 주제를 기반으로 한 다른 책도 읽게 될 것이다. 하지만 당분간은 이 책에 나온 지침을 실천해 보라. 누군가에게는 평생 처음이 될지도 모른다. 미친 듯이 열심히 노력하라. 자기 계발서를 읽었다고 말하기 위해 읽는 것은 아니지 않은가? 삶에 변화를 일으키고 싶어서 읽는 것이다. 그렇다면 변화를 일으키려 노력하라.

책에 나온 과제를 제대로 하지 않았다면 돌아가서 다시 하라. 이 책에 실린 충고를 실행에 옮기기 전까지는 다른 책으로 넘어가지 마라. 이 방법은 그저 내 책을 최대한 활용하기 위한 것이 아니다. 책을 최대한 활용하는 데 필요한 방법이다. 명심하라. 어쩌면 인생 최초의 경험이 될지도 모르겠지만. 물론 앞으로도 꾸준히 더 배우고 싶을 것이다. 지금 나의 목표는 여러분이 자기 계발을 완전히 그만두게 하려는 것이 아니다. 자기 계발을 한층 더 업그레이드하기 위해 잠시 멈춰 서게 하는 것이다.

다음에 자기 계발 관련 책을 읽을 때는(이 책을 다 읽은 후에 다른 책을 고른다면) 일주일 동안 책에 나온 내용을 실천해 보라. 시간 관리에 관한 책을 읽은 후에는 시간을 더 관리하기 위해 노력하라. 목표 설정에 관한 책을 읽고 나면 목표를 세우고 지켜라. 적극적인 학습자가 되어라. 그냥 다음 책으로 넘어가지 마라. 더 많은 기사를 읽지 마라. 읽은 내용을 실천하고, 어떻게 실천했는지 매일 기록하라.

이 책의 마지막 장은 간결하고 친절하게 썼다. 여러분은 준비를 다 끝냈을 테니 말이다. 책을 다 읽었으니 스스로 칭찬해 주어라. 다 읽은 것만으로 이미 특별한 존재가 되었다. 이제 세상 밖으로 나가 모두에게 자신이 얼마나 특별한지 보여주어라. 여러분이 어떤 일을 성취했는지 듣고 싶은 마음에 벌써 설렌다. 실제로 어떤 일을 성취한다면 ayotheauthor.com에서 와서 그 이야기를 들려주기를 바란다.

앞으로 과거의 자신과는 다르다고 느끼는 지점에 도달하게 될 것이다. 과거는 신기루처럼 사라질 것이다. 더 이상 과거에 연연하지 않게 될 것이다. 지평선 너머의 다음 목표를 바라보는 데 집중하기 때문이다. 진심으로 여러분 모두 성공과 행복, 번영을 얻기를 바란다. 이제 시작이다.